MARIO TALAMANCA

DIKE OUK EISAGOGIMOS

ÖSTERREICHISCHE AKADEMIE DER WISSENSCHAFTEN
PHILOSOPHISCH-HISTORISCHE KLASSE
INSTITUT FÜR KULTURGESCHICHTE DER ANTIKE
DOCUMENTA ANTIQUA – ANTIKE RECHTSGESCHICHTE UND PAPYROLOGIE

AKTEN DER GESELLSCHAFT FÜR GRIECHISCHE
UND HELLENISTISCHE RECHTSGESCHICHTE

begründet von HANS JULIUS WOLFF

HERAUSGEGEBEN VON

EVA CANTARELLA
MICHAEL GAGARIN
JOSEPH MÉLÈZE MODRZEJEWSKI †
GERHARD THÜR

in Verbindung mit
Martin Dreher, Adriaan Lanni, Alberto Maffi,
Julie Vélissaropoulos-Karakostas

Band 26

DIKE OUK EISAGOGIMOS

Contributi allo studio del processo attico

MARIO TALAMANCA

Volume postumo a cura di

ALBERTO MAFFI

VERLAG DER
ÖSTERREICHISCHEN
AKADEMIE DER
WISSENSCHAFTEN

Angenommen durch die Publikationskommission
der philosophisch-historischen Klasse der ÖAW:
Michael Alram, Bert Fragner, Hermann Hunger, Sigrid Jalkotzy-Deger,
Brigitte Mazohl, Franz Rainer, Oliver Jens Schmitt, Peter Wiesinger
und Waldemar Zacharasiewicz

Diese Publikation wurde einem anonymen, internationalen
Peer-Review-Verfahren unterzogen.
This publication has undergone the process of anonymous, international peer review.

Die verwendete Papiersorte ist aus chlorfrei gebleichtem Zellstoff hergestellt,
frei von säurebildenden Bestandteilen und alterungsbeständig.

ISBN 978-3-7001-7975-7

Satz: Theresia Pantzer, Wien
Druck und Bindung: Sowa Sp. z o.o., Warszawa
http://epub.oeaw.ac.at/7975-7
http://verlag.oeaw.ac.at
Printed and bound in the EU

PREMESSA

La pubblicazione del presente volume postumo di Mario Talamanca si deve alla collaborazione di numerose persone. Alberto Maffi ha proposto alla prof. Giuliana Foti Talamanca di rendere pubblica un'opera che il compianto studioso aveva quasi completato all'inizio degli anni Settanta, come parte di uno studio più ampio sul processo attico. L'idea di pubblicare il volume è nata dalla fondata convinzione che si tratti di un contributo di grande rilievo: da un lato, perché arricchisce notevolmente la produzione di uno dei massimi studiosi italiani in campo giusgrecistico; dall'altro, perché contiene un'analisi penetrante, e tuttora attuale, della *paragrafe*, istituto essenziale per la comprensione del processo attico di età classica. La preparazione del volume per la stampa ha richiesto, sia sul piano formale che sul piano del contenuto, un'accurata opera di revisione che è stata condotta dal prof. Maffi, autore anche dell'Introduzione e dell'Indice delle fonti, avvalendosi dell'aiuto determinante della prof. Talamanca grazie alla sua conoscenza diretta dei metodi di lavoro del compianto studioso.

In considerazione dell'alto valore storico e metodologico dell'opera, l'Accademia delle Scienze di Vienna ha accolto favorevolmente la proposta, presentata dal membro prof. Gerhard Thür, di pubblicare il volume nella collana degli Atti della Società per lo studio del diritto greco ed ellenistico. La signora Theresia Pantzer ha curato egregiamente la preparazione per la stampa del presente volume.

Eva Cantarella
(per gli editori degli atti)

INDICE

CAPITOLO I

IL PROBLEMA E LA LETTERATURA

CAPITOLO II

LA STRUTTURA DEL PROCESSO PARAGRAFICO

ALBERTO MAFFI

INTRODUZIONE

1. Oggetto del libro postumo del compianto Mario Talamanca è un istituto peculiare al processo attico dell'età degli oratori, ossia la *paragrafe*, o, più esattamente la struttura del processo c.d. paragrafico. La storia di questo libro è lunga e travagliata. Qualche notizia di mano dell'Autore si può leggere in alcune note pubblicate nei *Symposia* del passato decennio, quando Talamanca, dopo un'assenza durata più di vent'anni, ritornò a partecipare ai periodici convegni internazionali dei giusgrecisti. Citiamo prima di tutto la n. 1 di p. 133 del suo contributo al *Symposion* 2003.[1] Riferendosi ai suoi corsi di Diritti greci presso la Scuola di perfezionamento in diritto romano e diritti dell'Oriente Mediterraneo della Facoltà di Giurisprudenza dell'Università di Roma, Talamanca scrive: "Nel 1968, se non ricordo male, avevo preso lo spunto per le lezioni dalla monografia di H.J. Wolff, *Die attische Paragraphe* (Weimar 1966), e da esse si era sviluppato il progetto di un articolo a proposito, che si è poi successivamente ampliato fino ad investire, si può dire, il processo attico nel suo insieme. Dello stato della ricerca ho dato conto nella relazione al primo Symposion,[2] e di essa, fra il 1971 e il 1978, sono apparsi in vari luoghi dei subseciva o degli spezzoni…". La breve relazione pubblicata negli Atti del I Symposion (tenutosi a Rheda, in Germania, nel 1971) è corredata da una nota introduttiva in cui Talamanca scrive quanto segue: "Viene qui riprodotto, con qualche variazione, lo schema della comunicazione da me preparata per il I. Symposion, e nella quale volevo dar conto dei risultati da me raggiunti in una ricerca sull'argomento, risultati che verranno da me esposti e giustificati in un'ampia monografia dal titolo Δίκη οὐκ εἰσαγώγιμος. Contributi allo studio del processo attico, che spero di imminente pubblicazione". Non lo sappiamo con certezza; ma, parlando di una monografia "di imminente pubblicazione", è probabile che Talamanca alludesse alle bozze, poi ritrovate fra le sue carte, che recano lo stesso titolo da lui annunciato a Rheda. In ogni caso le bozze furono corrette (a penna) da Talamanca ma non restituite all'editore, per cui il volume non fu dato alle stampe. Si possono fare varie congetture sui motivi che spinsero Talamanca a non pubblicare il libro. La motivazione più plausibile è che egli abbia ritenuto opportuno rimeditare e rielaborare i risultati rag-

---

[1] *Intervento sulla relazione di Douglas MacDowell*, in *Symposion 2003*, Wien 2006, pp. 133-139.

[2] *Giudizio paragrafico ed ammissibilità dell'azione nel sistema processuale attico*, in *Symposion 1971*, Köln – Wien 1975, pp. 125 ss.

giunti alla luce di tutto il materiale che era venuto accumulando nel corso degli anni.[3] Significativo, a questo proposito, ciò che Talamanca scriveva nella n. 3 di p. 134 del già citato contributo al Symposion 2003, facendo riferimento alla relazione pubblicata nel *Symposion* 1971: "Il testo comparso negli atti è solo [uno] schema, riassuntivo, di quella relazione, di poi ampiamente sviluppato nell'esposizione orale, anch'essa estremamente riduttiva rispetto allo stato della ricerca che, nelle grandi linee, s'era ormai conclusa, ed assommava, già in prima stesura, a qualche centinaio di cartelle (ma debbo confessare che alla fine si superavano le due migliaia), entrate poi in un coma profondo, dal quale, insieme al loro autore, attendono di passare alla morte". Si può forse supporre che, in un primo momento, Talamanca, pur avendo rinunciato a stampare il testo già in bozze, ritenesse di poter ancora pubblicare come autonoma monografia la sezione della sua ricerca dedicata al processo paragrafico. Due indizi sembrano sostenere questa supposizione. Da un lato la data 1971, stampata sul frontespizio delle bozze, fu corretta a penna da Talamanca in 1973, da ritenersi presumibilmente la data in cui si riprometteva di poter effettivamente pubblicare il volume. D'altro lato egli aveva già previsto che il volume, già in bozze, dovesse essere concepito come il primo di almeno due volumi: lo confermano i numerosi rinvii nelle note a sviluppi e approfondimenti ulteriori dei temi trattati da svolgere nel secondo volume (il che trova d'altronde riscontro nelle "2000" pagine dattiloscritte, da lui menzionate nella nota sopra citata, che si sono effettivamente ritrovate fra le sue carte): è quindi presumibile che ritenesse più opportuno pubblicare insieme primo e secondo volume dell'opera e che contasse di riuscirvi entro il 1973.[4] Ma evidentemente anche questo progetto fu accantonato. Significativa, in quest'ottica, la dichiarazione pubblicata molti anni dopo in una nota del suo contributo a un convegno tenutosi a Ferrara nel 2004: "Come vengo ripetendo troppe volte da troppi anni, il mio lavoro più lungo e destinato perciò fatalmente a rimanere incompiuto –

---

[3] All'inizio della n. 1 dell'Intervento al Symposion 2003, sopra citato, Talamanca, riferendosi alla durata della sua ricerca, scriveva che essa era "durata abbastanza nel tempo (direi dal 1968 al 1975)".

[4] E' stato quindi necessario procedere a un delicato lavoro per eliminare (soprattutto dalle note) i puntuali rinvii a capitoli del II volume, di cui Talamanca sembra avesse già in mente lo schema. Questo lavoro di adeguamento è stato svolto in stretta collaborazione con la prof. Giuliana Foti Talamanca, che ringrazio per aver accolto la mia proposta di pubblicare il libro e per avermi facilitato con squisita gentilezza e sensibilità la cura redazionale.
Colgo inoltre l'occasione per ringraziare il prof. Gerhard Thür, che, nella sua qualità di Obmann der Kommission für Antike Rechtsgeschichte der Österreichischen Akademie der Wissenschaften ha accolto il libro nelle pubblicazioni dell'Accademia delle Scienze di Vienna, collaborando alla sua rinnovata redazione, e la Sig.ra Theresia Pantzer, che con grande attenzione ha provveduto alla composizione del testo. E' infine doveroso precisare che, nel frontespizio della bozza di stampa, il titolo "Dike ouk eisagogimos" appariva in caratteri greci: abbiamo ritenuto opportuno traslitterarlo in caratteri latini per facilitare citazioni e inserimenti in cataloghi e banche dati.

qualitativamente più che quantitativamente – è sui diritti greci, meglio sul processo attico”[5] (p. 42).
Contributi giusgrecistici relativi a problemi specifici di carattere processuale furono da lui sporadicamente pubblicati (fra i più interessanti l’ultimo, ossia la risposta a G. Thür in *Symposion 2005*); ma non sembra che Talamanca abbia effettivamente ritenuto di riuscire a portare a termine il progetto complessivo, su cui aveva tanto lavorato trent’anni prima, nemmeno limitatamente al tema del processo paragrafico.[6]

2. Così stando le cose, dopo la scomparsa di Talamanca, ci si trovava di fronte a un’alternativa: o rispettare la volontà ribadita nel corso degli anni dall’Autore e lasciare nel cassetto (ovvero nel “coma profondo” per usare la pittoresca espressione da lui scelta) tutto il suo lavoro, oppure pubblicare almeno le bozze da lui corrette del primo volume. A farmi ritenere auspicabile la pubblicazione di tale volume mi ha spinto la considerazione che una cosa è la prospettiva in cui si pone l’autore di un libro, il quale può ritenere opportuno procrastinarne la pubblicazione perché intende svilupparne o modificarne certe parti o certe conclusioni allo scopo di giungere a un risultato complessivamente più soddisfacente; altra cosa è il valore oggettivo che si può e si deve riconoscere ai risultati già conseguiti specie quando l’autore, che pure dal suo punto di vista li ritenga ancora provvisori, si astenga dallo sviluppare o modificare la trattazione come desidererebbe, o ciò gli sia reso impossibile. Fermo restando, quindi, che il giudizio di un terzo non può certo sostituirsi a quello dell’autore, nel nostro caso vi è da tener conto del fatto che, in quel momento, lo stesso Talamanca deve aver ritenuto che il contenuto del libro in bozze avesse già raggiunto un livello di maturazione tale da fargliene considerare opportuna la pubblicazione. Non sappiamo e non possiamo congetturare, in quanto non ha lasciato dichiarazioni in proposito, se Talamanca, in anni più recenti, avrebbe confermato o rinnegato l’ipotesi di interpretazione del processo paragrafico attico da lui formulata nel libro. Il fatto che, dal suo punto di vista, come abbiamo supposto, la pubblicazione del primo volume dovesse essere comunque rinviata al momento in cui un secondo volume fosse giunto a un pari livello di elaborazione (il che avrebbe comportato molto probabilmente degli aggiustamenti anche del testo del volume già impaginato), non toglie che i risultati già riversati nelle bozze da lui stesso corrette possano essere considerati oggi, diciamo pure col senno di poi, meritevoli di pubblicazione in quanto espressione del suo pensiero in quel preciso momento del suo percorso di ricerca.

3. Questa affermazione si giustifica non solo per il valore intrinseco del libro, di cui è autore uno studioso che si iscrive, nonostante il suo intermittente interesse

[5] *Intervento* al Convegno “Fondamenti del diritto europeo” (Ferrara, 27 febbraio 2004, a cura di P. Zamorani, A. Manfredini, P. Ferretti), Torino 2005, pp. 35-46.

[6] *Risposta a G. Thür*, in *Symposion 2005*, Wien 2007, p. 151-158. Sulla produzione giusgrecistica di Talamanca v. Maffi 2012.

per la materia, fra i massimi studiosi di diritto greco del XX secolo, ma per la constatazione che, dagli anni '70 del '900 fino ad oggi, non si sono registrati contributi significativi in tema di *paragrafe*; un tema di grande rilevanza per la storia del processo attico e non solo, dato che il sostantivo e il verbo affiorano anche in documenti, soprattutto epigrafici, provenienti da altre zone del mondo greco, senza però che si riesca a ricostruirne il ruolo nelle relative strutture processuali.[7] Come si è accennato, Talamanca concentra la sua attenzione sullo svolgimento del processo paragrafico. In questa prospettiva la tesi da lui propugnata scaturisce essenzialmente dalla critica alle ricostruzioni dei due studiosi che, prima di lui, avevano pubblicato i contributi più significativi in materia: Ugo Enrico Paoli e Hans Julius Wolff, senza naturalmente che vengano ignorate le prese di posizione di altri studiosi. Il primo capitolo del libro contiene infatti un'esposizione ragionata delle principali opinioni espresse dalla dottrina intorno alla struttura del processo paragrafico: si parte dall'inizio dell''800 per giungere fino al volume di Harrison sulla procedura attica (1971), da poco pubblicato nel momento in cui Talamanca scriveva il suo libro. Il secondo capitolo, invece, è destinato a corroborare la critica delle altrui opinioni e a confermare l'attendibilità della propria tesi attraverso l'analisi penetrante delle fonti in materia, costituite principalmente dalle orazioni dette appunto paragrafiche (e da quelle che sono comunque ritenute dalla dottrina attinenti al tema).

4. In linea teorica la *paragrafe* si contrappone all'*euthydikia* in quanto il convenuto, invece di difendersi nel merito, adduce un motivo in base a cui l'azione intentata dall'attore deve ritenersi improcedibile (*dike me eisagogimos*). Dal punto di vista della struttura del processo questa contrapposizione fra le due strategie difensive si manifesta in maniera chiara e incontrovertibile nel fatto che è il convenuto

[7] Registriamo qui i principali contributi in materia degli ultimi anni: P.P. Katzouros, *Origine et effets de la paragrafe attique*, in *Symposion 1985*, Köln – Wien 1989, p. 119-152; P. Cobetto Ghiggia, *Fonti tarde sull'euthydikia*, in *Symposion 1999*, Köln – Weimar – Wien 2003, p. 413-432; E. Carawan, *What the Laws Have Prejudged: Paragrafe and Early Issue-Theory*, in C.W. Wooten (ed.), The Orator in Action and Theory in Greece and Rome, Leyden 2001, p. 17-51. La possibilità di far valere mediante *paragrafe* l'improcedibilità dell'azione per una questione già decisa con sentenza degli arbitri privati è stata negata da A. Scafuro, *The Forensic Stage*, Cambridge 1997, p. 123-125 (su cui v. la recensione di G. Thür, ZRG RA 119, 2002, p. 407 s.): l'autrice non prende tuttavia posizione riguardo alla struttura del processo paragrafico. Nessuno di questi lavori apporta un contributo tale da rendere superato o anche solo incompleto il libro di Talamanca. Ciò vale anche per il recente articolo di E. Carawan, *Paragraphê and the Merits*, GRBS 51, 2011, p. 254-295, ripreso poi nel libro del medesimo autore, *The Athenian Amnesty and Reconstructing the Law*, Oxford 2013, in cui lo studioso americano ha affrontato nuovamente la problematica relativa alla struttura del processo paragrafico, giungendo a un risultato non dissimile da quello di Talamanca: sarà perciò interessante un confronto ravvicinato fra le impostazioni di metodo e le argomentazioni dei due autori. E' in corso di stampa in Dike 18 (2015) un saggio di E.M. Harris sulla *paragrafe* nelle azioni commerciali.

paragrapsamenos (cioè che ha opposto la *paragrafe*) a parlare per primo dinanzi al tribunale popolare, mentre nell'*euthydikia* il convenuto parlerà per secondo rispondendo al discorso dell'attore. L'introduzione della *paragrafe* nella procedura giudiziaria attica viene attribuita dalla *communis opinio* alla riforma di Archino (403 a.C.), anche se non mancano studiosi i quali ritengono che la *paragrafe* esistesse anche prima. Da Isocr. 18 apprendiamo infatti che la *paragrafe* era lo strumento per respingere azioni in contrasto con l'amnistia conseguente al ristabilimento del regime democratico dopo la cacciata dei Trenta Tiranni. Nel corso del IV secolo furono poi introdotti, sempre in forza di provvedimenti legislativi, altri motivi che consentivano al convenuto di far valere la non ammissibilità dell'azione intentata contro di lui. Particolare importanza rivestono per lo studio della *paragrafe* i motivi di improcedibilità dell'azione collegati alle azioni commerciali (*dikai emporikai*).

5. La dottrina più antica (fra '800 e '900) riteneva che la decisione del tribunale sulla *paragrafe* concludesse un processo autonomo e logicamente preliminare rispetto alla causa sul merito. Perciò se la *paragrafe* fosse stata accolta, non sarebbe stato possibile per l'attore dare inizio alla causa sul merito della sua pretesa, cosa che invece gli era consentita se la *paragrafe* veniva respinta. Gli studiosi che sostenevano questo punto di vista non riuscivano però a spiegare il fatto che tutte, o quasi tutte, le orazioni pronunciate nel corso di un processo paragrafico contenevano anche argomentazioni riferite al merito della lite e non soltanto alla questione di procedibilità dell'azione. Fu così che, negli anni '30 del secolo scorso, partendo dal principio che il processo attico si dovesse considerare "inscindibile", U.E. Paoli avanzò la tesi che questione di procedibilità dell'azione e questione di merito fossero decise nel corso del medesimo processo, ma con due diverse votazioni, la prima riguardante la decisione sulla *paragrafe* e la seconda, qualora la *paragrafe* fosse stata respinta, sul merito della causa. Il processo paragrafico avrebbe presentato dunque una struttura analoga a quella degli *agones timetoi*, caratterizzati appunto da una doppia votazione, la prima per assegnare la vittoria all'attore o al convenuto, e la seconda, in caso di soccombenza del convenuto, per stabilire l'entità della condanna.[8]

6. Si deve a H.J. Wolff[9] una nuova interpretazione del processo paragrafico attico, che rappresenta in certo qual modo un compromesso fra la dottrina tradizionale, secondo cui decisione sulla *paragrafe* e decisione sul merito della causa concludono due processi distinti, e la teoria dell'inscindibilità del processo sostenuta dal Paoli. Infatti il Wolff sostiene che la presentazione della *paragrafe* da parte del convenuto sospende la causa sul merito e dà luogo all'apertura di un processo auto-

[8] U.E. Paoli, *L'inscindibilità del processo nel diritto attico*, in *Studi sul processo attico*, Padova 1933, p. 75-173.

[9] H.J. Wolff, *Die attische Paragraphe. Ein Beitrag zum Problem der Auflockerung archaischer Prozessformen*, Weimar 1966.

nomo, senza però estinguere l'azione già intentata dall'attore riguardo alla questione di merito. Quindi, se la *paragrafe* fosse stata respinta dalla sentenza del tribunale, il magistrato avrebbe aperto il dibattimento sul merito della causa senza che l'attore dovesse nuovamente intentare l'azione. Anzi, se c'era ancora tempo, nella stessa giornata in cui il tribunale aveva deciso il "processo preliminare" (Vorprozess), messo in moto dalla *paragrafe*, la decisione sul merito sarebbe stata rimessa alla stessa giuria. Il fatto che formalmente si tratti di due processi diversi avvicina la tesi di Wolff all'opinione tradizionale. Ma il fatto che non fosse necessario per l'attore, una volta respinta la *paragrafe*, intentare nuovamente l'azione nel merito, e il fatto che la decisione sul merito potesse eventualmente essere presa dalla medesima giuria, avvicina la tesi di Wolff all'opinione di Paoli.

7. Gran parte del II capitolo del libro è perciò dedicata all'analisi delle orazioni paragrafiche, da cui Talamanca ricava la conferma che la dottrina, nelle sue varie proposte interpretative, non è riuscita a risolvere l'aporia di fondo che viene così riassunta all'inizio del § 12: da un lato stanno "quelle attestazioni delle fonti che ... mostrano come il dibattimento in cui si era discusso della *paragrafe* potesse sfociare in una sentenza di merito a carico del convenuto, e cioè portare alla sua condanna"; dall'altro lato "si pongono le altre attestazioni delle fonti, le quali ... mostrano come la cognizione del tribunale eliastico, nell'udienza dedicata alla trattazione della *paragrafe*, fosse – più o meno nettamente – sentita come ristretta alla questione di procedibilità sollevata dal convenuto" (p. 109). Quel che colpisce, aggiunge Talamanca, è che attestazioni di senso opposto si trovano all'interno delle medesime orazioni, come, in particolare, Isocrate 18 e Demostene 36 e 37.

8. Sulla base di questa constatazione Talamanca giunge a formulare una nuova ipotesi sulla struttura del processo paragrafico, "nel senso di considerare l'*agon* nel giudizio paragrafico come quello che s'instaura fra l'*enklema* dell'attore e la *paragrafe* del convenuto". In questo modo "il tribunale eliastico era posto dinanzi all'alternativa o di accogliere l'*enklema* dell'attore, e condannare così il convenuto al *timema* in quello espresso, o di far propria la *paragrafe* del convenuto stesso, e conseguentemente dichiarare irricevibile l'azione" (p. 117).

9. Anche se non è questo il luogo per esprimere una valutazione critica approfondita della tesi di Talamanca, la sua interpretazione della struttura del processo paragrafico riveste indubbiamente il pregio di offrire una spiegazione plausibile per molte delle incongruenze e delle ambiguità che il tenore delle fonti ha finora opposto ad una soluzione condivisa del problema. Tuttavia lo stesso Talamanca era consapevole, come si evince dalle ripetute affermazioni in tal senso disseminate nel libro, che la sua proposta non si poteva dire suffragata in maniera certa e incontrovertibile dalle testimonianze antiche relative alla *paragrafe* attica. A me sembra comunque fuor di dubbio che il libro di Talamanca, al di là della sua effettiva effica-

cia persuasiva, apra prospettive nuove e stimolanti, che invitano a riesaminare non solo il tema specifico della *paragrafe* ma, più in generale, le strutture del processo attico fra V e IV secolo. Mi sia quindi consentito formulare qualche osservazione critica al solo scopo di avviare una discussione che, a mio parere, la pubblicazione del libro susciterà sicuramente fra i giusgrecisti.

10. Prima di tutto occorre ricordare che la dottrina si era già posta il problema se il convenuto avesse la possibilità, anche prima del provvedimento di Archino che introduceva la *paragrafe*, di sollevare la questione della procedibilità dell'azione intentata contro di lui. C'è chi sostiene che la ricevibilità o meno dell'azione fosse rimessa alla discrezionalità del magistrato istruttore. Altri ritengono che l'argomento della inammissibilità dell'azione potesse essere fatto valere soltanto congiuntamente alle difese sul merito della causa. La questione si complica ulteriormente qualora si vogliano indagare i rapporti fra la *diamartyria* e la *paragrafe*; questione sulla quale non ci intratterremo qui pur rilevando che Talamanca non si sottrae al compito ineludibile di pronunciarsi in proposito (cap. I § 3). In ogni caso, indipendentemente dall'opinione che si professa in ordine all'esistenza della *paragrafe* prima di Archino[10], Talamanca si schiera con gli studiosi secondo i quali, dopo Archino, la questione dell'ammissibilità dell'azione poteva essere sollevata dal convenuto soltanto opponendo la *paragrafe*. Con la conseguenza, come si è visto attestata in modo univoco dalle fonti, che nel dibattimento il convenuto avrebbe parlato per primo. In questa particolarità procedurale, che appare il connotato più vistoso del processo paragrafico, mi sembra di scorgere un elemento di cui la tesi di Talamanca fatica a fornire una spiegazione persuasiva.[11] Se i giudici erano chiamati a pronunciarsi o a favore dell'*enklema*, quindi della pretesa nel merito dell'attore, o a favore dell'improcedibilità dell'azione, fatta valere dal convenuto mediante la *paragrafe*, per quale ragione il convenuto doveva parlare per primo? Domanda tanto più pertinente, mi pare, in quanto, come Talamanca stesso ha ben dimostrato, nelle orazioni paragrafiche del convenuto, giunte fino a noi, le argomentazioni relative al merito

---

[10] A questo proposito si può osservare, per quel che vale un argomento comparativo, che il Codice di Gortina (datato al più tardi alla metà del V secolo) conosce già una sorta di eccezione di improcedibilità per incompetenza del giudice adito: mi riferisco a IC IV 72 col. VI 25-31 e col. IX 18-24, passi – di controversa interpretazione – in cui si prevede la riassunzione della causa presso il giudice competente qualora il primo giudice riconosca che i beni oggetto della causa non appartengono alla moglie o alla madre o, rispettivamente, all'ereditiera.

[11] Il che vale d'altronde sorprendentemente anche per il libro sulla *paragrafe* di H.J. Wolff: a p. 11 questi osserva che nessuno fino a quel momento si era chiesto quale fosse il fondamento giuridico della trattazione di obiezioni al processo ("Einwendungen gegen den Prozess") in una procedura separata e a parti invertite ("mit umgekehrten Parteirollen"). Ma la ragione per cui il convenuto parlava per primo non viene chiarita, se non mi sbaglio, nemmeno dal Wolff.

della causa occupano uno spazio spesso prevalente rispetto a quelle relative all'inammissibilità dell'azione intentata contro il convenuto.

11. Quel che ho testé osservato riguarda la fase dibattimentale del processo. Ed è di tale seconda fase del processo attico del periodo classico che si sono soprattutto occupati gli studiosi che hanno preso posizione contro la dottrina tradizionale dei due processi separati, cioè Paoli e Wolff. Se però si vuole tracciare un profilo coerente del processo paragrafico, occorre prendere in considerazione anche la prima fase del processo, l'*anakrisis*, sulla quale, come è noto, le nostre informazioni sono molto scarse e sommarie. Ci si deve quindi chiedere: come possiamo raffigurarci la fase istruttoria del processo paragrafico? Né Talamanca e nemmeno Paoli e Wolff, i due autori con cui Talamanca conduce un serrato confronto dialettico, affrontano nel dettaglio questo tema. Tuttavia sembra di poter congetturare che per tutti e tre gli studiosi un'unica istruttoria predisponesse gli strumenti probatori relativi sia al merito della causa che all'ammissibilità dell'azione. Ma allora: se l'istruttoria riguardava sia la questione di merito che l'eccezione di improcedibilità, l'inversione nell'ordine delle orazioni in dibattimento si spiegherebbe meglio se il processo fosse stato deciso da due sentenze.

12. Dunque il fatto che, a fronte di un'unica istruttoria, nel dibattimento il convenuto parli per primo sembrerebbe un indizio che rafforza la tesi, come si è visto autorevolmente sostenuta in dottrina, secondo cui la sentenza che chiudeva il processo paragrafico non decideva nel merito, ma statuiva soltanto sull'ammissibilità o meno della *paragrafe*. Infatti, per Paoli e Wolff (sia pure con sfumature diverse), sull'*euthydikia*, cioè sul processo riguardante il merito, viene a innestarsi la procedura paragrafica, in cui il convenuto, assumendo il ruolo di attore, farebbe valere l'inammissibilità dell'azione, e l'attore, nel ruolo di convenuto, difenderebbe la sua ammissibilità. Solo se la *paragrafe* fosse stata respinta, si sarebbe passati al dibattimento sulla questione di merito. Talamanca cerca di smontare la tesi della doppia sentenza valorizzando tutte le argomentazioni degli oratori che potrebbero costituire indizi a conferma della sua tesi dell'unica sentenza.

13. Fra i passi, che si suole citare a sostegno di una pronuncia separata sull'ammissibilità dell'azione, spicca Dem. 36. 2, dove l'oratore intende allontanare da sé il sospetto di aver sollevato la *paragrafe* a scopo dilatorio. L'opportunità di fugare un simile sospetto sembra confermare che, nell'opinione comune nell'Atene del tempo, sollevando la questione dell'ammissibilità dell'azione tramite *paragrafe*, il convenuto mirasse a guadagnare tempo: infatti, anche in caso di sconfitta del *paragrapsamenos*, occorreva ricominciare il processo dalla fase dibattimentale, se non addirittura da quella istruttoria. Talamanca, proprio perché nega che la *paragrafe* desse luogo ad una procedura sdoppiata, propone un'interpretazione diversa di questo brano: secondo lui il sospetto di aver fatto ricorso a una manovra dilatoria, che

l'oratore in Dem. 36. 2 vuole stornare, potrebbe essere insinuato nei giudici da un eventuale rimprovero della controparte di aver scelto la via giudiziaria invece di accordarsi in sede stragiudiziale (cap. II § 13). Si tratta di una proposta di interpretazione acuta e plausibile del passo demostenico (anche alla luce della frase che conclude il § 2 dell'orazione[12]). Tuttavia osservo che di regola il convenuto, che voglia stornare il sospetto di non aver voluto accondiscendere a una proposta di composizione amichevole della lite, fa un riferimento generico alla sua disponibilità in tal senso e non menziona uno specifico strumento procedurale, come è nel nostro caso la *paragrafe*. Per di più la *paragrafe* è motivata qui proprio dal fatto che vi è già stato un arbitrato fra le parti: il che sembra giustificare di per sé la scelta di resistere in giudizio alla pretesa di Apollodoro da parte di Formione.

14. Mi sono soffermato brevemente su questo passo demostenico perché mi sembra che esemplifichi in modo adeguato il contributo del libro di Talamanca allo studio del processo attico. Intendo cioè ribadire che, al termine della lettura di esso, si potrà essere o meno persuasi dalla sua interpretazione della struttura del processo paragrafico, ma è certo che non si potrà fare a meno di tenere conto della raffinata e sempre penetrante esegesi dei brani degli oratori e dei lessicografi, che forma il nerbo di questo prezioso lavoro del compianto studioso. Come si è visto, aver deciso di pubblicare questo libro sforza in qualche modo la volontà del suo autore, ma penso, anche senza spingermi a richiamare iperbolicamente l'illustre precedente virgiliano, che il suo apporto al progresso degli studi giusgrecistici giustifichi a sufficienza la decisione.

[12] Nella traduzione di L. Gernet 1954, p. 206: "Toutes les sûretés, toutes les garanties qu'on peut fournir dans les relations sociales sans recourir à un débat devant votre tribunal, Phormion les a fournies".

CAPITOLO I

IL PROBLEMA E LA LETTERATURA

SOMMARIO: 1. Il problema e le fonti. – 2. La struttura del processo paragrafico. – 3. Παραγραφή e διαμαρτυρία. – 4. La «dogmatica» della παραγραφή.

1. *Il problema e le fonti.*

Nella prassi giudiziaria attica del IV sec. a.C. – dall'inizio di esso sino agli ultimi decenni – si coglie un particolare atteggiarsi delle forme processuali in relazione alle difese fatte valere dal convenuto (o dall'imputato, per chiamare così il *reus* – in senso processuale – nei giudizi pubblici): fenomeno che ha attirato l'attenzione degli storici, anche se a diversi livelli, sin dall'inizio degli studi sulle fonti dei diritti greci e sul diritto attico in particolare.[1]

A seconda, infatti, che il convenuto (o l'imputato) scegliesse di difendersi adducendo contro la fondatezza dell'azione o dell'accusa certi fatti od altri, poteva variare o l'organo che decideva, più o meno discrezionalmente, sulla difesa così presentata o la forma mediante la quale, direttamente o indirettamente, la questione veniva rimessa al giudizio sovrano del popolo, che siedeva nei tribunali eliastici, nel δικαστήριον πάντων κύριον.

Per quanto concerne la sua manifestazione più appariscente, che riguarda i processi privati,[2] questa contrapposizione era tra la *paragrafe*, intesa come forma parti-

---

[1] A dir il vero, prima degli inizi del XIX sec., l'attenzione degli studiosi sui nostri problemi era stata soltanto assai sporadica: ciò giustifica, d'altra parte, la circostanza che, con l'iniziare, all'epoca già detta, di un approfondimento degli studi soprattutto sul processo attico, si nota una quasi completa irrilevanza, sul punto, della letteratura precedente. A parte qualche breve accenno, come può essere quello del van Meurs, più all'amnistia di Archino che alle particolarità della *paragrafe* (*Ioannis* Meursii, *Themis Attica sive de legibus Atticis libri II*, lib. II, cap. 23 [Trajecti ad Rhenum 1684, 119]), la trattazione più impegnata rimane quella del Petit, che non egredisce anch'essa una mera enumerazione di fonti relative alla *paragrafe* ed alla *diamartyria*, senza neppure accorgersi, praticamente, dei punti di contatto fra questi due istituti (*Samuelis* Petiti *leges Atticae et commentarius cum animadversionibus* Jac. Palmerii a Grentemesnil, A.M. Salvinii, C.A. Dukerii, et P. Wesselingii, lib. IV, tit. IV, §§ 12-18, e tit. VII, § 13 [in *Jurisprudentia Romana et Attica continens varios Commentatores, qui jus Romanum et Atticum, item classicos aliosque auctores veteres emendarunt, explicarunt, illustrarunt, cum praefatione Petri Wesselingii*, III, Lugduni Batavorum 1741, 428 ss., 448 s.]). Non è questa però la sede per intrattenermi sui problemi dello studio dell'esperienza giuridica greca prima dell'inizio del sec. XIX, su cui conterei di poter tornare presto in altra sede.

[2] Dato che il problema dell'ammissibilità dell'azione nei processi pubblici trova assai minor documentazione nelle nostre fonti, riducendosi praticamente le allusioni più dirette, e quindi più discusse in dottrina, a quelle di Antifonte, *or.* 5. 8-19, e di Lisia, *or.* 13. 85-87, 88-90, che si pongono quindi ancora nel V sec. ed agli inizi del IV sec. a.C.

colare di giudizio,[3] e la *euthydikia*.[4] Con la prima si faceva valere, pressoché in ogni caso,[5] che la δίκη proposta dall'attore non era εἰσαγώγιμος, e che quindi non poteva essere introdotta dinanzi al tribunale eliastico dal magistrato, il quale aveva la ἡγεμονία sul tribunale stesso; con la seconda si contestava, dice la comune dottrina,[6] il merito della causa, e cioè – secondo quella che mi appare la corretta ricostruzione dell'istituto – si contestava l'esistenza dei fatti costitutivi posti dall'attore a sostegno della propria azione. Questa contrapposizione, naturalmente, trovava la sua origine nella bipartizione, propria del processo attico almeno nel V e nel IV sec. a.C., tra una fase che si svolgeva dinanzi al magistrato e che serviva a impostare l'ἀγών processuale e, eventualmente,[7] all'istruttoria della causa, ed un'altra fase dinanzi al tribunale, presso cui il magistrato introduceva (εἰσῆγε) la causa, o dopo l'istruttoria da esso compiuta od in seguito alla mancata accettazione ad opera delle parti della δίαιτα pronunciata dall'arbitro pubblico.

Tale atteggiarsi – anche terminologico – della contrapposizione ha avuto una notevole importanza per l'impostazione corrente della problematica relativa a questo aspetto della prassi giudiziaria attica.[8] Le terminologie εἰσάγειν e δίκη (οὐκ) εἰσαγώγιμος (che indica la ragion fatta valere nelle forme processuali della *paragrafe*) hanno inevitabilmente portato – per l'istintiva assonanza semantica o per la portata dell'atto cui esse alludono[9] – a caratterizzare la *paragrafe* come quel modo di difendersi del convenuto, mediante il quale costui fa valere una «inammissibilità» od una «improcedibilità» dell'azione e che si contrappone a quel *modus procedendi* che è rappresentato dall'*euthydikia* e che quindi, per giustapposizione vorrei dire necessaria a questo punto, è prospettato come quello in cui si fa valere una difesa sul «merito» della causa.

D'altro canto questa impostazione è stata senza dubbio favorita dall'uso del termine *paragrafe* per indicare la forma processuale con cui il convenuto faceva

---

3 Al di là, quindi, del suo significato originario di atto introduttivo del giudizio da parte del convenuto (e dei problemi che possono sorgere in relazione all'adibizione, nella legge di Archino, di questa particolare terminologia).

4 Terminologia questa, che non è originaria, a mio avviso, nel procedimento paragrafico.

5 Limito la mia affermazione, perché ritengo che la *paragrafe* archinea, e cioè la forma in cui il nostro istituto s'è per la prima volta presentato nella prassi giudiziaria attica, ed in cui esso serviva a dedurre in giudizio la violazione dell'amnistia, convenuta nel 403 dopo la caduta del governo terroristico dei Trenta e la restaurazione democratica, non servisse a far valere un'improcedibilità dell'azione, in quanto l'amnistia non riusciva, per i mezzi con cui era stata attuata, a produrre una simile condizione dell'azione stessa.

6 Cfr. *infra*, in questo cap., p. 33 ss.

7 E cioè nei casi in cui non si desse luogo – nel IV sec. a.C. – all'esperimento obbligatorio dell'arbitrato pubblico.

8 Si tenga conto dell'uso delle terminologie accennate nel testo al di fuori dell'esperienza giuridica attica e della possibilità che anche qui ritornino fenomeni analoghi, nella struttura, a quelli riscontrati nell'Atene del IV sec. a.C.

9 E cioè l'introduzione della lite dinanzi al tribunale da parte del magistrato a ciò competente.

valere le ragioni d'inammissibilità o d'improcedibilità di cui si è detto. Ha qui giocato l'assonanza di un valore recenziore che il termine *paragrafe* ha assunto e che equivale o meglio serve a tradurre l'*exceptio* delle fonti giuridiche romane. In questo modo il circolo si chiude e la dottrina corrente, recente e meno recente, è portata senz'altro a qualificare la παραγραφή μὴ εἶναι εἰσαγώγιμον τὴν δίκην come un'eccezione, in senso stretto,[10] d'improcedibilità dell'azione, naturalmente a livelli diversi di consapevolezza delle implicazioni, per chiamarle così, dogmatiche che tale modo di esprimersi comportava.

Di fronte però alla relativa facilità con cui, già in base agli spunti terminologici indicati, alla figura della *paragrafe* e della δίκη οὐκ εἰσαγώγιμος si riusciva a dare una collocazione in una determinata impostazione, indubbiamente modernizzante, delle strutture processuali attiche, si venivano, però, a poco a poco, ponendo taluni problemi, che non sono stati immediatamente avvertiti dalla dottrina, da quando questa, all'inizio del sec. XIX, ha cominciato a porre le basi dello studio attuale del diritto attico e del diritto greco in generale.[11] Da una parte quello della struttura del processo in relazione all'opposizione della *paragrafe*, dato che, come si vedrà,[12] le fonti non danno, a questo proposito, una risposta diretta e precisa: ma è problema che, nonostante qualche accenno, è rimasto nell'ombra sin verso il 1930, benché costituisca, a mio avviso, il punto di partenza necessario per l'approfondimento di tutta la problematica del processo paragrafico.

---

[10] In quanto contrapposta alle semplici difese, che, per esser fatte valere, non necessitano di particolari forme e tempi di presentazione, nei limiti in cui una simile contrapposizione possa servire a caratterizzare l'atteggiarsi delle difese del convenuto nel sistema processuale attico. D'altra parte, una volta acclarato che le espressioni «eccezione», «improcedibilità», «inammissibilità», «merito della causa», in quanto riferite alle particolari strutture del processo paragrafico, non possono essere intese con tutte le implicazioni che esse hanno per la nostra sensibilità giuridica moderna, non vedo alcun particolare inconveniente nel continuare ad adoperarle – per comodità d'espressione – in riferimento alla nostra tematica, al modo stesso in cui le ha adoperate sin qui la letteratura. Il pericolo non sta, infatti, nell'usare di tali forme espressive, ma, come dicevo, nel trasferire il significato che esse possono avere per noi ai momenti della realtà giuridica greca che esse sono chiamate a designare.

[11] Ciò avviene, all'inizio del secolo, soprattutto con l'attività di A.W. Heffter, M.H.E. Meier, E. Platner, G.F. Schömann. Per quanto riguarda lo specifico campo delle indagini processuali, il fiorire intorno agli anni 20 dello stesso secolo di tre trattazioni d'insieme (A.W. Heffter, *Die athenäische Gerichtsverfassung. Ein Beytrag zur Geschichte des Rechts, insbesondere zur Entwickelung der Idee der Geschwornengerichte in alter Zeit*, Cöln 1822; M.H.E. Meier – G.F. Schömann, *Der attische Prozess. Vier Bücher*, Halle 1824; E. Platner, *Der Prozess und die Klagen bei den Attikern*, I. *Prozess*, Darmstadt 1824; II. *Klagen*, Darmstadt, 1825) sul processo attico si ricollega ad un premio per una monografia sulla materia bandito nel 1817 dall'Accademia delle scienze prussiana (cfr. Platner 1824, V, e J.H. Lipsius, in M.H.E. Meier – G.F. Schömann, *Der attische Prozess. Vier Bücher*^{2}, neu bearb. von J.H. Lipsius, Berlin 1883-1887, VII).

[12] Cfr. infra, cap. II, p. 37 ss.

Diverso, invece, il punto di partenza di una seconda questione. Le figure della δίκη οὐκ εἰσαγώγιμος e della *paragrafe*, che, soprattutto nella seconda metà del IV sec. a.C., sembrano esser, nella nostra documentazione, in corrispondenza biunivoca, non lo possono essere state sempre, proprio per precisi spunti che troviamo nelle nostre fonti: da una parte la notizia che la *paragrafe* è stata introdotta soltanto negli ultimi due o tre anni del V sec. a.C., mentre la categoria della δίκη οὐκ εἰσαγώγιμος è tendenzialmente coeva all'introduzione della bipartizione del processo attico, sicuramente molto più risalente. Dall'altra, proprio al livello cronologico al quale deve esser posta l'apparizione della *paragrafe* nel sistema giudiziario attico, si riscontra, nelle fonti, l'emergere di un diverso mezzo ad incidenza processuale, la *diamartyria*, con la quale il convenuto faceva valere essere οὐκ εἰσαγώγιμος la δίκη. I termini per l'impostazione di un problema storico sui vari mezzi con cui la fattispecie della δίκη οὐκ εἰσαγώγιμος veniva fatta valere nelle diverse fasi dello sviluppo della procedura attica erano così posti.[13]

Rimane, poi, un profilo[14] che può apparire legittimamente più interessante dal punto di vista della storia giuridica.[15] Si è visto come la dottrina corrente tenda a qualificare sul piano dell'eccezione d'improcedibilità dell'azione la difesa del convenuto che si estrinseca nella παραγραφὴ μὴ εἰσαγώγιμον εἶναι τὴν δίκην: di fronte a ciò sta una circostanza di cui la dottrina ha avuto sempre, in modo minore o maggiore, consapevolezza, anche senza trarne le debite conclusioni. I fatti per cui la δίκη diveniva οὐκ εἰσαγώγιμος erano di svariata natura, e se, per una serie di essi,[16] le implicazioni sistematiche e dogmatiche che comporta, ai nostri occhi, la qualifica d'eccezione d'improcedibilità, non destano difficoltà, per altre – e sono le più numerose – il fatto dedotto nell'eccezione appare – almeno alla nostra moderna sensibilità – in termini di assoluto contrasto con la qualificazione dogmatica che viene data all'eccezione stessa.[17]

Questi sono, nelle grandi linee, i poli intorno a cui, dai primi tentativi ad oggi, si sono accentrati gli sforzi degli studiosi che si sono occupati della nostra problematica, e dai quali è necessario parta qualsiasi nuova riconsiderazione dei problemi. Di

---

13 Anche se essi furono approfonditi soltanto verso la fine della prima Guerra Mondiale da parte di G.M. Calhoun, *Διαμαρτυρία, παραγραφή and the Law of Archinus*, in *Class. Philol.* 13, 1918, 169 ss.; *Παραγραφή and Arbitration*, *ibid.* 14, 1919, 20 ss.; *Athenian Magistrates and Special Pleas*, *ibid.* 338 ss.

14 Preso in considerazione soprattutto nell'ultima monografia sull'argomento, quella di H.J. Wolff, *Die attische Paragraphe. Ein Beitrag zum Problem der Auflockerung archaischer Prozessformen*, Weimar 1966, 7 ss., 136 ss.

15 Anche a tener conto della circostanza che l'esperienza giuridica attica, e greca in generale, non ha mai espresso un'elaborazione sistematica o tecnica del fenomeno giuridico.

16 Che si risolvono, praticamente, a stare a quanto si può ricavare da un'attenta analisi delle fonti, nell'eccezione di incompetenza del magistrato adito.

17 Come, ad es., l'eccezione di transazione (l'ἄφεσις καὶ ἀπαλλαγή), quella di prescrizione, e, se si vuole, anche quella di regiudicata, in quanto essa fa valere l'assenza dell'azione, in senso sostanziale, già consumata nel precedente giudizio.

fronte a questi ultimi sta una documentazione che, al parametro comune per la storia del diritto attico e del diritto greco in generale,[18] può dirsi notevolmente ricca.[19] Essa è rappresentata soprattutto, per le origini, dall'or. 18 di Isocrate e dall'or. 23 di Lisia, e, per la seconda metà circa del IV sec. a.C., dai sette λόγοι παραγραφικοί del *corpus Demosthenicum* (or. 32-38).[20] Si tratta qui, sempre di orazioni pronunciate in

---

[18] A parte quel fenomeno particolare che è costituito dalle istituzioni giuridiche dell'Egitto ellenistico o greco-romano, che sono ampiamente illustrate dalla documentazione papirologica: per l'εἰσάγειν τὴν δίκην nel diritto tolemaico [cfr., per tutti, H.J. Wolff, *Das Justizwesen der Ptolemäer*, München 1970; E. Seidl, *Ptolemäische Rechtsgeschichte*, Glückstadt – Hamburg – New York 1962].

[19] Come è stato rilevato recentemente anche da Wolff 1966, 8 s.

[20] A parte i discorsi che ci informano intorno all'applicazione della *diamartyria* nelle cause di aggiudicazione dei κλῆροι (e precisamente Iseo, *or.* 3, 5 e 6, e Demostene, *or.* 44), i quali hanno, indubbiamente, una grossa rilevanza per ciò che concerne i problemi di struttura della διαμαρτυρία stessa in generale. D'altra parte – per i processi pubblici, per cui si è già notata (cfr. *supra*, nt. 2) la scarsità di riferimenti diretti – in vari di questi si possono trovare accenni che propongono problemi intorno alla questione se e come in essi si facesse valere un'eventuale improcedibilità dell'azione: ma su ciò si tornerà più avanti.

Per i discorsi paragrafici del *corpus Demosthenicum* reputo opportuno, una volta per tutte, dare qui appresso una breve notizia sulla paternità e sulla datazione di tali discorsi, senza voler entrare nel merito della discussione, ma additando la letteratura e le soluzioni, a mio avviso, più plausibili.

Per quanto concerne la paternità, nessun dubbio può sorgere per l'*or.* 36, uno dei più ammirati fra i discorsi giudiziari privati del nostro autore (cfr., per tutti, F. Blass, *Die attische Beredsamkeit*, III 1^2, *Demosthenes*, Leipzig 1893, 461; L. Gernet, *Démosthène, Plaidoyers civils. Discours XXVII, XXXVIII*, Paris 1954, 204). Ma anche la paternità demostenica di altri due è sufficientemente sicura: cfr., per Demostene, *or.* 37, A. Schaefer, *Demosthenes und seine Zeit*, III 2^1, Leipzig 1858, 205 ss.; A. Hoeck, *De Demosthenis adversus Pantaenetum oratione*, diss. Kiliensis, Berolini 1878, 1 ss., che respinge il dubbio di G. Krüger, *De oratione exceptoria quam ferunt contra Pantaenetum scripsisse Demosthenem*, diss. Halensis, Berolini 1876, 26 ss., il quale si basava su motivi piuttosto deboli: nessun motivo invece, in J. Sigg, *Der Verfasser neun angeblich von Demosthenes für Apollodor geschriebenen Reden*, in *Jahrbb. f. class. Philol.*, Suppl. VI, Leipzig 1873, 27 ss., come rileva anche Blass 1893, 480 s. e nt. 6, che è decisamente per l'autenticità dell'orazione, come del resto, da ultimo, Gernet 1954, 229. Per Demostene, *or.* 38, cfr. Schaefer 1858, 209 ss., Blass 1893, 484 s. e, pur con qualche incertezza, da ultimo Gernet 1954, 51. Il carattere spurio delle altre orazioni, nonostante qualche perplessità nella letteratura del secolo scorso, non lascia, a mio avviso, adito a dubbi: questi non sussistono per [Demostene] *or.* 35: cfr. Schaefer 1858, 291; H.F. Clinton, *De Demosthene*, in *Fasti hellenici* (trad. C.G. Krüger), II, Leipzig 1830, 257; I. Herrmann, *Einleitende Bemerkungen zu Demosthenes' paragraphischen Reden*, Gymnas. Progr., Erfurt 1842, 14; Blass 1893, 566 ss.; Gernet 1954, 179. Più controversa la situazione della letteratura per [Demostene], *or.* 33: la genuinità ne è decisamente affermata da Herrmann 1842, 9, mentre è negata, e con tutta ragione, da Schaefer 1858, 300; G.E. Benseler, *De hiatu in scriptoribus graecis*, I. *De hiatu in oratoribus atticis et historicis graecis*, Freibergae 1841, 97; E.R. Schulze, *Prolegomenon in Demosthenis quae fertur orationem adversus Apaturium capita duo*, diss. Lipsiensis 1878, 37 ss. (la maggior parte dello scritto è dedicata appunto alla contestazione dell'autenticità di questa orazione); Blass 1893, 575 s., che, nonostante qualche dubbio, è in definitiva per il carattere spurio del discorso; Gernet 1954, 132. Per [Demostene], *or.* 34, è ancora Herrmann 1842, 13, il paladino, piuttosto conciso, della genuinità, mentre il problema non era neppure prospettato da A. Baumstark, *Prolegomenorum in oratione Demosthenis adversus Phormionem caput prius, sive de litigantium personis ac statu civili commentatio*, diss. Heidelbergensis 1826; Benseler 1841, 101; R. Duncker, *Inter privatarum causarum orationes Demosthenicas quae pro genuinis habendae sint quaeque pro falsis breviter exponitur*, Gymnas. Progr., Greiffenberg i. P. 1877, 16 s.; Blass 1893, 581 s., non senza qualche incertezza; E. Otto, *De Demosthenis quae fertur adversus Phormionem oratione*, diss. Heidelbergensis, Aquae Mattiaeis 1889, 22; E. Ziebarth, *Eine Handelsrede aus der Zeit des Demosthenes. Die Rede XXIV gegen Phormionem*, Heidelberg 1936, 13; ed infine Gernet 1954, 154, pur riconoscendo i meriti del discorso, che qualifica «vigoureux». Più discusso il caso di [Demostene] *or.* 32: qui, addirittura, v'è un'opinione estremista, quella di A. Hug, *Commentatio de pseudodemosthenica oratione adversus Zenothemis*, Acad. Progr., Thurici 1871, 21 ss., per cui si tratterebbe di un esercizio retorico di un falsario, riproposta, in modo dubitativo, da R.J. Hopper in *Journ. Hell. Stud.* 87, 1967, 178 (rec. di H. Meyer-Laurin, *Gesetz und Billigkeit im attischen Prozess*, Weimar 1965). Tale opinione era già stata respinta nel secolo scorso dalla prevalente dottrina, che propendeva però per la non-demostenicità dell'orazione (che era già stata sostenuta prima di Hug da Herrmann 1842, 7 [con una formulazione che poteva, al limite, dare uno spunto all'ipotesi del falso]; da Schaefer 1858, 295 s., nonché da A. Philippi, *Das Fragment der demosthenischen Rede gegen Zenothemis*, in *Jahrbb. f. class. Philol.* 13, 1867, 593, che respingeva, indipendentemente da Hug, l'opinione della composizione retorica): cfr. Th. Thalheim, *Der Prozess Demons gegen Zenothemis. (Demosthenes) XXXII*, in *Hermes* 23, 1888, 202; Blass 1893, 492 s., 496 s. In tempi più recenti si è addirittura sostenuta l'autenticità di quest'orazione, dopo una presa di posizione possibilista di P. Vinogradoff, *The Legal Background of Demosthenes' Speech in Zenothemis v. Demon*, in *TR*, 3, 1922, 164: cfr. A.C. Cosman, *Demosthenes' rede tegen Zenothemis (Oratie XXXII), met inleiding en commentaar*, diss. Amsterdam 1939, 57 (vi aderisce J.J. Gavigan, in *Class. Weekly* 34, 1940, 41, 56), ed E. Wolf, *Griechisches Rechtsdenken*, III 2, *Die Umformung des Rechtsgedankens durch Historik und Rhetorik*, Frankfurt a. M. 1956, 330, 343, ma senza citazioni di *auctores*. Propende, da ultimo, ed a mio avviso pienamente a ragione, per il carattere spurio del discorso Gernet 1954, 117.

Il problema della datazione di questi discorsi paragrafici non offre poi, in genere, delle gravi difficoltà, almeno ad una determinazione generica dell'epoca. L'unico discorso che sfugge anche a questa è Demostene, *or.* 38: Gernet 1954, 251, respinge a ragione l'opinione di Schaefer 1858, 210 s., fondata su motivi di affinità stilistica, e ripresa da Blass 1893, 482, per cui l'orazione andrebbe situata nelle vicinanze di Demostene, *or.* 37. Krüger 1876, 18 ss., dà come termine *ante quem* il 356 a.C., basandosi sulla molto discutibile identità dell'Aristocrate del § 27 della nostra orazione con quello di Demostene, *or.* 54, 39, e con un ragionamento non del tutto sicuro sulla priorità: sulla base di questa identità termine *ante quem* al 343 a.C. per Herrmann 1842, 23, ma senza troppe precisazioni. Severa critica a questa ipotesi in Hoeck 1878, 7. Ingenua, infine, l'affermazione di V. Cucheval, *Etude sur les tribunaux athéniens et les plaidoyers civils de Demosthène*, Paris 1863, 83, per cui la

processi paragrafici, o che, come nel caso dell'*or.* 23, se non s'identificano terminologicamente in un tale processo, si risolvono sostanzialmente in esso od in qualcosa del tutto analogo. Al di fuori di questo blocco, la situazione delle fonti è assai poco soddisfacente: praticamente inesistenti i riferimenti alla *paragrafe* ed alla δίκη οὐκ

---

nota coincidenza – nella lettera perfino dell'argomentazione – tra Demostene, *or.* 38, 21-22 e 37, 59-60, mostrerebbe che la nostra orazione è successiva alla πρὸς Πανταίνετον. Non si può, d'altronde, sottacere che la πρὸς Ναυσίμαχον καὶ Ξενοπείθην può dare effettivamente l'impressione di una certa risalenza: ma più di ciò, che rimane del resto ad uno stato soggettivo, non si può ottenere. Le altre si susseguono, con maggiore o minore possibilità di determinazione, in questo ordine: Demostene, *or.* 36, risale sicuramente al 350-349 a.C., come ha definitivamente fissato Blass 1893, 462 e nt. 5, utilizzando i dati di Clinton 1830, 31, e soprattutto di F. Lortzing, *De orationibus quas Demosthenes pro Apollodoro scripsisse fertur*, diss. Berolinensis 1863, 14 ss., nonché di Sigg 1873, 406 s.; in tal senso cfr. anche G. Huettner, *Demosthenis oratio pro Phormione adnotatione critica instructa et commentario parata*, diss. Erlangensis 1885, 18 s. La diversa opinione di Schaefer 1858, 161 s., che la poneva al 352 a.C., così come Krüger 1876, 17, veniva esattamente respinta dagli autori citati, ma è ancora seguita da Gernet 1954, 204, e H.V. Beyer, *Über den Sachverhalt der demosthenischen Rede für Phormion*, diss. Freie Univ. Berlin 1968, 122 s., 124 s. [Demostene] *or.* 35 potrebbe essere del 351-349 a.C., secondo le deduzioni di Blass 1893, 563 s., che a me sembrano convincenti; più incerto, pur se su questa linea, Gernet 1954, 179 s., che pensa al 340 a.C. come termine *ante quem*; non troppo fondata l'opinione di Schaefer 1858, 290 s., che la poneva al 341 a.C., seguito praticamente da R. Dareste, *Les plaidoyers civils de Demosthène, traduits en français, avec arguments et notes*, I, Paris 1875, 316, che fissava, del resto senza nessun serio fondamento, la riforma dei tribunali commerciali sotto l'arcontato di Eubulo, mentre Herrmann 1842, 16, si limita a porre l'anno della morte di Isocrate, il 338 a.C., come *terminus ante quem*. [Demostene], *or.* 37, si lascia datare con tutta facilità nel 346-345 a.C.: cfr. Blass 1893, 478, e Gernet 1954, 229; *terminus ante quem* al 348 a.C. per Krüger 1876, 17 s., ed al 346 per Herrmann 1842, 21 e per Hoeck 1878, 3. Più incerta la datazione di [Demostene], *or.* 32: Gernet 1954, 117, tende a porre il 344 a.C. come *terminus post quem*, in base a notazioni di Schaefer 1858, 295 e Blass 1893, 492 e nt. 4, che non procedono ad una più precisa specificazione, e finisce, in base ad argomenti piuttosto soggettivi, ad indicare come possibile la data del 340 a.C.; dal canto suo, Herrmann 1842, 7, si limitava ad indicare come *terminus post quem* il 354-351 a.C. *Terminus post quem* sicuramente al 341 a.C. per [Demostene], *or.* 33, che è probabilmente posteriore al 336 a.C.: così, con varie sfumature circa la maggiore o minore probabilità, Schaefer 1858, 299 s., sostanzialmente ripreso da Gernet 1954, 132 s., mentre più possibilista era Blass 1893, 573 s., pur ammettendo la datazione a dopo l'inizio del regno di Alessandro Magno; diversamente Schulze 1878, 34 s., che, dopo una critica non del tutto convincente agli argomenti dello Schaefer, pone il discorso, senza un plausibile fondamento, intorno al gennaio del 339 a.C. Dal canto suo Herrmann 1842, 9, dichiarava ancora esser del tutto imprecisabile la data del discorso. Per [Demostene], *or.* 34, sembra abbastanza sicura la datazione del 327-326 a.C.: cfr., per tutti, Blass 1893, 578, e Gernet 1954, 150 s. (per Herrmann 1842, 13, *terminus post quem* è il 329 a.C.).

εἰσαγώγιμος che si possono trovare nelle altre orazioni del *corpus* degli oratori attici, mute le altre fonti coeve. Rimangono una serie di fonti lessicali o grammaticali, piuttosto tarde, e nell'uso delle quali va adibita la massima cautela, nonché il riaffiorare della terminologia *paragrafe* per esprimere un particolare atteggiarsi della μετάληψις nella teoria retorica delle στάσεις: ma le prime vanno, anzitutto, valutate in sé per saggiarne l'attendibilità e l'eventuale dipendenza da fonti contemporanee eventualmente conosciute, e le seconde vanno considerate nel quadro complessivo della teoria retorica dell'impostazione della lite, per poterne trarre elementi di conferma o meno di quanto si possa desumere dalle fonti contemporanee stesse.

2. *La struttura del processo paragrafico.*

Nonostante il fiorire di studi sul processo attico all'inizio del secolo scorso, di cui si è detto,[21] la *paragrafe* è rimasta, per molto tempo, un po' nell'ombra, non essendo mai presa ad oggetto di trattazione monografiche – neppure a livello di un articolo di rivista – e venendo discussa in trattazioni di carattere generale sul processo o sul diritto attico, anche con ampiezza relativamente notevole,[22] o trovando qualche cenno in opere enciclopediche e dissertazioni di carattere prevalentemente filologico, soprattutto relative ai vari λόγοι παραγραφικοί.[23]

E' nel nostro secolo che i principali problemi dell'istituto in esame, già accennati nel paragrafo precedente, sono stati messi a fuoco. Per quanto riguarda la struttura del processo paragrafico, l'avvio è stato dato da un filologo che voleva essere anche giurista, e quindi particolarmente sensibile agli effetti costruttivi della storia degli istituti dal punto di vista tecnico giuridico: U.E. Paoli. Il contributo in cui egli fissava i termini essenziali della sua opinione in materia di *paragrafe* è apparso nel 1925.[24] Esso rimase, però, pressoché inosservato, perché il luogo di edizione di esso, una rivista di diritto italiano positivo, non ne facilitava certamente la conoscenza fra gli specialisti del diritto attico, o dei diritti greci in generale, i quali, in genere, sono

---

[21] Cfr. *supra*, in questo capitolo, p. 3 nt. 10.

[22] Cfr. soprattutto gli svolgimenti in Heffter 1822, 289 ss., 348 ss; Platner 1824, 138 ss., 163 ss.; Schömann 1883-1887, 833 ss.; J.H. Lipsius, *Das Attische Recht und Rechtsverfahren mit Benutzung des Attischen Processes von M.H.E. Meier und G.F. Schömann dargestellt*, III, Leizpig, 1915, 844 ss.

[23] Fra le voci d'enciclopedia, notevole per la relativa ampiezza, G. Glotz, s.v. *Paragraphè*, in *DS* IV I, Paris, s.a., 323 ss. Deludente, nonostante l'apparenza del titolo, la dissertazione di Herrmann 1842 già citata. Parzialmente diversa la valutazione di Wolff 1966, 9 s., che, pur criticando i risultati della letteratura precedente, e fra questa anche di quella ottocentesca, tendeva a porre in rilievo «die Aufmerksamkeit der Gelehrten», sollecitata dalla situazione relativamente favorevole della documentazione testuale.

[24] U.E. Paoli, *Giudizi paragrafici nel diritto processuale attico*, in *Riv. dir. proc. civ.* 2, 1925, II, 218 ss.

più filologi o storici generali, che storici del diritto in particolare non che studiosi di diritto positivo.[25]

Quest'articolo, che considerava esclusivamente i problemi di struttura del processo paragrafico, veniva poi quasi letteralmente ricompreso in un più ampio studio, pubblicato in un volume miscellaneo nel 1933, ed in cui esso veniva inserito in una più completa prospettiva, che comprendeva, seppur sommariamente, la storia del nostro istituto, i suoi rapporti con la *diamartyria*, ed altri aspetti più o meno strettamente connessi.[26]

Il punto, però, su cui ruotava tutta l'indagine è quello della struttura. Il Paoli cerca di accreditare una sua particolare teoria, quella dell'inscindibilità del processo attico, di cui egli vuol cogliere l'applicazione nei due istituti – per l'autore nettamente differenziati storicamente e funzionalmente – della *paragrafe* e della *diamartyria*. Inscindibilità significa che, per quanto concerne più propriamente la *paragrafe* stessa,[27] l'opposizione da parte del convenuto di questo mezzo processuale non porta ad

---

[25] Esso rimaneva, ad es., sconosciuto a L. Gernet, *La diamartyrie procédure archaïque du droit athénien*, in *RH*, IVe S., 6, 1927, ora in Gernet, *Droit et société dans la Grèce ancienne*², Paris 1964, 83 ss. D'altro lato – e lo notava già nella sua recensione ad U.E. Paoli, *Studi sul processo attico*, Padova 1933, A. Steinwenter, in *ZSS* 54, 1934, 384 e nt. 1 – lo stesso Paoli ignorava o non prendeva in considerazione, nel 1933, i contributi sulla *paragrafe* e sulla *diamartyria* di G.M. Calhoun e di L. Gernet (cfr. invece la bibliografia della v. "*Diamartyria*", in *NovDI* V, Torino 1960, 578).

[26] U.E. Paoli, *L'inscindibilità del processo nel diritto attico*, in Paoli 1933, 75-173. Taluni degli svolgimenti qui contenuti hanno sollevato l'impressione di avere una scarsa connessione con il tema centrale trattato: così Steinwenter 1934, 386 nt. 2, rilevava come la trattazione sul processo contro Agorato (Lisia, *or.* 13) avesse una labile connessione con il tema centrale dell'indagine, in quanto lo stesso autore ammetteva che l'imputato non avesse sollevato, nel caso, una *paragrafe* (anche perché quest'ultima non sarebbe stata usuale in Atene nei confronti di un'azione pubblica). Ciò può anche suonar vero nei confronti dell'impostazione della ricerca del Paoli, dove il capitolo anzidetto (già pubblicato come *Il processo di Agorato* in *Riv. filol. istr. class.* 60, 1932, 289 ss.) non riesce ad inserirsi in un valido contesto. Ma tale nozione, considerata in astratto, mostra un punto di vista che vorrei definire pericoloso sotto il profilo metodologico, e cioè il voler isolare la *paragrafe* dagli analoghi fenomeni che si potevano riscontrare nelle strutture processuali attiche, e che vertevano tutti sempre sulla maniera in cui si potessero far valere – anche al di fuori delle azioni private – difese che, in un certo qual modo, si potessero avvicinare a quella che le fonti designano con il nome di δίκη οὐκ εἰσαγώγιμος.

[27] Paoli 1933b, 142 ss. (pubblicato anche come *Διαμαρτυρία e δίκη ψευδομαρτυρίων nel diritto successorio attico*, in *Studi F. Cammeo*, II, Padova 1933, 257 ss.), sostiene infatti che l'inscindibilità si riscontra anche relativamente all'azione di falsa testimonianza che impugna una *diamartyria* a carattere ereditario, con la quale si sia fermata una procedura di aggiudicazione di una successione, affermando l'esistenza di un figlio legittimo del *de cuius*, che aveva diritto al κλῆρος senza la necessità di vederselo attribuire mediante un'ἐπιδικασία. Nel corso del processo di falsa testimonianza, infatti, non soltanto si sarebbe proceduto a stabilire, se del caso, la falsità della διαμαρτυρία, ma in quest'eventualità si sarebbe contestualmente avuta l'aggiudicazione del compendio ereditario.

una divisione del processo nel senso che si dia, preliminarmente, un giudizio, quello paragrafico, sulla procedibilità dell'azione, e poi si svolga, eventualmente, il processo sulla fondatezza dell'azione stessa. Il processo si svolge, nonostante la *paragrafe*, in un'unica soluzione, in un'unica udienza, in cui vengono trattate sia la questione di procedibilità che quella che, con una terminologia che per noi è ovvia in contrapposto alla prima, si può chiamare la questione sostanziale, di merito. Alla fine dell'udienza si svolge, anzitutto, la votazione sulla questione pregiudiziale, sulla *paragrafe*, ed immediatamente dopo, ove la *paragrafe* sia stata respinta, si procede ad un'ulteriore votazione sul merito della causa.[28]

---

[28] Un punto che rimane in ombra nel pensiero del Paoli è se il processo paragrafico portasse sempre alla definizione della controversia di merito fra le due parti. Il problema che qui sorge è quello delle eccezioni che la dottrina tradizionale chiama procedurali od interlocutorie, e cioè quelle che nel sistema di Paoli vengono raggruppate sotto il comune denominatore dell'illegittimità della forma, per difetto di competenza del magistrato adito o per uso illegittimo di un mezzo giudiziario (Paoli 1933b, 89 s.). Qui si tratta di eccezioni che dovrebbero avere valore soltanto procedurale, e conseguentemente, anche nell'ambito dell'opinione del Paoli, non sembrerebbe da escludere la riproposizione dell'azione dinanzi al magistrato competente od il far valere la pretesa mediante il mezzo giudiziario appropriato. Ma questo profilo non è preso in considerazione dallo studioso, il quale, trattando di tale sorta di eccezioni, si limita ad affermare che i giudici eliastici «decidevano al tempo stesso, ed in seguito ad un unico dibattito, anche la questione di merito» (Paoli 1933b, 90), il che presuppone, però, il rigetto della *paragrafe*. D'altro canto, nella trattazione successiva, il Paoli egualmente non viene a trattare degli effetti della sentenza di accoglimento di una *paragrafe* procedurale, come, del resto, non si pone questo problema in *Boll. filol. class.* 45, 1938-39, 271 (rec. a F. Lämmli, *Das attische Prozessverfahren in seiner Wirkung auf die Gerichtsreden*, Diss. Basel, Paderborn 1938), quando riafferma, come alternativa, quella tra «processo preliminare od unico», non prendendo ancora in considerazione il profilo del rigetto della *paragrafe* procedurale. Sembrerebbe, invece, propendere a valutare l'opinione del Paoli nel senso di una consunzione processuale della pretesa anche nel caso di eccezione procedurale W. Hellebrand in *Krit. Vierteljahr.* 63, 1934, 359 (rec. a Paoli 1933) ed in *Gnomon* 15, 1939, 260 (rec. a Lämmli 1938), dove parla di una «Paolis Lehre von der peremptorischen Wirkung schon der Einleitung der παραγραφή, die daher den ganzen Prozessfall erledigen musste». A. Biscardi, s.v. *Giudizi paragrafici*, in *NovDI* VII, Torino 1961, 880 (si tratta della riproduzione pressoché letterale dell'analoga voce pubblicata in *NDI* VI, Torino, 1938), parla, nell'ambito di una completa accettazione delle teorie del Paoli, di una sentenza che «aveva in ogni caso carattere definitivo», ma anch'egli senza dar a vedere di aver preso in considerazione, nel contesto, il caso dell'accoglimento di *paragrafai* meramente procedurali. D'altro canto anche chi può considerarsi (cfr. la nota successiva) il precursore di Paoli nell'affermazione dell'unità del processo paragrafico, J. Bake, *Scholica hypomnemata*, III, Lugduni Batavorum 1844, 259 ss., non fa distinzione tra eccezioni di carattere sostanziale e di carattere procedurale: v., del resto, anche Dareste 1875, I, xx. Né il problema è affrontato da Steinwenter 1934, 386 nt. 1, il quale si pone sì la questione di una «weitere Abstimmung» sull'*enklema* in seguito all'accoglimento, da parte del tribunale eliastico, della *paragrafe* del convenuto, ma pensa ad una votazione da parte del medesimo tribunale eliastico (la quale è naturalmente esclusa dall'accoglimento dell'eccezione, onde non si capisce perché questo studioso sottolinei al riguardo

Per poter valutare la portata di questa impostazione di U.E. Paoli bisogna tener conto dello stato della dottrina precedente: sin dagli inizi del 1800 questa, salvo rare e talora solo apparenti eccezioni, che del resto erano praticamente rimaste senza influenza,[29] restava saldamente ancorata ad una valutazione del processo paragrafico totalmente opposta a quella di Paoli. Essa configurava il giudizio, che si apriva in base all'opposizione della *paragrafe*, essenzialmente come un processo preliminare sulla procedibilità della *dike*, che poteva solo allora presentarsi come definitivo quando la natura stessa del fatto, dedotto nella *paragrafe* a sostanziare

l'assenza – ovvia direi – di fonti), non alla riproposizione della pretesa dell'attore dinanzi al magistrato competente o nella forma dovuta. Adesso, proprio per l'eccezione di incompetenza, il problema è toccato, dal suo punto di vista, da Wolff 1966, 145 s., il quale sottolinea come una «buchstäbliche Gesetzesauslegung», verso la quale, nel IV sec. a.C., si era ancora prevalentemente propensi, avrebbe potuto portare ad affermare, in casi del genere, la non ripetibilità dell'azione, ma conclude rilevando come le fonti non permettano nessuna soluzione sicura.

29 Sia W. Hellebrand, s.v. Παραγραφή, in *RE* XVIII 3, Stuttgart 1949, 1178, che Wolff 1966, 12 nt. 20, hanno osservato come l'opinione di U.E. Paoli non costituisse un'assoluta novità, rinviando entrambi a Dareste 1875, I, xx, e Hellebrand anche a Bake 1844, 260: l'opinione di questi due autori era stata ricordata e respinta anche da Lipsius 1915, III, 856 nt. 35 (cfr. già in Meier – Schömann 1883-1887, 851 nt. 237, dove veniva ricordata soltanto l'opinione del Dareste). La presa di posizione di Dareste è molto concisa, anche se, indubbiamente, da quanto affermato possa trarsi la conclusione che, mediante l'opposizione della παραγραφή, si produceva, a giudizio dell'autore, un'inversione fra i ruoli delle parti, che permaneva per tutta la controversia, onde il παραγραφών «parlait le premier sur la fin de non-recevoir d'abord, et ensuite sur le fond, car la question de fond n'était pas réservée, et il fallait toujours plaider à toutes fins». Ma al di là di queste brevi affermazioni non si andava. Più circostanziata la presa di posizione di Bake, il quale costruisce la sua opinione non solo sul fatto – anche per lui primario – che, nei λόγοι παραγραφικοί, «accurate ipsa quoque primaria quaestio tractatur», ma circostanzia le sue affermazioni in base all'analisi di Lisia, *or.* 23 (soprattutto del § 1), e di alcuni passi di orazioni pseudodemosteniche, nonché riferendosi al funzionamento dell'ἐπωβελία, cui del resto si ricollegava anche Dareste. Quanto alla presa di posizione di B. Keil, *Anonymus Argentinensis*, Strassburg 1902, 243, cui rimanda Lämmli 1938, 162 s., come ad uno degli argomenti di cui il Paoli avrebbe potuto servirsi ma non si è servito (e l'osservazione di Lämmli è ripresa da Hellebrand 1949, 1179), essa era propugnata in un contesto in cui lo studioso trattava del tempo messo a disposizione delle parti per la pronunzia delle loro arringhe: in siffatto quadro il Keil osservava che, in quanto «die παραγραφή ist nicht als Prozess über die rein formale Kompetenzfrage, sondern – wie praktisch, wenn auch nicht juristisch begreiflich – nur als eine besondere Form des Prozesses selbst behandelt worden», il tempo messo a disposizione dei contendenti nell'ἀγὼν παραγραφικός coincideva con quello di cui ci si sarebbe potuti servire nell'*euthydikia*. Ma quest'affermazione, non ulteriormente specificata, non è sufficiente per stabilire se il Keil pensasse effettivamente al processo paragrafico come a qualcosa di diverso da come esso era ricostruito dalla dottrina allora del tutto dominante. Io tenderei ad escludere questa possibilità, soprattutto in base all'inciso «wie praktisch, wenn auch nicht juristisch begreiflich», su cui ha esercitato la sua critica, e non a torto, Hellebrand 1949, 1179.

l'improcedibilità dell'azione, impedisse – nel caso di accoglimento dell'eccezione – la riproposizione della *dike*; si trattasse, cioè, per usare una terminologia allora corrente, di una eccezione perentoria, di sostanza e non meramente procedurale.[30]

Di contro a questo modo di vedere il Paoli muoveva – come risulta chiaramente dallo svolgimento del suo pensiero – da una constatazione che, del resto, non era certo rimasta ignota alla precedente letteratura. Nei λόγοι παραγραφικοί, ed anche in

---

[30] In questo senso già la prima letteratura sul processo attico, a partire dagli inizi del sec. XIX (per cui cfr. Heffter 1822, 296 s., che distingue fra eccezioni meramente procedurali, dove non vi sarebbe dubbio, ed eccezioni sostanziali, dove il dubbio si può prospettare, ma va risolto nel senso dell'opinione tradizionale; Platner 1824, 170 s., e Schömann 1883-1887, 849, 851 s., che, molto più concisamente – soprattutto il secondo –, si esprimono nello stesso senso). Di poi questo modo di vedere, senza neppure di regola prendere in considerazione l'opposta opinione (e meno che mai i riferimenti alle concrete espressioni della stessa), si diffonde sempre di più: cfr. Herrmann 1842, 4; Cucheval 1863, 45, 173 ss, anche se senza una esplicita presa di posizione a riguardo; Philippi 1867, 591; Krüger 1876, 6, precisando che – respinta l'eccezione – non si poteva condannare nel merito, riservato alla «causa ipsa»; Huettner 1885, 35 s., il quale afferma che, se la sentenza «secundum reum dabatur, causa finita erat» (ma non ha certamente presente la possibilità di un'eccezione meramente procedurale, come quella sulla competenza); G. Gilbert, *Handbuch der griechischen Staatsalterthümer*, I. *Der Staat der Lakedaimonier und der Athener*[2], Leizpig 1893 (1[a] ed. 1881), 458; K.F. Herrmann – V. Thumser, *Lehrbuch der griechischen Staatsalterthümer*, II[6], Freiburg i. Br. 1892, 573 s., anche se non con estrema chiarezza; B. Matthiass, *Das griechische Schiedsgericht*, in *Juristische Festgaben für Rudolf von Jhering, zum fünfzigjährigen Doktorjubiläum ihres früheren Mitgliedes gewidmet von der Rostocker Juristenfakultät am 6. August 1892*, Stuttgart 1892, 46, che ritiene anch'egli che, anzitutto, si debba decidere sull'eccezione fatta valere con la *paragrafe*, e che sino a questa decisione non possa proseguire il «Hauptprozess», ma pensa che l'ulteriore trattamento della causa avvenga «vor gleichem Gericht», senza precisarne ulteriormente i tempi; P. Gide – E. Caillemer, s.v. *Dikè*, in *DS* II 1, Paris 1892, 204, in cui si precisa che la *paragrafe* arrestava, addirittura, «l'instruction du principal» (degli stessi autori cfr. s.v. *Antigraphè*, *ibid.*, I 1, Paris 1873, 290); U. von Wilamowitz-Moellendorff, *Aristoteles und Athen*, II, Berlin, 1893, 369; E. Drerup, *Über die bei den attischen Rednern eingelegten Urkunden*, in *Jahrbb. f. class. Philol.*, Suppl. XXIV, 1898, 316 s.; G. De Sanctis, *Ἀτθίς. Storia della repubblica ateniese dalle origini all'età di Pericle*[2], Torino 1912, 428 s., con preciso riferimento alla *paragrafe* archinea; Lipsius 1915, III, 854 ss.; P. Cloché, *La restauration démocratique à Athènes en 403 avant J.-C.*, Paris 1915, 276 s., anche se le espressioni usate siano, talora, piuttosto ambigue; Vinogradoff 1922a, 165; Glotz, in DS s.v. *Paragraphè* 325, dove l'accenno ad una definitività sostanziale della sentenza di accoglimento della *paragrafe* va forse corretto con quanto detto a p. 324; A. Steinwenter, *Die Streitbeendigung durch Urteil, Schiedsspruch und Vergleich nach griechischem Recht*, München 1925, 87, che però (cfr. *infra*, in questo §, nt. 34), successivamente all'indagine del Paoli, ha modificato la propria opinione parzialmente; H. Hommel, in *Berl. Philol. Wochenschr.* 47, 1927, 340 (rec. di Calhoun 1919b, 338 ss.); W. Wyse, *Law*, in L. Whibley, *A Companion to Greek Studies*[4], Cambridge 1931, 485. Caratteristico il fatto – cfr. *supra*, in questo §, p. 9 nt. 25 – che questi due ultimi autori ignorino il contributo del Paoli del 1925, dove erano già compiutamente esposte le dottrine «rivoluzionarie» di questo autore sulla *paragrafe*.

quelli relativi a *diamartyriai*, i logografi non si limitavano a trattare soltanto dei fatti attinenti alla *paragrafe*, ma si dilungavano – talora, egli dice, quasi esclusivamente – sui fatti costitutivi ed estintivi dell'azione, che sarebbero stati riservati alla trattazione del c.d. merito della causa.[31] Questa particolarità veniva spiegata, dalla dottrina meno recente, sotto il profilo del desiderio delle parti di mostrare ai giudici ateniesi – più portati ad una valutazione globale della causa e della personalità delle parti, che ad una precisa individuazione dei profili giuridici rilevanti ai fini della decisione della questione ad essi sottoposta – che non soltanto sulla questione pregiudiziale, della quale unicamente si trattava, *de iure*, nel giudizio paragrafico, ma anche sulla questione sostanziale l'oratore era dalla parte della ragione.[32]

---

31 Ciò risulta chiaramente dal modo con cui Paoli 1933b, 109 ss., conduce il suo ragionamento. Del resto questo punto aveva la sua rilevanza anche nelle analoghe opinioni di Bake 1844, 261, e, seppur più larvatamente, di Dareste 1875, I, xx.

32 Pur con varie sfumature il fondo della spiegazione tradizionale si deve trovare proprio qui: se Heffter 1822, 296 s., constata il fatto in relazione alla questione dell'unità o meno del processo paragrafico ma, respinta l'ipotesi dell'unità, non dà alcuna spiegazione della c.d. difesa sul merito, l'opinione tradizionale è ormai chiaramente precisata da Schömann 1883-1887, 855 s. Dal canto suo Lipsius 1915, III, 856 e nt. 35, riprendendo questa opinione (cfr. già in Meier – Schömann 1883-1887, 851 nt. 237), metteva in guardia contro le diverse interpretazioni del Bake e del Dareste. Questa opinione era del resto comunemente recepita in dottrina: cfr. Philippi 1867, 591; G. Perrot, *Le commerce de l'argent et le crédit à Athènes au quatrième siècle avant notre ère*, in *Mémoires d'archéologie, d'éphigraphie et d'histoire*, Paris 1875, 417 s., e Schulze 1878, 30, i quali non prendono espressamente posizione sulla bipartizione del giudizio intorno alla questione pregiudiziale ed al merito della causa; Krüger 1876, 7; R. Volkmann, *Die Rhetorik der Griechen und Römer in systematischer Übersicht dargestellt*[2], Leipzig, rist. 1885 (1[a] ed., Berlin, 1872), 86; Matthiass 1892, 46 (sulla cui particolare presa di posizione, cfr. *supra*, nt. 30); Cloché 1915, 358 s., pur senza centrare la problematica qui discussa. D'altro canto quest'opinione continuava a circolare nella dottrina successiva alla contraria presa di posizione di Paoli, che ne respinge l'impostazione o la ignora: cfr. R.J. Bonner – G. Smith, *The Administration of Justice from Homer to Aristotle*, II, Chicago [1938], 87 ss., soprattutto p. 90, che introducono un'ulteriore circostanza come elemento rilevante ai fini di questa prassi, e cioè che, a differenza che nel sistema anglosassone, non v'era in Atene una distinzione fra *juratores*, competenti per il fatto, e *iudices*, competenti per il diritto, circostanza questa – a mio avviso – assolutamente irrilevante, perché la discussione sulla c.d. *euthydikia*, che avveniva con maggiore o minore ampiezza nei λόγοι παραγραφικοί, investiva sia gli aspetti di fatto sia, nei limiti in cui ciò poteva accadere nell'esperienza giuridica ateniese, quelli di diritto relativi al merito della causa; Lämmli 1938, 162 s.; E. Schönbauer, *Παραγραφή, διαμαρτυρία, exceptio, praescriptio. Zur antiken Einrede der Unzulässigkeit des Streitverfahrens*, in *Anz. Österr. Akad. Wiss.* 10, 1964, 212; sull'opinione di H.J. Wolff cfr. *infra*, in questo §, nt. 39. Una posizione particolare, al riguardo, è assunta da P. Stoffels, *Billijkheid in het oud-griekse Recht*, diss. Amsterdam 1945, 49 s., il quale respinge l'opinione tradizionale, che egli impersona in Lipsius, sotto il profilo per cui non si trovano, nelle *paragrafai*, «mitdrukkelijke weerleggingen … van een mogelijke beschuldiging van vertraging», e che una simile prassi si potrebbe avere soltanto ove la posizione delle parti, nella c.d. *euthydikia*, fosse forte, casi in cui non si comprenderebbe il ricorso alla *paragrafe*; d'altro canto, l'autore tende ad avvicinare que-

Il Paoli respinge questo modo di vedere: e, dopo aver sottolineato il carattere costante di questo uso, egli cerca di mostrare come sia, nella documentazione che possediamo, espressamente condizionato dalla votazione che i giudici eliastici, respinta l'eccezione, dovrebbero fare sul c.d. merito della causa. Tutto ciò viene poi inquadrato dal Paoli in una serie di altre circostanze che rafforzerebbero la validità dell'impostazione da lui stesso data alla questione della struttura del processo paragrafico. Egli perviene così alla conclusione che i logografi ateniesi trattano, con tutta ampiezza, del c.d. merito della causa, perché, immediatamente dopo la votazione sulla *paragrafe* ed in caso di rigetto di quest'ultima, i giudici eliastici dovevano procedere ad esprimere, con ulteriore votazione, il loro parere sulla questione di merito.[33]

---

sta prassi all'altra caratteristica delle orazioni giudiziarie greche, per cui le questioni di diritto sono piuttosto trascurate, mentre prevalgono del tutto le discussioni sul fatto, caratteristica in ordine alla quale l'autore sminuisce la differenza che si può cogliere fra la prassi giudiziaria greca e quella moderna. Ma debbo rilevare che la critica al Lipsius non appare del tutto centrata: giustificazioni dell'uso della *paragrafe* sussistono, e taluna (Demostene, *or.* 36. 2) apparentemente centrata – e, ad ogni modo, così l'interpreta l'opinione tradizionale – sul punto di eliminare il sospetto di aver voluto χρόνους ἐκποιεῖν (su ciò cfr. *infra*, cap. II, p. 117 ss.). D'altra parte, proprio più fosse debole la posizione del παραγραψάμενος sul merito, più egli doveva cercare, con le buone o con le cattive arti, di convincere i giudici di avervi ragione. Il credere che una difesa sul merito fosse possibile, da parte dei logografi attici, soltanto in quanto si avesse, sul merito stesso, ragione, è un'ingenuità che disconosce la realtà della prassi retorica ateniese. In ogni caso le critiche dello Stoffels si rivelano inadeguate rispetto al punto che esse sono dirette a contestare – e cioè la giustificazione data dalla dottrina tradizionale – perché, d'altronde, si riferiscono alla difesa sul merito soltanto per quanto concerne i discorsi a favore di un'eccezione di improcedibilità, e non i λόγοι πρὸς τὴν παραγραφήν, dove invece si riscontra lo stesso fenomeno, e che debbono essere valutati globalmente con le παραγραφαί ὑπέρ τινος.

33 L'autore, per suffragare il proprio punto di vista sulla doppia votazione nei giudizi paragrafici, si richiama al fenomeno parallelo che si ha negli ἀγῶνες τιμητοί, dove pure si svolge una duplice votazione che verte, per esprimersi in termini moderni, prima sull'*an* e poi sul *quantum* della responsabilità del convenuto, civile o penale che essa sia (Paoli 1933b, 114 s.). Il compianto atticista si avvedeva della differenza, importantissima dal punto di vista qui discusso, tra giudizi paragrafici e ἀγῶνες τιμητοί, e cioè che in questi ultimi le parti, dopo la prima votazione sull'*an*, erano ammesse, anche se piuttosto brevemente (Aristotele, *Const. Ath.*, 69, 2), a pronunziare un nuovo discorso per esporre le proprie ragioni sul *quantum*. A questo proposito il Paoli prospetta, come possibile, «che anche il dibattito paragrafico [...] potesse svolgersi secondo questo rito – e cioè quello proprio degli ἀγῶνες τιμητοί – e viceversa che, anche in sede di ἀγών τιμητός, se l'accusato avesse trattato complessivamente del reato e della pena, l'accusatore [...] fosse tenuto a svolgere insieme i due argomenti, e quindi i giudici a pronunziare la loro duplice sentenza in due momenti immediatamente successivi» (dove vi è una palese inversione, a mio avviso, fra accusato ed accusatore, che però si riscontra già in Paoli 1925, 223): e concludeva tuttavia dicendo di aver «ricordato la procedura degli ἀγῶνες τιμητοί solo per concludere che non è contraria all'ordinamento processuale attico l'ipotesi di

La ricerca del Paoli segna una netta cesura nel corso dei nostri studi. La dottrina successiva, anche se talora ne abbia ignorato l'esistenza,[34] ne è rimasta profondamente influenzata, perché senza dubbio il compianto atticista di Firenze era riuscito a centrare, cosa non prima fatta, uno dei punti essenziali della problematica del no-

---

una doppia pronuncia del giudice in una stessa seduta». Il pensiero del Paoli rimaneva, quindi, al riguardo, piuttosto incerto, perché è di tutta evidenza che, nel caso si ammettesse la possibilità di due diverse orazioni, l'una sulla *paragrafe* e l'altra sul c.d. merito della causa, il punto di partenza ed uno dei fulcri sostanziali della ricostruzione del Paoli stesso – e cioè la trattazione di fatti attinenti al mero ambito del λόγος παραγραφικός – verrebbe a perdere il suo significato decisivo. Si comprende quindi come chi ha più recisamente abbracciato l'ipotesi di Paoli, e cioè Biscardi 1961a, 880, preoccupato evidentemente di salvare la coerenza interna della dottrina da lui accettata, respinga decisamente quest'opinione, in base però ad un'argomentazione che si sofferma più che altro su alcuni aspetti piuttosto esteriori delle differenze fra giudizi paragrafici ed ἀγῶνες τιμητοί, e su considerazioni alquanto astratte. Di modo che l'unico vero argomento che traspaia dalla presa di posizione del Biscardi è che, ammettendo per i giudizi paragrafici una struttura come quella degli ἀγῶνες τιμητοί, non si riuscirebbe a spiegare la caratteristica fondamentale dei λόγοι παραγραφικοί, e cioè la trattazione del merito della causa in essi contenuta, perché, egli osserva, questa trattazione si sarebbe necessariamente riservata al secondo dei due discorsi che fossero pronunciati nel processo paragrafico. Sul problema, piuttosto incerto Hellebrand 1949, 1179.

34 Cfr. ad es. Bonner – Smith 1938, 91, che seguono nettamente l'opinione tradizionale, come pure A.P. Dorjahn, *Political Forgiveness in Old Athens*, Evanston, 1946, 36 s. J. Miles, *Some Observations on Demosthenes' Speech Against Pantaenetus*, in *Hermathena* 78, 1951, 60, 64 s., polemizza addirittura con l'opinione tradizionale, che egli identifica con Lipsius, osservando come «it seems absurd that the whole case should be retried after the parties had already argued fully on the elements and facts of cause, as well as on the plea. Surely the hearing of the plea would be regarded as a trial of the action», soggiungendo che, nel caso l'eccezione fosse stata accolta, a Panteneto non sarebbe rimasta altra scelta «either to give up his claim altogether, or to start an entirely new action in a different court». Questa ultima affermazione non tiene conto che la *paragrafe* di Nicobulo, su cui poggia particolarmente l'occhio di Miles, ha per fondamento un fatto estintivo sostanziale della pretesa dell'attore, come l'ἄφεσις καὶ ἀπαλλαγή, la quale, anche secondo l'opinione tradizionale, estingueva, per quanto possiamo sapere, il diritto fatto valere, nel caso di accoglimento dell'eccezione. D'altro canto in opere di più vasto respiro o d'informazione complessiva come C. Hignett, *A History of the Athenian Constitution to the End of the Fifth Century B.C.*, Oxford 1952, 295, e J.W. Jones, *The Law and Legal Theory of the Greeks*, Oxford 1956, 133 nt. 1, o si segue – nel primo caso – l'opinione tradizionale, rinviando soltanto a Cloché ed a Calhoun (di cui, fra l'altro, è ricordato solo Calhoun 1918, 169 ss.); o – nel secondo – senza alcun riferimento al contenuto sostanziale del problema, ci si limita a rinviare a Calhoun 1919a, 20 ss. Una completa ignoranza dei termini del problema mostra, poi, E. Wolf 1956, 260, affermando che «begründet die "Gegen Kallimachos" (XVIII) eine Restitutionsklage wegen beschlagnahmter Vermögensteile auf Grund des Einspruchs (παραγραφή) gegen jenes summarische Verfahren, wonach jemand ohne weiteres verurteilt werden konnte, der gegen einen politischen Widersacher aus der Dreissigerzeit eine Klage einbrachte»: affermazioni queste di cui non si riesce ad immaginare donde l'autore possa aver preso lo spunto.

stro istituto.[35] Essa ha, soprattutto, posto in primo piano la questione della struttura del processo in seguito all'opposizione della *paragrafe*: se anche, fra gli specialisti, non molti l'abbiano totalmente condivisa, essa ha trovato parziali adesioni in talune ipotesi mediatrici da parte di illustri studiosi dell'esperienza giuridica greca.[36]

---

[35] Non è che alla ricerca del Paoli non potessero muoversi – e ciò si farà varie volte appresso – talune critiche di fondo. Anche in essa si riscontra il difetto – comune con le precedenti trattazioni, le quali però non erano mai assurte al livello di monografie (e gli stessi contributi del Calhoun, citati *supra* in questo capitolo, p. 4 nt. 13, erano soltanto degli articoli di non vasta mole) – di prender a partito una troppo esigua base testuale, lasciando fuori dalla discussione non soltanto una serie di testi che, fondatamente, potevano apparire degni di un approfondimento perché apparentemente, ed effettivamente, contrari, ma anche un certo numero di testimonianze favorevoli. D'altra parte, di fronte all'esigenza metodologica esattamente ribadita da Wolff 1966, 24 s., di una valutazione globale delle testimonianze offerte dalle singole orazioni del *corpus* degli oratori attici, si indulge talora in essa ad una valutazione piuttosto atomistica delle singole affermazioni che si possono trovare nelle nostre fonti. Né si può infine, in questa rapida valutazione critica, tacere un altro lato negativo delle ricerche del Paoli, e cioè una ben precisa tendenza a voler «giuridicizzare» il dato storico, nel senso di vestirlo, piuttosto automaticamente, di categorie dogmatiche moderne, il cui adattamento alla realtà concreta da esprimere è troppo spesso più che dubbio: per uno dei tanti esempi, che ne verranno discussi, cfr. *infra*, in questo cap., p. 31. Del resto, come ricorda A. Biscardi, *In memoriam Ugo Enrico Paoli (1884-1963)*, in *Iura* 15, 1964, 190, l'insigne atticista, filologo anzitutto, si era laureato anche in giurisprudenza, onde si possono spiegare questi suoi atteggiamenti – forse dovuti appunto all'impulso più o meno cosciente di superare i limiti originari della propria formazione culturale – verso una schematizzazione dell'esperienza giuridica attica, attuata però spesso, come dicevo, mediante una trasposizione piuttosto meccanica del nostro strumentario concettuale a rappresentare la realtà concreta di quella. E va ricordata, a questo proposito, la qualifica dell'attitudine scientifica del Paoli che – nell'ignoranza, credo io, delle sue altre attività – vien ritenuta da E.E. Cohen, *Ancient Athenian Maritime Courts*, Princeton 1973, 195 s., quella di «distinguished Italian jurist».

[36] A parte l'adesione totale di Biscardi 1961a, 878 ss. (cfr. anche in A. Biscardi in *Riv. filol. istr. class.* 68, 1940, 132 ss., nonché, assai sommariamente, in sintonia del resto con il tono di tutta l'opera, *Profilo di diritto greco antico. Lezioni raccolte da L. Lepri*, Siena 1961, 189, 197) essa è stata del tutto condivisa soltanto da studiosi estranei agli studi di diritto greco antico, come, ad es., nell'introduzione di P. Calamandrei, in Paoli 1933, IX ss., e nelle presentazioni e recensioni di M. d'Amelio, in *Rend. Lincei, Cl. sc. mor.* VI S., 9, 1933, 338 s.; F. Carnelutti, in *Riv. dir. proc. civ.* 10, 1933, I, 343 s.; A. Levi, in *Riv. int. Filos. Dir.* 13, 1933, 775 ss. Da parte, invece, di coloro che, cultori del diritto antico, hanno affrontato questa problematica, le posizioni assunte sono sempre più sfumate e più dubbiose. Steinwenter 1934, 385 s., perveniva, in ultima analisi, ad una mediazione: egli riteneva che alcuni dei luoghi addotti dal Paoli provassero effettivamente che si risolvesse definitivamente, con due votazioni nella stessa udienza, tutta la controversia in relazione alla quale era stata sollevata la *paragrafe*, ma era dell'opinione che questo non fosse il solo *modus agendi* con il quale potevano sbrigarsi i processi paragrafici, e che fosse nel potere dell'ἄρχων e «Verhandlungsleiter» di decidere se esaurire il processo in una sola udienza, con due successive votazioni sulla *paragrafe* e sul merito della causa, od in due udienze separate, l'una dedicata alla *paragrafe* e l'altra, eventualmente, al merito;

D'altra parte essa ha visibilmente condizionato l'ultima ricerca, quella di H. J. Wolff, che si distingue nettamente dalle precedenti – ed anche da quella del Paoli – per completezza nella valutazione delle fonti, per il metodo rigoroso in essa adoperato, per un sostanziale allargamento della tematica trattata. Con essa si ha, per la prima volta, un meditato ritorno all'opinione che era tradizionale prima delle ricerche del Paoli:[37] ma la necessità di superare i dubbi posti da questo ultimo, in una con

---

mentre negava decisamente l'inscindibilità per la *diamartyria* e la δίκη ψευδομαρτυρίων.

Questa opinione di Steinwenter era praticamente condivisa da Stoffels 1945, 49 e nt. 5 (p. 105): questi autori vengono entrambi qualificati come «skeptisch» nei confronti dell'opinione del Paoli da Wolff 1966, 12 nt. 19, non mi sembra del tutto a ragione, stante la parziale adesione alle idee dallo stesso espresse: analoga imprecisione, per quanto riguarda lo Steinwenter, anche in Cohen 1973, 196 nt. 100, che, come sembra risultar evidente dalla citazione di U.E. Paoli, *Sull'inscindibilità del processo nel diritto attico*, in *Riv. dir. proc. civ.* 12, 1935, 253 ss., che costituisce la replica allo Steinwenter stesso per quanto riguarda l'inscindibilità del processo nell'impugnazione di una *diamartyria* ereditaria, equivoca fra la posizione mediatrice assunta dallo studioso austriaco per quanto concerne la *paragrafe* e quella, invece, decisamente critica rispetto alla *diamartyria*. Non del tutto piena l'adesione alle opinioni di U.E. Paoli anche da parte di Hellebrand 1949, 1178 s., che le ritiene, in un primo tempo, «erheblich wahrscheinlich», ma che poi, a proposito della «Gliederung der Verhandlung», non sembra più esser sicuro di tale ipotesi. Meyer-Laurin 1965, 12, si limita, dal canto suo, a riferire l'opinione di Paoli, qualificandola come una «plausible Erklärung» del fenomeno della difesa sul merito, ma senza prender posizione sulla circostanza se effettivamente all'autore sia riuscito di dare la dimostrazione del suo assunto. Una posizione mediatrice è anche quella di L. Gernet, *L'institution des arbitres publics à Athènes*, in *Rev. étud. Grecques* 52, 1939, ora in Gernet 1964, 118 nt. 4, ed ancora in Gernet 1954, 118 nt. 1, 206 nt. 1, per cui «l'inscindibilità» del processo, nonostante l'opposizione della *paragrafe*, può esser difesa per quanto concerne le δίκαι ἐμπορικαί, dato il carattere di essere queste delle δίκαι ἔμμηνοι, mentre l'opinione tradizionale sarebbe nel giusto per ciò che concerne le azioni ordinarie, sottoposte, fra l'altro, all'arbitrato pubblico. Incerta la posizione assunta da K. Gerst, *Die allgemeine Anklagebefugnis in der attischen Demokratie*, Diss. Erlangen 1963, 81 s., il quale, trattando dell'esser dovuta o meno la «Sukkumbenzbusse» nel caso di rigetto dell'azione per inammissibilità della stessa, fa il paragone con l'*epobelia*, dovuta nel caso di soccombenza dell'attore di fronte alla *paragrafe*. La fattispecie che l'autore ha presente è quella della *paragrafe* contro Callimaco, cui si riferisce Isocrate, *or.* 18, e per la quale è esatta l'affermazione che giustamente l'attore soccombente sull'ammissibilità dell'azione è colpito dall'*epobelia*, «da die Niederlage bei der παραγραφή ja zugleich die Abweisung der Hauptsachenklage mit sich bringt» (Gerst 1963, 82), dato il carattere perentorio dell'eccezione svolta dal παραγραψάμενος contro Callimaco. Non si può però stabilire se, secondo l'autore, questo sia un effetto costante della soccombenza sulla *paragrafe* ed in quale connessione un'ipotesi del genere possa stare con la nota opinione del Paoli, dalla quale il Gerst sembrerebbe discostarsi, ritenendo addirittura la παραγραφή una «selbständige Klage» esercitata dal παραγραψάμενος contro l'attore (dissente su questa qualificazione Wolff 1966, 7 nt. 2).

37 L'opinione del Paoli era già sottoposta a critica da Lämmli 1938, 146 ss.: di questa trattazione, però, il peso maggiore cadeva sulla *diamartyria*, mentre la *paragrafe* era trattata

l'esatto criterio metodologico,[38] che pone l'accento sulla necessità di una valutazione del contesto globale delle singole arringhe giudiziarie, hanno fatto sì che quasi la metà della monografia sia dedicata ad un'analisi dei discorsi paragrafici volta a mostrare come la discussione sul merito della causa, che in essa si riscontri, debba giustificarsi in modo diverso da quello ispirato alla teoria dell'inscindibilità del processo nel diritto attico.[39]

---

piuttosto cursoriamente nelle ultime due pagine. Cfr. poi anche Cohen 1973, 145, 194 ss., con qualche notazione esatta, ma anche con vari fraintendimenti, su cui avrò l'occasione di ritornare, e Beyer 1968, 20 e nt. 1, 28 s. Di questo autore sono caratteristici taluni grossolani fraintendimenti dell'opinione del Paoli: il «giudizio ordinario» di cui è parola in Paoli 1933b, 104, diventa «ein gewöhnliches Gericht», e cioè un tribunale ordinario, onde, l'alternativa ivi posta dal Paoli, che è senza dubbio criticabile sotto un diverso profilo, viene erroneamente giudicata «wenig adäquat», perché verrebbe proposta fra tale tribunale ordinario ed un «ausschliesslich für Einredeklagen zuständiges Gericht» (questo problema era invece posto, ad es., da Platner 1824, 159 s., da von Wilamowitz-Moellendorff 1893, 368, e Lipsius 1915, III, 854, anche se sotto un diverso profilo: letteratura questa, però, che il Beyer ignora). D'altra parte sorge il dubbio se il nostro autore sia riuscito a capire effettivamente ciò che il Paoli diceva quando costruisce un'argomentazione volta a stabilire delle «Unstimmigkeiten», che si riscontrerebbero nel pensiero del Paoli, partendo dal presupposto che questi desse per scontato, nell'ambito della propria ipotesi, che attore e convenuto riprendessero la parola nel caso di rigetto dell'eccezione e, conseguentemente, la necessità di passare a trattare il c.d. merito della causa. Né questo modo di trattare la ricostruzione proposta dall'illustre atticista di Firenze è giustificato dalla circostanza che lo stesso abbia, ad un certo punto, proposto la possibilità di discutere se l'ἀγὼν παραγραφικός, per quest'aspetto della sua struttura, potesse configurarsi allo stesso modo di un ἀγὼν τιμητός (sul punto cfr. *supra*, in questo §, nt. 33).

38 Che, però, non può rimanere il solo criterio in base al quale ricavare – dalla nostra documentazione – le notizie necessarie per una ricostruzione della prassi giuridica attica: esso è, soltanto, il criterio applicando il quale queste notizie, comunque desunte, debbono essere valutate, ed evitare i pericoli di errore insiti in una valutazione atomistica delle nostre fonti.

39 Il più lungo capitolo del libro di Wolff – il II. *Paragrapheprozess* – è dedicato esclusivamente a questo (Wolff 1966, 17-86): e ciò, si può dire, ha forse creato uno squilibrio pericoloso, in quanto ha distratto l'attenzione dell'insigne studioso da altri aspetti della nostra documentazione, che meritavano di essere presi in considerazione. E non a caso il punto della struttura del processo paragrafico è quello che ha sollevato maggiori dubbi nei recensori del libro del Wolff, se si eccettuano quelle recensioni che, nonostante forse qualche diversa apparenza, sono sostanzialmente espositive (cfr. R. Cavenaile, in *Rev. belg. philol. hist.* 46, 1968, 983; G. Sautel, in *TR* 36, 1968, 179 ss.). A prescindere dalla scontata difesa dell'opinione del Paoli da parte di A. Biscardi in *Iura* 19, 1968, 126 ss., dove però, al di là della ripetizione degli argomenti già addotti, non si trova né una reale discussione della diversa tematica del Wolff né un tentativo di approfondimento della questione, cfr. J.M. Kelly, in *ZSS* 84, 1967, 400 ss., il quale, pur ammettendo «eine begriffliche Trennung» già sulla base della diversa terminologia, non esclude che «die Paragraphe irgendwie in den Prozess selbst eingebaut wurde», e che, nella prassi, «Paragraphe und Hauptstreit verschmolzen wurden» (p. 404), senza però indicare il modo in cui

ciò avvenisse, ché non può tenersi per valido l'accenno alla prassi seguita, nell'appello in materia penale, dal Court of Criminal Appeal irlandese. Egualmente J.A.C. Thomas, in *Journ. Hell. Stud.* 88, 1968, 223 s., osserva che il Wolff è riuscito a criticare l'apparato probatorio del Paoli, ma ciò non importa la prova, in senso positivo, dell'ipotesi sostenuta (p. 224), concludendo – a quanto mi sembra – nel senso che, almeno di fatto, il giudizio sulla *paragrafe* «was treated by all concerned as setting down the main dispute», nonostante fosse «formally a preliminary proceeding»: ciò che, indubbiamente, non riesce a spiegare – e forse l'amico Thomas non v'ha pensato – il modo con cui questo funzionamento di fatto potesse attuarsi nel caso di rigetto della *paragrafe* (ed anche qui il ricorso al «not proven» scozzese non offre molti spunti). La presa di posizione del Wolff, contraria alla teoria dell'inscindibilità del processo, aveva già cominciato a manifestarsi qualche anno prima, mentre in un primo momento – H.J. Wolff, *Der Ursprung des gerichtlichen Rechtsstreits bei den Griechen*, in *Beiträge zur Rechtsgeschichte Altgriechenlands und des hellenistisch-römischen Ägyptens*, Weimar 1961 (originariamente *The Origins of Judicial Litigation among the Greeks*, in *Traditio* 4, 1946), 64 nt. 157 – aveva mostrato una cauta propensione per tale ipotesi: cfr. H.J. Wolff, *Verjährung von Ansprüchen nach attischem Recht*, in *Eranion G. S. Maridakis*, I, Athens 1963, 102 nt. 38, dove, in relazione alla circostanza della difesa sulla c.d. *euthydikia* nel corso dei λόγοι παραγραφικοί si esprime l'opinione che ad essa «wird keine besondere juristische Bedeutung zukommen», e che la stessa può aver avuto lo scopo di convincere i giudici «dass die παραγραφή die δίκη wirklich traf», ed aver corrisposto al desiderio di dar maggior peso all'eccezione con il dimostrare la δίκη infondata. Quest'atteggiamento, piuttosto di ripulsa, veniva più brevemente ripetuto, prima della pubblicazione della monografia, in *Rechtsexperten in der griechischen Antike*, in *Juristische Studiengesellschaft Karlsruhe, Festschrift zum 45. Deutschen Juristentag*, Karlsruhe 1964, 16, e s.v. *Recht*, I. *Griechisches Recht*, in *Lexikon der alten Welt*, Zürich – Stuttgart 1965, 2520.
Si trova qui già, in *nuce*, l'insegnamento del Wolff, contenuto nell'opera maggiore. Ma per quanto riguarda la difesa sul merito, la posizione che l'autore assume non è, particolarmente nell'ultima, priva di qualche perplessità, in ciò che ne concerne la portata. Egli infatti comincia con l'affermare di prescindere dalle spiegazioni correnti nella letteratura, poiché esse «gehen alle von der Voraussetzung aus, dass die Redner zusätzlich zu ihren Ausführungen über die Paragraphe auch zur Hauptsache plädierten», ciò che sarebbe «das Ergebnis einer optischen Täuschung» (Wolff 1966, 17 nt. 1). Tale presa di posizione viene successivamente precisata. Le «breite Ausführungen zum Meritum des Prozesses [...] verfolgen nirgends das Ziel, das Urteil zur Hauptsache vorzubereiten», ma, nonostante si riferiscano alla «materielle Seite des anhängigen Streites», servono sempre e soltanto all'«unmittelbarer Zweck der Durchsetzung bzw. Abwehr der Paragraphe»; e l'autore conclude che, nonostante che i logografi non sempre si rendessero perfettamente conto della portata giuridica della trattazione sull'*euthydikia*, che sembra aver fatto parte di un «regelmässiges Schema der Paragapherede», è pur certo «dass sie im Paragrapheverfahren niemals bewusst auf das sachliche Endurteil abstellten» (Wolff 1966, 22 s.). Ma tutto questo non giustifica l'atteggiamento di ripulsa nei confronti dell'opinione tradizionale, nella quale, invece, la teoria del Wolff più o meno interamente rientra. Che la trattazione del merito della causa non riguardasse una sentenza su di questo, da prendersi contemporaneamente alla sentenza (di rigetto) della *paragrafe*, ma soltanto la sentenza sull'ammissibilità dell'azione, era pacifico nell'opinione tradizionale, e non importa certo che la trattazione stessa debba essere intesa nel senso che afferisca al fondamento tecnico – giuridico della *paragrafe*. Ciò sarebbe troppo facilmente confutabile sulla base

3. *Παραγραφή e διαμαρτυρία.*

Ho già accennato[40] come, nelle fonti relative ai problemi della procedibilità dell'azione, una cesura sia posta dalla notizia, data da Isocrate, *or.* 18, 1-3,[41] secon-

---

delle fonti, ed è poi lo stesso Wolff che sottolinea come la discussione sul merito possa, alle volte, avere soltanto valore psicologico, nel senso di predisporre i giudici all'accoglimento od al rigetto della *paragrafe* (cfr. Wolff 1966, 21, 48, 57). Con il che si ricade, però, in pieno nell'ordine di idee che stava alla base dell'opinione tradizionale. D'altro canto la presa di posizione del Wolff contro la struttura del processo paragrafico fondata sull'inscindibilità dello stesso sostenuta dal Paoli, che appare in un primo tempo del tutto recisa, viene sotto un certo aspetto ridimensionata dall'ammissione (Wolff 1966, 85), per cui sarebbe stato possibile che la «Hauptsache» fosse trattata alla stessa udienza in cui era stata trattata e respinta la *paragrafe*, quando, dopo la «Beendigung des Vorprozesses», rimanesse ancora abbastanza tempo per ciò. Opinione questa che, d'altra parte, si fonda sulla particolare ipotesi, avanzata dallo stesso Wolff (1966, 84 ss.), per cui la teoria sull'inscindibilità si potrebbe accogliere nella più limitata portata che l'opposizione della *paragrafe* non estingueva l'originario δίκην λαγχάνειν, il quale conseguentemente reggeva, come due fasi distinte, si può dire, dello stesso processo, sia quella che accertava la procedibilità o meno dell'azione, sia quella che invece portava ad una decisione sul merito della causa. Indubbiamente – ed è il punto su cui si basa, senza dubbio, il Wolff nell'affermare che si tratta di un particolare che non ha rilevanza ai fini della questione dell'«inscindibilità» – si tratta di una struttura tecnicamente diversa da quella implicata dalla teoria dell'inscindibilità stessa. Ma, se tale possibilità fosse concretamente esistita, essa avrebbe avuto sul piano pratico un'importanza forse maggiore di quanto non sembri prospettarsi il Wolff. Si tenga conto, ad es., di quell'aspetto particolarissimo che è costituito dall'attività giudiziaria dei logografi. Le parti che andavano al processo non potevano essere lasciate nell'incertezza se, a quell'udienza, si sarebbe trattato soltanto della *paragrafe* od anche del c.d. merito della causa. Questa difficoltà poteva essere risolta o nel senso che, fissando la trattazione della causa, il magistrato decidesse, contemporaneamente, i tempi del successivo svolgersi della stessa (se cioè l'eventuale trattazione del merito dovesse avvenire alla stessa udienza o meno): ma allora, dal punto di vista pratico, che è poi quello che vale nella visuale ateniese, non vi sarebbe una grande differenza tra l'opinione sostenuta da Wolff e quella patrocinata da A. Steinwenter (cfr. *supra*, nt. 36), a parte l'unicità e la duplicità di discorsi. Oppure nel senso che si fosse formata una prassi in virtù della quale le due cause andassero trattate unitariamente (onde le parti sapevano di doversi preparare sia sull'eccezione che sul merito della causa), ed allora l'opinione del Wolff, sempre dal punto di vista pratico, e sempre a parte l'unicità o duplicità di discorsi (su cui però cfr. *supra*, in questo §, nt. 33), si viene accostando più di quanto non sembri all'opinione del Paoli. A meno, addirittura, di non voler prospettare la possibilità che la trattazione sul merito venisse approntata, e già inserita nel λόγος παραγραφικός, proprio in relazione a questa possibilità – preventivata dalle parti, ma rispetto alla quale esse non avevano alcuna sicurezza – che al «Vorprozess» sulla *paragrafe* non seguisse immediatamente il dibattito sulla «Hauptsache», onde il logografo preparava un'unica difesa, alla quale la parte bastava che si rifacesse nel secondo eventuale dibattito. Ciò che, però, verrebbe sostanzialmente a smentire la presa di posizione del Wolff per quanto concerne la portata che bisogna riconoscere agli svolgimenti sul merito della causa contenuti nei discorsi paragrafici.

[40] Cfr. *supra*, in questo cap., p. 5.

do cui la forma processuale della *paragrafe* è stata introdotta nel sistema processuale attico da una legge fatta votare da Archino, un esponente moderato del partito del Pireo, intorno al 401 a.C., e per la quale detto mezzo processuale poteva essere fatto valere contro le azioni che violassero l'amnistia, convenuta al momento della restaurazione democratica del 403 a.C. Sorge, allora, spontaneo il problema – e già lo notavo – di stabilire come, in un periodo precedente, si potesse far valere la difesa fondata sull'esser οὐκ εἰσαγώγιμος la δίκη, problema che, d'altra parte, si è venuto prevalentemente risolvendo nella letteratura in quello dei rapporti fra *diamartyria* e *paragrafe*, dato che, proprio per il periodo cui si faceva cenno, Isocrate, *or*. 18. 11-12, e Lisia, *or*. 23. 13-14, mostrano l'uso – in relazione a fattispecie di δίκη οὐκ εἰσαγώγιμος – di un mezzo tecnico, la *diamartyria*, che nel corso del IV sec. a.C., a parte taluni casi dai contorni non ben precisabili, rimane definitivamente ancorata alla procedura di aggiudicazione dei κλῆροι (e delle ἐπίκληροι), che essa contribuisce a fermare, attestando l'esistenza di un figlio legittimo.[42]

D'altra parte – e per questo periodo e per il IV sec. a.C. – si hanno altre attestazioni che mostrano l'intervento del magistrato, presidente del tribunale, in questioni che, sotto un profilo o l'altro, possono farsi rientrare fra quelle relative all'ammissibilità del mezzo giudiziario adoperato.[43] A questo punto è evidente che s'imponeva, anzitutto, il problema di delimitare il campo d'applicazione della *paragrafe* e della *diamartyria* come modi per far valere l'improcedibilità dell'azione, da una parte, e dall'altra quello dei rapporti fra questi mezzi ed i poteri che le fonti sembrano attribuire al magistrato al proposito. Su quest'ultimo punto la letteratura più antica non sembra aver particolarmente sentito la connessione fra le due tematiche;[44] mentre d'altro canto, anche la storicizzazione dei rapporti fra *diamartyria* e

---

[41] Per l'accenno ad una discordia di opinioni, che si può cogliere in dottrina, su di essa, cfr. anche *infra*, in questo §, nt. 50.

[42] In quanto costui ha il diritto di entrare nel possesso dell'eredità paterna mediante l' ἐμβάτευσις, indipendentemente da qualsiasi aggiudicazione ad opera dell'arconte: e, per quel che riguarda le ἐπίκληροι, la presenza di un figlio legittimo del *de cuius* – e fratello della donna – esclude la qualità di ἐπίκληρος della stessa, e quindi la possibilità di procedere alla sua aggiudicazione.

[43] Cfr. ad es. Antifonte, *or*. 6. 41-43 e, per quanto possa valere, 5. 8-19; Lisia, *or*. 13, 85-87 e 17. 5; Iseo, *or*. 10. 2; e, per il rigetto di una *paragrafe* ritenuta inammissibile dal magistrato, Demostene, *or*. 37. 33-34.

[44] Cfr. ad es. Heffter 1822, 287 s.; Platner 1824, 125, che, ponendosi da un punto di vista meramente sistematico, ritiene l'intervento *ex officio* del magistrato piuttosto raro, in quanto egli avrebbe atteso la presentazione delle «dagegen zulässige Einreden», mentre anche Schömann 1883-1887, 795 s., parla del problema dei poteri del magistrato precedentemente alla trattazione sulle eccezioni, richiamando il già detto all'inizio di tale trattazione (p. 833), in cui viene poi inserito un breve cenno sui poteri dell'ἄρχων in relazione all'avvenuta opposizione della *paragrafe* (p. 850 e nt. 234) (cfr. sempre di G.F. Schömann, *Antiquitates iuris publici graecorum*, Gryphiswaldiae 1838, 277, dove egli si limitava a riconoscere che il magistrato poteva, sulla base dell'opposizione della *paragrafe*, «statim reicere actionem»). Particolare appare la presa di posizione di Herrmann –

paragrafe era assai poco sentita dalla dottrina meno recente, perché questa – a parte i casi in cui il primo istituto veniva adoperato dall'attore[45] – tendeva in una ricostruzione del sistema processuale attico ispirata più che altro ad una visuale sistematizzante, a considerarle entrambe come forme – ad un certo limite equivalenti – di proposizione dell'eccezione.[46]

Thumser 1892, 574, i quali sottolineano come le controversie di questo tipo «unterlagen jederzeit der richterlichen Entscheidung», in quanto, anche se il magistrato poteva, nel corso dell'istruttoria, esser vincolato da una *diamartyria*, attraverso l'ἐπίσκεψις e la δίκη ψευδομαρτυριῶν, la controversia ritornava sempre ai giudici eliastici (ma manca in questa presa di posizione la prospettiva storica): ciò che non comprendo è come Hellebrand 1949, 1178, annoveri questi autori puramente e semplicemente tra coloro che prendono in considerazione «eine selbstherrliche Beurteilung der π. durch den ἡγεμών». Sorprendente invece il pensiero che sembra delinearsi in P. Vinogradoff, *Outlines of Historical Jurisprudence*, II. *The Jurisprudence of the Greek City*, Oxford 1922, 146, per cui la *paragrafe* risulterebbe un mezzo per impugnare le decisioni del magistrato sulla procedibilità dell'azione: «the παραγραφή or exception of Demon – in Demostene, *or.* 32 – is directed really against the procedural course adopted by the investigating magistrate (the θεσμοθέται). The affair was being tried on linea of commercial jurisdiction, and Demon contested this by raising the παραγραφή [...]. In other words the question could not be considered as finally decided by the presiding magistrate».

45 Che trova riscontro in Lisia, *or.* 23. 13-14, e più tardi, nella tradizione lessicografica (cfr. soprattutto Arpocrazione, *lex. dec. orat.*, s.v. διαμαρτυρία [Dindorf, p. 94, l. 1-p. 95, l. 9]).

46 Mentre Heffter 1822, 289 ss., 348 ss., pur riconoscendo che *diamartyria* e *paragrafe* potevano avere lo stesso contenuto (cfr, soprattutto p. 353 s.), non si pone problemi sui loro reciproci rapporti, già Platner 1824, 163, sulla base, è vero, già dei lessicografi antichi (cfr. soprattutto Arpocrazione, *lex. dec.orat.*, s.v. διαμαρτυρία [Dindorf, p. 94]), affermava essere la *diamartyria* «eine Art Paragraphe nur von weiterem Umfange, als diese, indem jene, als eine Intervention, auch von einem Dritten, und nach Harpokration selbst vom Kläger eingewendet werden kann», anche senza precisare poi, più specificamente, il suo pensiero al riguardo, sebbene sia significativo il fatto che egli tratta, in seguito, congiuntamente di taluni effetti di questi due mezzi tecnici, soprattutto dell'unità o della duplicità dei processi (Platner 1824, 172 s.). Per Meier – Schömann 1883-1887, 841 s., trattasi di due forme di «Einrede», che si differenziano, oltre che nel modo con cui vengono proposte, sul punto che «bei Einreden gegen die Zulässigkeit eines Erbschaftstreites ausschliesslich die διαμαρτυρία vorkommt»; e, successivamente, lo stesso autore (Schömann) sostiene non esservi differenza, negli effetti, tra *diamartyria* e *paragrafe* (Schömann 1883-1887, 849), ponendosi, dal punto di vista storico, soltanto la questione se, prima del *nomos* di Archino, «der Name παραγραφή überhaupt üblich gewesen sei» (Schömann 1883-1887, 852).
La posizione che il Lipsius assume a questo riguardo non è delle più coerenti: dopo aver ammesso (Lipsius 1915, III, 845 ss.) che il magistrato potesse – sembra anche *ex officio* – respingere l'azione quando questa fosse manifestamente inammissibile (ma, a p. 854, egli, a quanto pare, configura la possibilità di un'impugnazione di questo provvedimento da parte dell'attore) egli parte dalla considerazione che, nella *diamartyria* e nella *paragrafe*, si tratta di «zwei Wege» per far valere «die Einrede gegen die Zulässigkeit einer Klage», e rinuncia praticamente a risolvere il problema del «höheres Alter der einen oder

anderen Form der Einrede» (p. 847). E', d'altra parte, assai rilevante che, nella trattazione che segue, a parte il solito rilievo dato alle differenze formali fra i due istituti, le varie «cause» d'eccezione vengano discusse, senza un particolare riferimento alla forma in cui potessero esser fatte valere, e che il problema dei poteri del magistrato, di cui si è detto, venga posto al di fuori di qualsiasi prospettiva storica, anziché col riferimento a normative proprie del IV sec. a.C. D'altra parte, in un luogo precedente (p. 835), si viene a toccare la questione dei rapporti fra l'ἀντιγραφή, che è la terminologia corrente, in dottrina, per indicare l'atto introduttivo del giudizio nell'*euthydikia*, e la *paragrafe*. Qui egli afferma che l' ἀντιγραφή assumeva «eine besondere Bedeutung», quando il convenuto contestasse con essa non «den Inhalt der Klage, sondern ihre Zulässigkeit», nel qual caso, egli prosegue, nel IV sec. a.C. si adopera il nome di *paragrafe*: ed ancora, nello stesso contesto (in cui si può notare una presa di posizione del tutto insicura sui rapporti fra ἀντωμοσία, ἀντιγραφή e *paragrafe*) parlava della *diamartyria* come di una «eigentümliche Form der Einrede», onde si conferma come, anche nel pensiero del massimo trattatista del processo attico, quello che contava non fossero tanto le formalità procedurali con cui essa veniva fatta valere, quanto l'«Einrede», considerata come un fenomeno unitario e tendenzialmente identificato nella difesa, nella causa di improcedibilità fatta valere.
Altri autori prendono posizione più di sfuggita: Herrmann 1842, 3, vede i due istituti come una «zwiefache Form» delle eccezioni, e si limita a sottolineare, oltre alle particolarità formali, come, nella *paragrafe*, non vi fosse per l'attore la possibilità, «sie durch ein Zeugnis oder einen sonstigen Einwand zu hindern». Anche Krüger 1876, 5, parla, incidentalmente, di due forme di «intercessio», con cui si poteva influire sulla discrezionalità del magistrato nel decidere «num ad suum forum posse deferri», sottolineando poi la differenza nella forma esterna e la possibilità che la *diamartyria* fosse usata anche dall'attore. L. Beauchet, *Histoire du droit privé de la république athénienne*, III, Paris 1897, 596 nt. 2, si limitava a rilevare come in materia successoria si desse luogo ad una *diamartyria* e mai ad una *paragrafe*. Del tutto sprovvista di qualsiasi sostegno testuale era l'opinione di Gide – Caillemer 1892, 204, per cui l'«exception, ou fin de non recevoir, tantot était jugée sommairement par l'archonte lui-meme, aprés enquête (Διαμαρτυρία) – ! –, tantot donnait lieu à une instance séparée, avec constitution d'un jury *ad hoc* (Ἀντιγραφή *stricto sensu*, ou, mieux encore, Παραγραφή)». Più circostanziata, ma anch'essa viziata da talune arbitrarietà ricostruttive, la posizione assunta da Glotz, s.v. *Paragraphè* 324 s., il quale, dopo aver praticamente identificato *diamartyria* e *paragrafe* in una più ampia categoria di ἀντιγραφαί – ! –, ricorda come il magistrato potesse sempre respingere di sua iniziativa un'azione – perché improcedibile, naturalmente – e *a fortiori* dovesse fare ciò, quando ne fosse richiesto dal convenuto, sottolineando come di questi poteri il magistrato usasse soprattutto in relazione a questioni di diritto. Poi egli afferma che *paragrafe* e *diamartyria* «identiques par leur object [...] sont traitées identiquement sur bien des points», sottolineando come le differenze siano soltanto formali, rilevando come la *diamartyria*, da mettersi in relazione con la più antica «cojuration», sia più risalente della *paragrafe*, che fa la sua apparizione nel 403 a.C. «pour sauvegarder l'amnistie», e che «est sortie de la διαμαρτυρία par demembrement» – !? –. E, per conchiudere, va ricordato come anche questo autore, di cui le opinioni non sembrano essere state sempre sufficientemente riscontrate sulle fonti, non ponga in alcuna prospettiva storica tutto questo insieme di poteri magistratuali e di mezzi lasciati all'iniziativa della parte che egli delinea. Cfr. dello stesso *La cité grecque*, nouv. éd. par P. Cloché, Paris 1953, 284 s., dove è assunta una posizione più semplificata nel senso che la *diamartyria* si fonda «sur des témoignages» e la *paragrafe* «sur d'autres objections».

Una posizione che, da quest'ultimo punto di vista, si avvicina a quella della dottrina tradizionale è sostenuta dal primo autore che si ebbe ad occupare monograficamente, anche se a livello d'articoli,[47] del nostro istituto, e cioè G.M. Calhoun.[48] Nella sua visuale, infatti, *paragrafe* e *diamartyria*, a cui sembra aggiungersi l'ἀντιγραφή, si proiettano storicamente al di là della legge di Archino e coesistono già tutte nel V sec. a.C. A parte, poi, l'ultima, egli tende a porre, storicamente, sullo stesso piano *paragrafe* e *diamartyria*, in quanto assegna all'una od all'altra dei diversi campi d'azione, a seconda dello scopo concretamente perseguito dalla parte, mentre sottolinea come non vi sia disposizione di legge che, invece, imponga l'uso della *paragrafe* o della *diamartyria* come formalmente necessario in determinati casi.[49] Il merito del Calhoun sta, però, nell'aver più strettamente collegato questa problematica con quella dei poteri del magistrato ateniese rispetto ad azioni od eccezioni manifestamente infondate, anche se, però, il suo pensiero non giunga, su questo punto, ad una chiarificazione completa.[50]

D'altro canto anche Gilbert 1893, 458, poneva praticamente sullo stesso piano *diamartyria* e *paragrafe* , sottolineando, nel primo caso, l'«Aufstellung von Zeugen», e nel secondo, il ricorso «auf andere Beweismittel». Una particolare posizione assumeva T. Thalheim s.v. *Διαμαρτυρία*, in *RE* V, 1, Stuttgart 1903, 324, che, prendendo spunto dalla possibilità, di cui si è detto nella nota precedente, che della *diamartyria* facessero uso attore e convenuto, pensa che, se quest'ultimo contestasse, nella sua ἀντιγραφή, la «Zulässigkeit der Klage», il primo potesse produrre una *diamartyria* con i soliti effetti; mentre, se l'attore, che aveva il diritto di usare per primo questo mezzo, non l'avesse fatto (e l'esistenza di questo diritto è ricavata dal testo di Arpocrazione, ricordato alla nota che precede), era il convenuto che poteva «seinerseits durch einen Zeugen seinen Grund gegen die Zulässigkeit – contenuto nell'ἀντιγραφή – bekräftigen», sempre con l'effetto che le sorti ulteriori del processo dipendevano, in definitiva, dall'impugnazione della *diamartyria* mediante l'azione di falsa testimonianza. Dal canto loro Herrmann – Thumser 1892, 573 ss., pongono accanto i due istituti, senza neppure prospettarsi i problemi che possono derivare dal loro reciproco atteggiarsi sul piano storico e della disciplina positiva nel corso del IV sec. a.C.; ed E. Leisi, *Der Zeuge im attischen Recht*, Diss. Zürich, Frauenfeld 1907, 29 s. riaffermata, anch'egli, l'esclusività della *diamartyria* in materia ereditaria, sembra sostenere la contemporaneità dei due istituti, ponendo come *terminus post quem* della *diamartyria* l'arcontato di Euclide (403-402 a.c.), soprattutto in base al rilievo che essa è sconosciuta sia ad Aristofane e Platone, che ad Antifonte ed Andocide.

47 Vedili citati *supra*, in questo cap., p. 4 nt. 13.

48 Di essi si riferiscono più direttamente alla problematica qui trattata Calhoun 1918, 169 ss. e Calhoun 1919b, 338 ss.

49 A parte naturalmente il caso particolare della *paragrafe* che fa valere l'amnistia, e che è introdotta dalla legge di Archino.

50 Per quanto riguarda, particolarmente, l'atteggiarsi dei rapporti fra *paragrafe* e *diamartyria* cfr. soprattutto Calhoun 1918, 169 ss (con la generica approvazione – od almeno il non dissenso – espressa nella recensione di H. Hommel, in *Wochenschr*. 24, 1924, 541 ss.). Il pensiero dell'autore riguardo all'uso dell'ἀντιγραφή, come mezzo per far valere l'improcedibilità dell'azione, rimane piuttosto nel vago (Calhoun 1918, 170, 172), e sembra trovare il suo spunto in Lisia, *or*. 23, 10. I suoi rapporti con la *paragrafe* appaiono del tutto imprecisati – cfr. il semplice accostamento di p. 172 – soprattutto quando si

tenga conto che, per il Calhoun, la *paragrafe* pre-archinea non importava l'inversione di ruolo delle parti, e la possibilità di servirsi dell'ἀντιγραφή era venuta praticamente a cessare piuttosto presto in periodo postarchineo. Se, d'altra parte, la differenza si dovesse cogliere nel senso che nell'ἀντιγραφή l'eccezione di improcedibilità si dovesse far valere insieme con le difese sul merito, mentre nella *paragrafe* essa dava luogo ad un processo separato, unicamente sulla procedibilità dell'azione, sarebbe piuttosto difficile immaginare la ragione della scomparsa dell'ἀντιγραφή, come modo di opporre l'inammissibilità dell'azione, nel IV sec. a.C. D'altra parte le questioni relative ai poteri del magistrato in ordine all'ammissibilità dell'azione sono esaminati nell'altro articolo qui rilevante (Calhoun 1919b): egli delinea qui i poteri del magistrato concernenti la procedibilità dell'azione in relazione alla possibilità che il convenuto opponga o meno, in una delle forme già viste, un'eccezione d'inammissibilità dell'azione ed in relazione altresì alla possibilità che i poteri del magistrato vengano delimitati da una *diamartyria* dell'attore. Non mi sembra quindi del tutto precisa, a questo proposito, l'affermazione di Wolff 1966, 107 e nt. 1, per cui il Calhoun avrebbe appartenuto a quella corrente di pensiero in base alla quale, in periodo pre-archineo, si sarebbe rimessa alla discrezionalità del magistrato la decisione se sottomettere o meno al δικαστήριον, insieme con la questione principale, anche quella pregiudiziale.
Le opinioni del Calhoun hanno trovato, più o meno parzialmente, eco ed adesioni nella dottrina successiva. La risalenza della *paragrafe* al periodo pre-archineo è ammessa, ad es., da Dorjahn 1946, 35 s., per cui, anzi, questa ipotesi viene confermata da Antifonte, *or.* 5, sulla base della possibilità prospettata da Eussiteo, di poter esser di nuovo giudicato dinanzi all'Areopago: «the fact that the defendant», dice questo autore, «does not attempt to interpose a finale bar of action is entirely in harmony with the nature of the παραγραφή in its later developement» (opinione questa completamente infondata, anche se già gli interpreti più antichi inclinavano a ciò, vedendo nell'orazione un τὸ ... τῆς κακουργίας ἔγκλημα ἀπολύειν παραγραφικῶς, come dice l'anonimo *argumentum* al discorso antifonteo in questione – ma ciò va inquadrato nella valutazione, ai fini del nostro discorso, della μετάληψις e della παραγραφή come *status* retorici). Più schematicamente si attenevano ai risultati di Calhoun Bonner – Smith 1938, 76 ss., dove, d'altra parte, il confluire in un'unica categoria della *paragrafe* e della *diamartyria* è di nuovo particolarmente pronunciato (cfr. la critica di Wolff 1966, 10 nt. 14); e sembrava aderire all'impostazione del Calhoun, pur prospettando i termini della questione con una più precisa coscienza del problema storico, ma in definitiva senza prendere una posizione molto netta, Lämmli 1938, 146 s. Una posizione che dipende, in parte, da quella del Calhoun, ma si articola anche in modo piuttosto indipendente – soprattutto per un tentativo di maggiore storicizzazione del problema – è quella di Hellebrand 1949, 1176 ss. Il principale punto di contatto va trovato nell'affermazione della risalenza pre-archinea della *paragrafe*: anzi Hellebrand riporta la *paragrafe*, od una «Vorform der παραγραφή», addirittura al periodo pre-clistenico, quando, almeno in prima istanza, non si poteva avere un εἰσάγειν εἰς τὸ δικαστήριον, dati i poteri decisionali del magistrato, i quali del resto potevano estrinsecarsi anche d'ufficio. Era quest'ultimo, dunque, che decideva sugli «Ausschlussgründe» della *dike*, e, soprattutto, in relazione a fatti che riguardavano la «Gerichtsverfassung» o fossero di «prozessformale Art», egli poteva intervenire «von amtswegen». Per le difese «gegen die Klage», tratte invece dal diritto privato (io intendo sostanziale), si richiedeva praticamente l'iniziativa del convenuto, e cioè la *paragrafe*, o la sua «Vorform», ma anche il semplice ἀπολογεῖσθαι. La parte che si ritenesse colpita dalle decisioni del magistrato poteva reagire o facendone valere la responsabilità, in sede

L'opinione del Paoli su questo punto si distingue, da un lato, per l'esclusione della *diamartyria* dall'ambito della discussione dei mezzi procedurali con cui far valere l'improcedibilità dell'azione, con una posizione che è rimasta piuttosto isolata in dottrina;[51] dall'altro il suo pensiero relativo ai rapporti fra i poteri del magistrato giusdicente e i mezzi formali con cui il convenuto potesse far valere l'improcedibilità dell'azione non appare certamente chiaro. Egli parte dall'esatta constatazione che, rispetto alle eccezioni meramente formali, il magistrato «potesse d'ufficio respingere l'istanza»[52]: ma ciò poteva avvenire anche in relazione a un'eccezione, la cui fondatezza dipendeva dall'accertamento di un fatto,[53] anche se «in pratica i magistrati preferissero lasciare ai tribunali la soluzione della controversia»[54]. D'altra parte l'attore, a cui il magistrato avesse respinta come improcedibile un'azione, poteva renderlo responsabile di ciò nel procedimento di εὔθυναι,[55] mentre il convenuto, contro cui un'azione fosse stata ritenuta ricevibile, «nel periodo anteriore alla riforma processuale attuatasi mediante il decreto di Archino non aveva

---

di εὔθυναι, o prendendo a partito i testimoni della *diamartyria* (dove si nota un avvicinamento – tra la *paragrafe* e quest'ultimo istituto – che si è visto nella dottrina meno recente, e che qui è ripreso in limiti non del tutto precisati, anche perché il discorso viene successivamente sviluppato partendo dalla *diamartyria* dell'attore, come modo di influire sulle decisioni del magistrato): o addirittura – riprendendo una vecchia opinione di M.H. Hudtwalcker, *Ueber die öffentlichen und Privat-Schiedsrichter (Diaeteten) in Athen, und den Prozess vor denselben*, Jena 1812, 121 s. – ammette come probabile, in un periodo di tempo risalente, una ἔφεσις «im solonischen Sinne an die Heliasten», ad opera della parte soccombente dinanzi al magistrato, ed infine riconosce al convenuto, respinto nella sua *paragrafe*, la possibilità (ma non sempre) di farne valere il contenuto «durch eine Widerklage (ἀντιγραφή)», di cui la portata rimane però piuttosto oscura. Ma già all'epoca di Pericle, in seguito alla democratizzazione della vita pubblica e dei tribunali ateniesi, si venne sentendo sempre più come un obbligo per il magistrato di portare la *paragrafe* dinanzi ai giudici eliastici, onde Hellebrand perviene, praticamente, ad affermare che il νόμος di Archino avrebbe importato «kaum bedeutsame prozessrechtliche Neuerungen». Un ultimo seguace delle ipotesi del Calhoun, almeno nelle loro grandi linee, è Cohen 1973, 137 ss., il quale appare, però, più cauto nell'ammettere una *paragrafe* pre-archinea (p. 141), mentre tende più del Calhoun ad unificare *paragrafe* e *diamartyria* rifacendosi a Polluce, *onom.*, 8, 57.

51 Cfr. soprattutto Paoli 1933b, 143 ss. (e sinteticamente Paoli 1960, 578 s.): la sua opinione è in tutto ripresa soltanto da Biscardi 1940, 133 ss.

52 Paoli 1933b, 97.

53 La contrapposizione che fa, in questo modo, l'autore, esprime una configurazione dei fatti, nella sostanza, astrattamente plausibile, e che, verisimilmente, entro certi limiti, s'è anche inverata nell'esperienza giuridica attica, ma essa viene presentata in una forma del tutto inadeguata, perché non è che le eccezioni formali (ed esse non si possono intendere se non come procedurali) non possano dar luogo ad una controversia di fatto, né, d'altra parte, che l'eccezione sia sostanziale esclude che essa sia liquida dinanzi al magistrato. Il *discrimen*, che in sostanza il Paoli perseguiva con la sua terminologia inadeguata, è quello fra eccezioni che abbisognano e quelle che non abbisognano di prova.

54 Paoli 1933b, 98.

55 Paoli 1933b, 98.

altra via che elevare nell'ἀντιγραφή, oltre alle eventuali eccezioni[56] di merito, anche le eccezioni circa l'ammissibilità dell'istanza»[57].

La portata dell'innovazione costituita dall'introduzione della procedura paragrafica si sarebbe risolta nel fatto che «prima del decreto il magistrato poteva, di fronte ad un'eccezione di inammissibilità, o non dar corso all'istanza dell'attore, o rimetter la decisione su tutta la controversia, merito ed eccezione di inammissibilità, al Tribunale. In seguito alla riforma è tolta al magistrato quella facoltà di scelta»[58]. Non è facile comprendere come, nel pensiero dell'autore, si concilii la «facoltà di scelta» del magistrato con la possibilità che, respinta l'eccezione proposta dal convenuto,[59] quest'ultimo deducesse nell'ἀντιγραφή «eccezioni di merito» ed eccezioni di procedibilità.[60] D'altra parte, a prescindere dalla particolarità introdotta dalla legge di Archino per cui era il convenuto παραγραψάμενος a prender per primo la parola, sarebbe difficile vedere una qualche differenza sostanziale fra il processo paragrafico ed il sistema pre-archineo.[61]

---

[56] Intese in senso ampio, e cioè come difese.

[57] Paoli 1933b, 98 s.

[58] Paoli 1933b, 99.

[59] Della qual alternativa non è più qui parola.

[60] Si potrebbe cercare di interpretare il pensiero del Paoli nel senso che è attraverso il rigetto dell'eccezione che il magistrato, costringendo il convenuto a dedurre la sua eccezione nell'ἀντιγραφή, ne provocava la discussione dinanzi al tribunale: ma essa non si accorda di certo con le espressioni usate dal nostro studioso.

[61] E ciò non può che portare all'ovvia constatazione che il procedimento paragrafico archineo non sarebbe stato introdotto soltanto a questo limitato scopo. L'opinione del Paoli in ordine ai rapporti fra mezzi con cui si faceva valere l'improcedibilità dell'azione in periodo pre-archineo ed il procedimento paragrafico, è seguita, in pieno, da Biscardi 1961a, 879. In altro luogo questo autore sembrava però ammettere che la terminologia *paragrafe* preesistesse alla legge di Archino, senza che questo importi qualche modificazione nella ricostruzione di tale aspetto della storia del processo attico presentata dal Paoli (cfr., per ciò, Biscardi 1940, 134). Più recentemente Schönbauer 1964, 208 s., ripropone una differenziazione tra *paragrafe* e *diamartyria*, nettissima nell'enunciazione, ma che, in definitiva, sembra poi limitarsi agli aspetti formali, perché riconosce che entrambi gli istituti potevano aver lo stesso effetto, giacché «das unbestrittene Gegenzeugnis wirkte also als prozesshindernde Einrede»: e soggiunge però immediatamente, ma non motivando, «doch war das Wesen der Diamartyrie ebenso wie ihre Form von der Paragraphe verschieden». Quest'affermazione è giustificata dal fatto che l'autore – e lo si dirà più avanti in questa nota – diversifica il fondamento dell'uno e dell'altro mezzo di difesa. Tale esposizione è tutta imperniata, nel respingere l'opinione di Glotz per cui la *paragrafe* si sarebbe sviluppata dalla *diamartyria* (cfr. *supra*, in questo §, nt. 46), su una struttura della *diamartyria* – per cui in essa si sarebbero contrapposti due «Zeugnisse», sembra dell'attore e del convenuto – di cui nelle fonti non si ha la minima traccia, a meno di non voler trovare qui una prova, seppur indiretta, della possibilità che la *diamartyria* sia opposta sia dall'attore che dal convenuto. D'altro canto è da sottolineare come, in questo gioco dei due «Zeugnisse», soltanto il «Gegenzeugnis», e cioè quello del convenuto, avrebbe avuto effettivo valore, in quanto l'azione non si sarebbe potuta proseguire finché la sua efficacia non fosse stata eliminata attraverso la δίκη ψευδομαρτυρίων. Successi-

Di fronte a questo stato della letteratura si pone come un netto progresso la presa di posizione del Wolff.[62] Secondo questo autore, prima dell'introduzione della *paragrafe* per il caso dell'amnistia e della sua successiva estensione a qualsiasi caso in cui si discutesse della procedibilità dell'azione, ogni decisione su controversie di

---

vamente egli, mentre riconosce che «der Befreiungs-Eid, die Zeugenschelte, der Vorwurf falschen Zeugnisses, auch der Kampf der Zeugnisse durch den Kampf der Gegner» sono fenomeni risalenti, ritiene che la *diamartyria* quale noi la conosciamo si sia fissata, nella forma, intorno alla fine del V secolo a.C., e che, d'altra parte, la *paragrafe* non sia più antica del νόμος di Archino (Wolff 1966, 226). Ciò lascia, naturalmente, insoluto, il problema storico, e d'altra parte propone il problema della differenziazione «dogmatica» dei due istituti, che viene infatti affrontato e risolto nel senso che la *paragrafe* non costituisce una «reine Prozessabwehr», in quanto «Abwehr des Klagenverfahrens durch Hinweis auf ein gesetzliches Hindernis», mentre la *diamartyria* appare come «Abwehr eines Anspruchs durch Gegenzeugnis, das den eigenen Vorrang auf Grund besseren Rechts erweisen soll» (Wolff 1966, 223: dove poi non mi sembra così chiaramente delineata la differenza tra la διαδικασία e la *diamartyria*). Di fronte a questa presa di posizione nei confronti della *paragrafe*, e della sua datazione a dopo il νόμος di Archino, appare del tutto sorprendente l'affermazione (Wolff 1966, 209) per cui sulla fondatezza dell'eccezione deciderebbe la «Gerichtsbehörde ohne Richterbank» (in relazione a cui Wolff 1966, 120 nt. 27, osserva come non si veda dove si fondi tale asserzione) affermazione che, d'altra parte, l'autore non cerca nemmeno di mettere, in qualche modo, d'accordo con l'esistenza di processi paragrafici dinanzi ai giudici eliastici, i discorsi relativi ai quali egli discute (Wolff 1966, 221 ss.), sembrando riconoscere che la *paragrafe* venga introdotta dinanzi al tribunale (Wolff 1966, 214). Ma tutto l'articolo del compianto romanista – uno degli ultimi scritti dell'infaticabile vegliardo – sembra mancare di un'accurata revisione: cfr., ad es., il fatto, rilevato dal Wolff 1966, 63 nt. 83, dello scambio tra il Formione, contro cui è diretta l'orazione pseudodemostenica πρὸς τὴν τοῦ Φορμίωνος παραγραφήν (*or.* 34), ed il banchiere Formione per cui Demostene ha scritto la παραγραφὴ ὑπὲρ Φορμίωνος (*or.* 36), e ancora l'equivoco tra l'affare per cui Antifonte ha scritto la περὶ τοῦ Ἡρῴδου φόνου (*or.* 5) ed il processo per alto tradimento in cui lo stesso Antifonte venne implicato e che si è concluso con la sua condanna a morte (Schönbauer 1964, 214 nt. 25).

[62] Ciò che lo stesso autore, del resto, pone in rilievo (Wolff 1966, 125). Egli sottolinea la circostanza per cui un punto di vista vicino al proprio fosse già stato esposto da Gernet 1964, 86 (Wolff 1966, 125 nt. 43). Il compianto atticista francese si era invero più preoccupato di delineare la configurazione originaria della *diamartyria* – prospettata nell'Atene del IV sec. a.C., come un rudere del passato – che di cogliere i rapporti storici intercorrenti fra i due istituti nell'epoca alla quale si riferisce la nostra documentazione ed in quella immediatamente precedente. E tende più che altro a porre in luce quello che divide la *paragrafe* e la *diamartyria* come forme per far valere l'improcedibilità dell'azione, dopo averne assai brevemente posto in luce il punto di contatto nella circostanza che «pour écarter une action, il est fait usage tantôt de la παραγραφή tantôt de la διαμαρτυρία» (Gernet 1964, 85). Egli non spende però, si può dire, una parola sui loro rapporti precedentemente e posteriormente al νόμος di Archino, nel periodo a cavaliere fra il V ed il IV sec. a.C., nonché sul modo in cui la *diamartyria*, da «interdit privé, extrajudiciaire, et qui consiste dans une protestation collective où les "temoins" assistent l'intéressé et consacrent une situation juridique» (Gernet 1964, 98), sia potuta divenire un mezzo volto a far valere, in termini generali, l'improcedibilità della *dike*.

tal genere era rimessa al magistrato, la cui libertà di giudizio e di convincimento poteva, però, venir limitata da una *diamartyria* del convenuto o dell'attore.[63] Questa applicazione della *diamartyria* ha in comune con quella più comunemente attestata dalle fonti per il IV sec. a.C., in materia ereditaria,[64] la circostanza, «dass der magistratische Akt, der hier wie dort durch die Einlegung einer Diamartyrie durchkreuzt wurde, seiner eigentlichen Konzeption nach die Gestaltung (bzw. – im Falle der Lysiasrede – das Verbot) eines Selbsthilfezugriffs zum Inhalt hatte»: ciò che era passato un po' in secondo piano quando lo «Zugriff, der genaugenommen das Wesen der δίκη war» si era ridotto ad una semplice «Ladung» dinanzi al «Gerichtsmagistrat», al quale, d'altra parte, era stato tolto il potere dello «Zu- oder Absprechen des Rechts zu der begehrten Vollstreckung», che era stato, invece, affidato ad un δικαστήριον.[65] In ciò si deve cogliere il «Bindeglied» fra *diamartyria* e *paragrafe*: anche quest'ultima, seppur attraverso l'«Umweg über eine Vorentscheidung des Dikasterions» impediva la «magistratische Autorisierung eines Zugriffsakts»[66]. L'introduzione della *paragrafe*, dovuta, per il caso dell'amnistia, al νόμος di Archino ed estesa attraverso una prassi giudiziaria agli altri casi di δίκη οὐκ εἰσαγώγιμος,[67] fu causata da motivi di ordine politico,[68] ma ha costituito un deciso progresso, dal lato tecnico-giuridico, sulla *diamartyria*.[69] D'altro canto la *diamar-*

[63] Wolff 1966, 121 ss. D'altra parte, anche se l'autore non lo sottolinea, va ricordato che, in questo ordine di idee, la *diamartyria* serviva, indirettamente, a portare la controversia sull'ammissibilità dell'azione dinanzi al tribunale eliastico, mediante la δίκη ψευδομαρτυρίων.

[64] E che tendeva ad eliminare l'ἐπιδικασία (o la διαδικασία) κλήρου, affermando il diritto poziore del discendente: μὴ ἐπίδικον εἶναι τὸν κλῆρον, ὡς ὄντος ὑιοῦ γνησίου.

[65] Wolff 1966, 127 s.

[66] Wolff 1966, 132.

[67] Wolff 1966, 104 s.: tra i precedenti che lo stesso cita (p. 104 nt. 43) non mi sembra calzante quello di Schömann 1883-1887, 852, dato che quest'ultimo parla alternativamente di un'estensione «durch Gewohnheit oder durch ausdrückliche Verordnungen».

[68] E cioè di evitare che, facendosi valere l'amnistia in via di *diamartyria*, si instaurassero una serie di processi di falsa testimonianza, in cui, sotto un'altra forma, si sarebbe pur lo stesso dovuto disputare dell'«ursprünglicher Anspruch»; d'altra parte, non potendosi, nel clima della rinnovata democrazia, rimettere la decisione al magistrato, una procedura di nuovo tipo, come la *paragrafe*, si presentava quale «willkommener Ausweg»: Wolff 1966, 133.

[69] Che viene identificato nella circostanza della «Ersetzung eines mit formaler, nur auf Umwegen anfechtbarer Beweiskraft ausgestatteten, mechanisch wirkenden aussergerichtlichen Rechtsbehelfs durch ein Verfahren vor dem Gericht». Onde il convenuto non era più costretto nei limiti del giuramento o delle testimonianze per quanto concerne i mezzi di prova, ma poteva sostanziare la sua eccezione mediante altri mezzi, fra cui la «Berufung auf das Gesetz» (Dem., *or.* 37. 33)»; in secondo luogo, la *paragrafe* sembra aver permesso la «Häufung mehrerer Gründe» (di eccezione), ed avere scaricato l'attore dall'onere della prova che altrimenti sarebbe su di lui gravato (Wolff 1966, 132). Mentre rinvio a quanto dirò più avanti per motivare il mio dissenso da questa presa di posizione, vorrei qui far notare come, ancora nel Wolff, si ripercuota (forse inconsciamente) quella

tyria si mantenne di fronte al progressivo espandersi della *paragrafe*, soltanto nel caso dell'ἐπιδικασία κλήρου, in quanto il mezzo più moderno era qui inapplicabile, perché l'ἐπιδικασία era «ein aussergerichtlicher Vorgang» in cui non poteva trovar posto la *paragrafe*, tipico mezzo giudiziario.[70]

4. *La 'dogmatica' della παραγραφή.*

Già nel declinare la storia della *diamartyria* e della *paragrafe*, le teorie del Wolff, come sono state espresse nel precedente paragrafo, vengono in contatto con la particolare presa di posizione di questo studioso nei riguardi della *dike*.

Ma più profondo è il contributo che tale struttura, come la ricostruisce l'autore, dà alla soluzione del problema dell'inquadramento dogmatico[71] della *paragrafe*. Come lo stesso Wolff ha esattamente sottolineato,[72] la dottrina precedente aveva piuttosto negletto questo punto di vista: ed invero si può dire che il massimo dello sforzo a cui essa era arrivata consistesse nel procedere ad una enumerazione condotta talora sulla base di criteri classificatori di ordine meramente formale. Al massimo si perveniva ad una divisione delle eccezioni in quelle che, se anche accolte, non escludevano la riproponibilità della *dike* (eccezioni dilatorie, interlocutorie), e quelle che, invece, una volta accolte, escludevano tale riproponibilità (eccezioni perentorie).[73]

---

presa di posizione propria di una parte della dottrina precedente, che voleva trovare una differenza di carattere più che altro formale, tra *paragrafe* e *diamartyria* nella diversità dei mezzi di prova propri dell'una e dell'altra, differenza che, se guardiamo alla struttura degli istituti nell'epoca per la quale direttamente li conosciamo, e cioè il V ed il IV sec. a. C., appare fermarsi alla superficie degli stessi.

70 Wolff 1966, 134.

71 Caratteristico, al proposito, il titolo del «V. Abschnitt»: *Dogmatik der Paragraphe.*

72 Wolff 1966, 11 s.

73 Tali tentativi di classificazione non possono che avvenire, naturalmente, in trattazioni monografiche o manualistiche, destinate *ex professo* al nostro istituto, ciò che ne spiega la relativa scarsezza. Heffter 1822, 289 ss., dà un'enumerazione di vari casi di *paragrafe*, dopo aver sottolineato la differenza tra procedimento paragrafico ed *euthydikia* nel senso che nell'una si tratta di «eine direkte Einlassung auf die Klage», nell'altra di una «indirekte Litiskontestation», e solo successivamente (Heffter 1822, 296) accenna alla differenza fra eccezioni dilatorie e perentorie, più che altro in relazione alla definitività o meno del processo paragrafico. Una sistemazione più strutturata si ha in Platner 1824, 140 ss. L'enumerazione viene condotta in base al criterio, che non sembra toccare l'essenza delle varie eccezioni, per cui «die Paragraphen greifen entweder die Klagen an sich an, oder gründen sich auf besondere Thatsachen, welche dem Beklagten zu statten kommen, und mittelbar die Klage ausser Wirksamkeit setzen» (Platner 1824, 140 s.). A questa classificazione si sovrappone successivamente (Platner 1824, 143 s.) quella fra *exceptio fori declinatoria* e «zerstörliche Einrede», ma essa non viene, neppure, strutturata completamente. Una mera enumerazione delle fattispecie in cui si può dare eccezione contro la «Zulässigkeit» della *dike* è quella di Schömann in Meier – Schömann 1883-1887, 833 ss., mentre Lipsius 1915, III, 847 ss., fa precedere alla sua lunga casistica delle eccezioni di improcedibilità, una distinzione tra eccezioni che negano la «Zulässigkeit» della *dike*,

Una decisa presa di posizione contro la possibilità di pervenire ad una ricostruzione sistematica dei casi di *paragrafe* assumeva, poi, il Paoli, per cui lo stabilire quando fosse da opporre l'eccezione e quando si trattasse di difesa sul merito dipendeva, in pratica, soltanto dall'arbitrio del legislatore, dal diritto positivo.[74] E, in funzione di questa presa di posizione, anche il Paoli ricorreva soltanto ad una enumerazione delle varie cause d'improcedibilità dell'azione, in cui a dir il vero si può egualmente cogliere un tentativo di sistemare il materiale fornito dalle fonti mediante la sovrapposizione, piuttosto meccanica, di schemi concettuali evidentemente tolti dalla nostra attuale dogmatica giuridica, e non senza talune gravi incongruenze interne.[75]

---

perché «ein Klagrecht ganz ausgeschlossen sei», e quelle che la negano perché, almeno, «dem vom Kläger betretenen Rechtsweg ein gesetzliches Hindernis im Wege stehe, ohne dass das Bestehen eines Klagrechts überhaupt in Abrede gestellt wird» (Lipsius 1915, III, 847 s.). Con tutta chiarezza impostava l'enumerazione dei casi di *paragrafe* (e di *diamartyria*) riferendosi alla distinzione romanistica tra *exceptiones peremptoriae* ed *exceptiones dilatoriae*, Glotz, s.v. *Paragraphè* 323. Non nega, in definitiva, tale distinzione fra le eccezioni neppure Cohen 1973, 154 ss., il quale, però, sottolinea come, soprattutto nel caso delle azioni commerciali, vi potevano essere convenzioni destinate ad essere protette nella giurisdizione commerciale, e che però non adempivano in tutto ai requisiti richiesti dal νόμος ἐμπορικός perché si potesse esperire un'azione commerciale: per esse, conseguentemente, se l'azione veniva respinta sulla base dell'eccezione tipica di questo genere di *dikai* (e cioè quella che faceva valere la mancanza di un συμβόλαιον Ἀθήνηθεν ἢ Ἀθήναζε), poteva darsi che fosse precluso il ricorso a qualsiasi altra giurisdizione; un'eccezione, quando accettata dai tribunali commerciali, «was [...] always final and never interlocutory»). Il pensiero di questo autore si avvicina qui all'ordine di idee, affacciato sovente da Wolff 1966, ad es. 43 nt. 54, 145 nt. 12, per cui il convenuto che aveva sollevato l'eccezione d'incompetenza dei tesmoteti rispetto ad un'azione commerciale, poteva sperare così di definire una volta per tutte la lite, in quanto l'attore – per non essere cittadino o meteco – potesse instare soltanto presso quel foro. Ma, nel modo in cui il Cohen l'afferma, all'asserzione della definitività dell'eccezione opposta contro la δίκη ἐμπορική manca qualsiasi giustificazione, perché è ovvio che i cittadini od i meteci, quando la protesa non integrasse i requisiti richiesti dalla legge commerciale, potevano farla valere dinanzi al tribunale ordinario.

[74] Paoli 1933b, 83: «stabilire i limiti della παραγραφή secondo criteri sostantivi è in diritto attico una questione di diritto positivo e si esaurisce nell'enumerazione dei casi nei quali la παραγραφή è ammessa; nel determinarli il legislatore ha seguito non già un indirizzo sistematico, ma solo un pratico criterio di equità» (contro cui, naturalmente, si appunta la critica di Wolff 1966, 13 s.).

[75] Paoli 1933b, 85 ss., propone un'enumerazione dei casi di *paragrafe* che si fonda su una tripartizione di essi: e cioè *paragrafai* in cui si opponeva che l'istanza dell'attore era sfornita di azione (p. 85); *paragrafai* per illegittimità di forma (p. 89); *paragrafai* per inesistenza di lite (p. 91). Questa classificazione è ripresa pressoché alla lettera da Biscardi 1961a, 879 e, praticamente, anche da Hellebrand 1949, 1173 ss., il quale enuclea le *paragrafai* «die der Verklagte dem Kläger mangels Fundierung der Klage in den Gesetzen entgegensetzte»; quelle che venivano opposte «weil die Klage bei einer unzuständigen Behörde eingebracht worden war oder der Kläger in der Wahl der Klage (Verfahrensart)

Ma, ciò nonostante, neppure il Paoli resiste alla tentazione di dare, della *paragrafe*, una caratterizzazione più impegnativa dal punto di vista dogmatico o sistematico che dir si voglia.[76] Vale la pena soffermarsi qualche po' su tale caratterizzazione, perché essa, dal punto di vista metodologico, rappresenta uno dei più tipici esempi delle conseguenze aberranti a cui si giunge, volendo trasportare, a qualificare la prassi giuridica ateniese, categorie dogmatiche moderne, senza che di ciò vi sia bisogno o senza che sullo strumentario concettuale così adoperato venga esercitato un attento controllo, dal punto di vista storico o da quello tecnico-giuridico, per vedere se esso sia effettivamente adatto ad esprimere la realtà che è chiamato a rappresentare.

Per il Paoli la *paragrafe* è un'eccezione di diritto, anche se non tutte le circostanze che possono essere poste a base di una *paragrafe* sarebbero, secondo le nostre vedute moderne, «motivi di diritto», tali da giustificare un ricorso in Cassazione: onde, non è mai esclusa, in sede di giudizio paragrafico, «la produzione degli ordinari mezzi di prova». Ciò dipenderebbe dal fatto che gli ateniesi distinguevano fra diritto che promana dalla legge e diritto che, in mancanza di legge, è definito di volta in volta dai tribunali, onde si arriva ad una sovrapposizione del potere giurisdizionale a quello legislativo. Questo fatto impedirebbe una rigorosa distinzione fra questione di diritto e questione di merito, che è alla base del sistema della nostra

---

sich geirrt hatte», e quelle che facevano valere «dass die Streitsache, die Gegenstand der Klage war, einmal "rechtskräftig", wie wir modern sagen, erledigt worden war». A ciò, dal punto di vista sistematico, era premessa soltanto l'osservazione come la *paragrafe* non possa qualificarsi puramente e semplicemente come «Einrede», nel senso del diritto civile o processuale civile tedesco e dell'*exceptio* romana.

Praticamente la classificazione del Paoli si risolve anch'essa, come dicevo nel testo, in una sistemazione del materiale fornito dalle fonti mediante schemi concettuali più che altro moderni e sovrapposti piuttosto meccanicamente alle fonti stesse. Essa pecca, d'altra parte, di alcuni difetti, anche dal punto di vista interno. Non si può, in realtà, non scorgere l'influsso di una tendenza a voler classificare e sistemare al di là di quanto permettano le fonti, quando, tra le *paragrafai* del primo gruppo, viene ricompresa, con formulazione generale («quando, essendo stata deliberata un'amnistia, l'azione per qualsiasi fatto coperto dall'amnistia veniva a cadere»: Paoli 1933b, 91), l'amnistia, allorché, per quanto sappiamo dalle fonti, un'amnistia soltanto aveva dato luogo ed origine alla *paragrafe*, e cioè quella del 403 a.C. Ma ancora più grave, dal punto di vista della coerenza interna della sistematica proposta dal Paoli, è l'inquadramento, fra i casi di inesistenza di lite, dell'adempimento dell'obbligazione, dell'avveramento della condizione risolutiva, della prescrizione (punto sul quale è ancora seguito dal Biscardi 1961a, mentre appare più prudente la presa di posizione di Hellebrand 1949, 1175, che adotta, è vero, tendenzialmente la sistemazione del Paoli, ma non dice espressamente che adempimento, avveramento della condizione risolutiva e prescrizione siano casi di «rechtskräftige Erledigung» della «Streitsache», che corrisponde, nella terminologia dell'autore tedesco, all'inesistenza di lite del Paoli). Tale inquadramento, infatti, appare *ictu oculi* manifestamente contrario a qualsiasi significato, purché non arbitrario, che voglia darsi alla categoria moderna di inesistenza della lite.

[76] Paoli 1933b, 96 a.

Cassazione, il quale, a sua volta, è ispirato all'esigenza che rimangano ben definiti i limiti fra il potere giudiziario e il legislativo.

Se non vado errato, il ragionamento del Paoli porta, praticamente, a dire che, nell'ordinamento attico non si può distinguere questione di fatto e questione di diritto,[77] ma che è proprio in base a questo che la *paragrafe* va qualificata come eccezione di diritto, e, se alle parole usate dall'autore debba riconoscersi un qualche valore, che essa dà luogo ad una questione di diritto. Ciò basta a mostrare – senza entrare in altri dettagli, ché ciò, dato il valore dell'argomentazione, potrebbe apparire ozioso – come, dal punto di vista della rappresentazione della prassi giuridica ateniese, la qualificazione della *paragrafe* come «eccezione di diritto» non sia certo felice, e come, da quello di un suo valore euristico, tutt'altro che feconda.

Anche qui l'indagine del Wolff porta a un deciso miglioramento. Per questo autore le caratteristiche di quella particolare situazione che si indica come δίκη οὐκ εἰσαγώγιμος, e che costituisce il fondamento sia della *diamartyria* che della *paragrafe*, condizionandone la struttura, derivano dalla natura stessa della *dike*. D'altra parte quest'ultima spiega, nel contempo, la ripartizione, che a prima vista potrebbe

[77] D'altra parte lo stesso Paoli, *Legge e giurisdizione in diritto attico*, in Paoli 1933, 58 ss., afferma che il giudice «applica le norme legislative, quando e sinché questa norma dispone; altrimenti decide *secundum bonum et aequum*» (p. 59). È lo stesso autore quindi che ammette come vi sia un preciso *discrimen* fra il diritto che, per così dire, proviene dalla legislazione, e quello che proviene dalla giurisdizione: la conseguenza che tutti possono trarre è che la «sovrapposizione» fra i due poteri, giurisdizionale e legislativo, non aveva, almeno in astratto, grande probabilità di avverarsi se quel *discrimen* fosse stato – ed il Paoli non sembra porlo in dubbio – osservato. Veramente, altrove, l'opinione dell'autore – e ciò non serve certamente ad aumentare la chiarezza – sembra variare alquanto, come ad es. quando afferma che «abbiamo anteriormente rilevato che l'eccezione paragrafica non sempre riguarda la questione di diritto, ma può anche riferirsi al merito» (Paoli 1933b, 110 s.). Del resto, sotto il profilo della messa a punto dello strumentario concettuale adoperato, si può osservare che, anche in regime di completa «freie Rechtsfindung» da parte del giudice, sarebbe astrattamente possibile distinguere un giudizio che verta sull'esistenza dei fatti addotti dall'attore o dal convenuto ed un giudizio che verta sulla qualificazione giuridica di questi fatti, anche quando tale qualificazione dipenda dalla libera valutazione che di volta in volta avvenga ad opera del giudice, onde sarebbe ammissibile un controllo sull'esercizio da parte del giudice del potere di qualificazione giuridica, naturalmente non come raffronto con una norma preesistente, ma come valutazione, in base alla «freie Rechtsfindung», dell'idoneità della qualificazione giuridica adottata dal giudice. Ma si può dire che il Paoli, adoperando la categoria concettuale «eccezione di diritto», che rimane del tutto imprecisata nel suo contenuto per le considerazioni già fatte, voglia alludere a questo? E cioè che la *paragrafe* si riferisce sempre ad una questione di qualificazione giuridica? No, di certo, perché altrimenti l'accenno all'assunzione dei mezzi di prova rimarrebbe incomprensibile. Ed allora si riconferma, anche da questo punto di vista, come tale tentativo di sistemazione dogmatica della *paragrafe* resti, praticamente, privo di qualsiasi concreto significato, che si possa cogliere al di là dello schermo verbale delle espressioni usate.

apparire arbitraria,[78] tra fatti che portano all'improcedibilità della *dike* (e debbono quindi farsi valere con la *diamartyria* o con la παραγραφὴ μὴ εἰσαγώγιμον εἶναι τὴν δίκην) e fatti che danno invece luogo ad una contestazione nel merito dell'azione, e di cui la discussione avviene nelle forme dell'*euthydikia*. La *dike* è un «haftungsverwirklichender Zugriff», un atto che affonda le sue radici nell'autotutela:[79] per essa la «Rechtspflege» altro non è che il controllo, da parte del magistrato con la cooperazione dei δικαστήρια, di questo «Zugriff», ciò che può portare alla concessione od al diniego dell'autorizzazione all'attuazione (od al proseguimento dell'attuazione) dell'autotutela.[80]

Da questa struttura della *dike* discende che la distinzione fra «prozesshindernde» e «materielle Einwendungen» corra lungo un confine diverso da quello che, nelle grandi linee, vale per noi, che partiamo «von der Idee des subjektiven Rechts» ed attribuiamo, anzitutto, al processo «die Rolle [...], eine Maschinerie für die Erwirkung erzwingbarer richterlicher Leistungsbefehle bereitzustellen, und so zum Mittel direkter Verwirklichung bestehender Rechte zu werden»[81].

Secondo la visuale attica, per cui il concreto esercizio della giurisdizione porta soltanto alla «Billigung oder Missbilligung erfolgter oder beabsichtiger Selbsthilfeakte», è «prozesshindernd» ogni circostanza «dessentwegen ein (ursprünglich ja vorprozessualer) Zugriff gar nicht erst hätte stattfinden dürfen». Il che, nel sistema attico del V e IV sec. a.C.,[82] significa che la δίκη non è εἰσαγώγιμος (e quindi non può essere posta a fondamento di una «Gerichtsverhandlung»), quando essa è «rechtswidrig, weil das Gesetz die beabsichtigte δίκη als erledigt oder schutzunwürdig betrachtete und demgemäss ihre Einbringung verbot, weil es eine δίκη dieses Typs von vornherein nicht vorsah oder weil eine Rechtsbeziehung, für welche das Gesetz eine besondere Prozessart spezifisch zur Verfügung stellte, niemals auch nur zur Entstehung gelangt war»[83].

Su questa distinzione tra difese sulla procedibilità e difese sul merito viene ad innestarsi un'altra caratteristica del processo attico. Sulla circostanza se le azioni «aus irgendeinem Grunde gar nicht erst hätten begonnen und darum auch dem Gericht nicht hätten vorgelegt werden dürfen» può decidere solo il magistrato, anche quando la sua autorizzazione all'attuazione dell'autotutela, che si esprime nella *dike*, è ormai condizionata, in senso positivo o in senso negativo, dalla decisione del tribunale eliastico, ed anche se l'attività del magistrato, come si è detto, possa venir, a

[78] Cfr. quanto dice lo stesso Wolff 1966, 13.

[79] Anche se ormai la *dike* è diventata, da questo punto di vista, soltanto una «Ladung» dinanzi al magistrato: cfr. Wolff 1966, 127 s.

[80] Wolff 1966, 137 s. Le idee dell'autore sulla natura della *dike* sono esposte, principalmente, in Wolff 1961, 74 ss.

[81] Wolff 1966, 140.

[82] In quanto la *dike*, da «Zugriff», è diventata una semplice «Ladung»: cfr. *supra*, in questo §, nt. 79.

[83] Wolff 1966, 140.

sua volta, condizionata – nella sua discrezionalità – dalla *diamartyria* dell'attore o del convenuto: «der Grund für die Verteilung der Kompetenzen war das Prinzip, das die Kontrolle der selbsthilfeweisen Vollstreckungsmassnahmen den für den inneren Frieden verantwortlichen Amtsträgern zuwies»[84].

Si perviene così ad una struttura del processo, ove, dinanzi al tribunale eliastico, si può discutere soltanto delle «klagebegründende bzw. klagezerstörende Tatsachen»: questo è un «direktes Streiten», l'*euthydikia*. Questo spiega perché, quando con il νόμος di Archino la «Anstellbarkeit der δίκη» viene portata dinanzi ai δικαστήρια, ciò avviene nella forma, sostenuta dal Wolff, della «Vorverhandlung», del κατηγορεῖν τοῦ διώκοντος, ché l'introdurla direttamente, come difesa aggiunta, nel «Verfahren über die δίκη» avrebbe costituito una contraddizione troppo evidente della configurazione del processo fino ad allora recepita nell'esperienza giuridica attica.[85]

Si tratta indubbiamente – in una con le ipotesi avanzate dal Wolff sulla struttura e sulla storia del nostro istituto – della costruzione più logica e più coerente finora presentata del processo paragrafico. Le ragioni per cui, nei punti essenziali, ritengo di non poterla condividere, sono riservate alle pagine che seguono, dove verranno naturalmente posti in chiaro anche i motivi di dissenso di fronte alle altre precedenti opinioni, indubbiamente meno elaborate, ma che, in taluni punti, possono conservare, soprattutto quella di U.E. Paoli, una qualche validità. Qui appresso, dunque, cercherò, nei limiti in cui lo permette lo stato attuale della documentazione, di porre in luce quelle che sono le caratteristiche del processo paragrafico ateniese del IV sec. a.C., e come esse si riaggancino, da una parte, all'evoluzione che, in quell'esperienza giuridica, ha avuto il problema dell'accertamento dell'improcedibilità dell'azione, e, dall'altra, alla struttura del processo attico generale, nel loro divenire storico.

---

[84] Wolff 1966, 138.
[85] Wolff 1966, 139.

CAPITOLO II

LA STRUTTURA DEL PROCESSO PARAGRAFICO

SOMMARIO: 1. Premesse generali. Le difese sul merito della causa nei discorsi paragrafici. – 2. La natura della sentenza che chiude il processo paragrafico nelle attestazioni delle fonti attiche. Analisi di Isocrate, *or.* 18, e Demostene, *or.* 36 e 38. – 3. Segue. Analisi degli altri discorsi del *corpus Demosthenicum*. – 4. Valutazione dei dati enucleati nei paragrafi precedenti. – 5. Le allusioni alla sentenza favorevole al convenuto. – 6. Il carattere definitivo del processo paragrafico in [Demostene], *or.* [33]. 29, e 37. 1. – 7. Le argomentazioni del Paoli sull'inscindibilità del processo paragrafico e sulla doppia votazione. – 8. Prove testuali a favore della doppia votazione al termine del procedimento paragrafico. – 9. Coscienti contrapposizioni, negli oratori attici, fra procedibilità dell'azione e merito della causa. – 10. Segue. Analisi di Demostene, *or.* 36. 23-24, e 45. 49, 51. – 11. Le altre prove a favore della bipartizione del processo in seguito all'opposizione della παραγραφή. – 12. L'aporia dei dati sin qui raccolti ed il modo per superarla: il giudizio paragrafico come ἀγών tra l'ἔγκλημα dell'attore e la παραγραφή del convenuto. – 13. Demostene, *or.* 36. 2, e la bipartizione del giudizio sulla procedibilità e sul merito dell'azione. – 14. Il procedimento paragrafico e gli atti introduttivi del giudizio. – 15. Attore e convenuto nel procedimento paragrafico. – 16. Altre attestazioni concernenti la terminologia dei processi paragrafici.

1. *Premesse generali. Le difese sul merito della causa nei discorsi paragrafici.*

Il punto di partenza per un tentativo di ricostruire la storia del procedimento paragrafico e degli altri mezzi con cui si faceva valere l'improcedibilità dell'azione, la quale non può non inserirsi nella più ampia prospettiva della storia del processo attico e, in modo particolare, delle forme costitutive di esso, va cercato, a mio avviso, nella individuazione della struttura di tale procedimento, com'esso è stato introdotto nella prassi giudiziaria ateniese a cavaliere fra il V e il IV sec. a.C. ad opera della legge di Archino: struttura che, come si vedrà dal corso di tutta l'esposizione che verrà fatta qui appresso, non sembra presentare – allo stato della documentazione da noi posseduta – alcuna apprezzabile variazione dagli ultimi anni del V e dai primi del IV sec. a.C., in cui si vanno a porre le testimonianze più risalenti che si posseggono a questo riguardo,[1] sino alla seconda metà del IV sec. a.C., in cui si situano i discorsi paragrafici del *corpus Demosthenicum*.

L'accertamento, infatti, di questa struttura condiziona in modo determinante la valutazione storica delle cause e degli effetti dell'introduzione della *paragrafe*, da una parte, e degli atteggiamenti concretamente tenuti dalla prassi giudiziaria ateniese al proposito, soprattutto ove, come spero di mostrare nelle pagine che seguiranno, l'ipotesi più verisimile in ordine ad essa si allontani sensibilmente sia dall'opinione tradizionale sulla bipartizione del processo in seguito all'opposizione della *paragrafe*, sia da quella del Paoli, ispirata alla teoria dell'inscindibilità che, in sostanza,

[1] E cioè l'*or.* 18 d'Isocrate e l'*or.* 23 di Lisia.

rimane ancorata alla necessità, postulata dalla prima, di distinte votazioni sulla questione pregiudiziale – della procedibilità dell'azione – e sul merito.[2]

Un punto che bisogna preliminarmente sottolineare è che testimonianze che direttamente riferiscano sulla struttura del processo, in seguito all'opposizione della *paragrafe*, non si riescono a riscontrare nelle fonti: ed è ciò, ovviamente, a render attuale il problema della ricostruzione di tale struttura. Questa notazione va, però, specificata ed approfondita. Com'è stato esattamente rilevato,[3] non v'ha alcun passo che in qualche modo accenni a quella seconda fase del procedimento paragrafico, che costituisce la seconda e necessaria fase del processo nel caso di rigetto della c.d. eccezione pregiudiziale, a stare all'opinione tradizionale sulla bipartizione del processo in seguito alla proposizione della *paragrafe*. A parte il fatto che tutti i discorsi, che ci sono pervenuti e che siano stati pronunciati in un procedimento paragrafico, si riferiscono sempre e soltanto alla supposta prima fase del giudizio, in cui si discuterebbe soltanto dell'improcedibilità dell'azione, in tali discorsi, né *ex latere actoris* né *ex latere rei*, si fa mai allusione alla seconda fase del procedimento, che, nella prima, si potrebbe prospettare soltanto come eventuale. E neppure nelle notizie che, più o meno indirettamente si possono trarre sul nostro argomento al di fuori dei λόγοι παραγραφικοί conservatici, si riesce a trovare qualche spunto del genere che possa apparire attendibile. D'altro canto è da sottolineare come – su questo al modo stesso che su altri punti della problematica relativa alla struttura del processo paragrafico – non è dato cogliere tracce di una variazione che si possa esser verificata fra l'epoca in cui la *paragrafe* venne introdotta a tutela dell'amnistia, e di cui fa testimonianza l'*or.* 18 di Isocrate,[4] e quella, che si estende per circa 30 anni,[5] dei discorsi paragrafici del *corpus Demosthenicum*.[6]

---

[2] Sull'evoluzione della dottrina in merito alla struttura del processo paragrafico, cfr. *supra*, cap. I, p. 10 ss.

[3] Cfr. soprattutto Kelly 1967, 403: «wie kommt es eigentlich, dass sich in der gesamten Quellenmasse … an keiner einzigen Stelle eine ausdrückliche Bezugnahme auf eine allenfalls später durchzuführende euthydikia-Verhandlung findet?» (a ciò v'è soltanto da osservare che il successivo giudizio sul merito non si verifica «allenfalls», ma soltanto quando la *paragraphe* sia stata respinta, ed eventualmente – rimosso l'ostacolo procedurale – quando sia stata accolta una difesa di carattere dilatorio). Sul punto cfr. anche Thomas 1968, 224, il quale ribadisce dal canto suo che, se si può anche comprendere la mancanza di qualsiasi allusione al futuro giudizio sul merito nelle παραγραφαὶ ὑπέρ τινος, ciò sorprende molto di più nei due λόγοι πρὸς τὴν παραγραφήν che possediamo (e cioè le *or.* [34] e [35] del *corpus Demosthenicum*, a parte il caso particolarissimo dell'*or.* 23 di Lisia, su cui cfr. *infra*, in questo cap., p. 106 ss.).

[4] Nonché l'*or.* 23 di Lisia, con tutti i problemi particolari che essa pone (v. anche *infra*, in questo cap., p. 109 n. 194).

[5] Bisogna, d'altra parte, rilevare come, anche all'interno di quest'ultimo periodo, non è dato di scorgere qualche mutamento nelle strutture normative o pragmatiche del processo paragrafico.

[6] Se, infatti, l'*or.* 36 di Demostene, databile nel 350-349 a C., è il più antico fra i discorsi paragrafici di cui possa fissarsi con maggiore o minore approssimazione, la data, l'*or.* 38

Nonostante l'innegabile carattere di *argumentum e silentio*, questa assenza di qualsiasi riferimento diretto ad un'eventuale seconda fase del procedimento paragrafico mantiene tutto il suo valore;[7] e va confortata con un'altra osservazione, e cioè che neppure nei discorsi che riguardano eccezioni, che noi saremmo inclini a costruire come aventi carattere procedurale,[8] vi è traccia di allusioni ad un'eventuale seconda fase del procedimento dinanzi al giudice competente,[9] dopo l'accoglimento dell'eccezione procedurale.[10] D'altronde la constatazione qui fatta, che naturalmente va soppesata nel contesto di tutti gli altri elementi rilevanti a questo proposito e che saranno esaminati qui dappresso, assume ulteriore valore quando si consideri che per la δίκη ψευδομαρτυρίων conseguente all'impugnazione di una *diamartyria*[11] si riescono a trovare nelle fonti allusioni non equivocabili nel senso del carattere non definitivo che in essa si veniva pronunciando, nonostante che la documentazione relativa alla *diamartyria* stessa non sia certamente più abbondante di quella concernente la *paragrafe*. E si tratta – nessuno potrebbe negarlo – di un particolare che, seppure non decisivo, dà un peso notevolmente maggiore all'*argumentum e silentio* che può ricavarsi dall'esame delle fonti del procedimento paragrafico.

Per cercare, quindi, di risolvere il nostro problema è necessario riandare, forse con maggior attenzione di quanto non si sia finora fatto, alle fonti, onde cogliere tutte le possibili allusioni che possano essere portate a favore dell'una o dell'altra delle opinioni sinora avanzate in dottrina,[12] e, d'altra parte, per vedere se, per avventura, non sia possibile prospettare una diversa, e più soddisfacente soluzione del nostro problema.

---

può essere forse di qualche anno anteriore; [Demostene], *or.* 34, deve – all'estremo opposto – collocarsi con qualche sicurezza, nel 327/6 a. C.: su queste datazioni cfr. *supra*, cap. I, p. 5 n. 20.

7 Pur tenendo conto del minor peso che potrebbero avere, a questo riguardo, nella concreta configurazione assunta nella prassi giudiziaria attica, le *paragrafai* fondate sull'assenza di un συμβόλαιον Ἀθηνῆθεν ἢ Ἀθήναζε ed opposte ad una azione commerciale.

8 Su questa particolare distinzione, come emersa in letteratura, cfr. *supra*, cap. I, p. 3 ss.

9 Le *or.* [32-35] del *corpus Demosthenicum* discutono tutte, infatti, sia *ex latere actoris* che *ex latere rei*, questioni che noi chiameremmo di competenza dei tesmoteti, in quanto presidenti dei tribunali eliastici competenti a giudicare delle azioni commerciali. La notazione qui accennata ha tanto maggior valore, in relazione a quanto detto nella precedente n. 7, in quanto tali allusioni mancano anche nei due discorsi πρὸς τὴν παραγραφήν ([Demostene], *or.* 34 e 35), in cui l'oratore sostiene l'esistenza del συμβόλαιον.

10 A parte, a questo proposito, la possibilità, ventilata da Wolff 1966, 144 ss., che l'azione non fosse riproponibile, in quanto estinta, anche dopo l'accoglimento di una eccezione di carattere procedurale.

11 Per la quale Paoli 1933b, 165 ss., sosteneva egualmente l'inscindibilità del processo, in contrapposto alla precedente dottrina.

12 E cioè quella del processo paragrafico come decisione pregiudiziale al trattamento del merito della causa e quella dell'inscindibilità del processo nonostante l'opposizione della *paragrafe*: su di esse cfr., per la letteratura, *supra*, cap. I, p. 8 ss.

Prima di procedere a questa analisi vorrei, però, fare un'osservazione, la quale riguarda il punto che indubbiamente ha rappresentato l'avvio per l'ipotesi del Paoli,[13] e che è rimasto quindi al centro dell'attenzione nella replica di Wolff, volta a ribadire l'esattezza dell'opinione tradizionale in ordine alla struttura del processo paragrafico:[14] e cioè quello relativo alle difese sul c.d. merito della causa nei discorsi paragrafici. La portata di questo argomento appariva limitata anche dal punto di vista del compianto grecista di Firenze, il quale riconosceva che la difesa sul merito non costituiva un indizio in sé univoco, ma acquistava valore dal modo con cui essa veniva prospettata in relazione alla sentenza che i giudici eliastici dovevano emanare alla fine del dibattimento.[15] E del resto la critica del Wolff era per l'appunto rivolta a negare la connessione di tali difese sul merito con una sentenza definitiva, che dovesse venir pronunciata nell'unico dibattimento postulato dall'ipotesi sull'inscindibilità del processo prospettata dal Paoli.[16] A me sembra che, a questo proposito, vada ribadita un'osservazione, già fatta di scorcio in dottrina,[17] e che si situa a monte della polemica fra il Paoli ed il Wolff, a parte qualsiasi considerazione che si potrebbe fare sull'effettiva portata del dato della difesa sul c.d. merito della causa in se stesso considerato, che potrebbe, per taluni versi, apparire meno rilevante di quanto non si possa credere ad un primo approccio.[18] Non è circostanza che var-

---

13 Su ciò cfr. *supra*, cap. I, p. 12 ss., anche per l'importanza che tale punto ha avuto per gli altri autori che hanno aderito all'ipotesi del Paoli o che, precedentemente, avevano avanzato opinioni più o meno coincidenti con essa.

14 Cfr. l'ampia analisi dei discorsi paragrafici presentata dall'insigne grecista di Friburgo nella prima parte della sua ricerca (Wolff 1966, 17-81).

15 Paoli 1933b, 109 ss.: ma l'apparato probatorio fornito dal Paoli, che si riduce praticamente ad Isocrate, *or*. 18.40, e Demostene, *or*. [32]. 13; 36. 1 (su questi passi cfr. *infra*, in questo cap., p. 81 ss.), appare del tutto insufficiente, mentre, fra altre ininfluenti, appare relegata ad argomentazione di contorno una caratteristica dei discorsi, quella delle c.d. perorazioni definitive, che, a mio modo di vedere (cfr. *infra*, in questo cap., p. 46 ss.) ha rilevante importanza ai fini della discussione sulla struttura del procedimento paragrafico (Paoli 1933b, 111 ss.).

16 A questo proposito va osservato come, più che prender in considerazione le allusioni alla struttura del processo paragrafico che si possono riscontrare nella nostra documentazione, il Wolff si preoccupi principalmente di mostrare come il ricorso agli svolgimenti sul merito fosse imposto alle parti dalla rispettiva situazione processuale, soprattutto in ordine alla distribuzione dell'onere della prova ed alla possibilità in concreto di adempiervi.

17 Cfr. il breve cenno di Wolff 1966, 23 nt. 13: v., del resto, lo stesso Paoli 1933b, 110. D'altra parte la spiegazione tradizionale di questa caratteristica dei discorsi paragrafici (cfr. *supra*, cap. I, p. 12) prendeva, più o meno coscientemente, lo spunto da tale modo d'essere della logografia giudiziaria ateniese.

18 In merito all'*or*. 18 di Isocrate, nei §§ 5-18, si contiene *narratio* e *probatio* dei fatti che hanno dato luogo alla causa, e nell'*or*. 37 di Demostene, oltre che nella *narratio* (§§ 4-9, 10-13) e nella *refutatio* (soprattutto i §§ 39-44), v'è una parte assai rilevante della *probatio*, e precisamente i §§ 22-32, rivolta a contestare la fondatezza della domanda attrice (mentre la *paragrafe* si basa su una ἄφεσις καὶ ἀπαλλαγή): entrambe queste orazioni sono, però, particolarmente importanti perché in esse il logografo giustifica, in modo as-

rebbe la pena di sottolineare che le parti, nelle loro orazioni giudiziarie, si riferiscano molto spesso a fatti diversi da quelli su cui verte direttamente il giudizio del tribunale eliastico, in quanto su di essi si è instaurato l'ἀγών processuale. Si pensi soltanto agli svolgimenti, talora di notevole ampiezza, quasi sempre presenti nei λόγοι δικανικοί, sia privati che, soprattutto, pubblici, i quali vertono sulle contrapposte

---

sai rilevante ai fini della problematica qui discussa, gli svolgimenti sul c.d. merito della causa (Isocrate, *or.* 18. 4 e Demostene, *or.* 37. 21, su cui – per il valore da annetter loro per un'esatta soluzione del problema della struttura del processo paragrafico – cfr. *infra*, in questo cap., p. 92 ss.). Nell'*or.* 36 di Demostene, poi, dove la difesa si basa pure sulla transazione, del c.d. merito della causa si tratta, non molto ampiamente, nella *narratio* (cfr. qui, principalmente, i §§ 4-9, 11-14, 18-21), che qui si fonde con la *probatio* (cfr. Blass 1893, 463): e, del resto, il riferimento ai fatti costitutivi del diritto contro cui si fa valere un'eccezione sostanziale o procedurale, è pressoché inevitabile in qualsiasi struttura di atto difensivo che a tale eccezione si riporti e soprattutto in quella dei discorsi giudiziari attici. Questi profili vengono poi ripresi nella *refutatio* e nel tratteggiare la personalità dell'attore Apollodoro, nell'epilogo dell'orazione, con una certa ampiezza. Un aspetto particolare presentano, poi, a questo riguardo, i quattro discorsi pseudodemostenici che, sia a favore sia contro l'eccezione di improcedibilità dell'azione, trattano di *dikai emporikai* (*or.* [32-35]). Qui, in ogni caso, l'eccezione fatta valere è quella dell'insussistenza – in concreto – del συμβόλαιον Ἀθηνῆθεν ἢ Ἀθῆναζε, che legittima l'attore all'esperimento dell'azione commerciale. E' evidente che, da questo punto di vista, rimane difficile stabilire la differenza tra difese che attengono all'improcedibilità dell'azione e difese che invece concernono il c.d. merito della causa, dato che le prime si vengono praticamente ad estendere al sussistere del rapporto giuridico dedotto in giudizio. Ma v'ha qui da tener presente la circostanza che – anche se non dovesse – il convenuto usava specificare la causa per cui il συμβόλαιον non esisteva: onde questa precisazione restringeva l'ampiezza del *thema decidendum* concretamente versato nell'ἀγών processuale. In questo modo, contestando – a quanto pare – Lacrito l'esistenza del συμβόλαιον solo in quanto affermava di non esser erede di Artemone, tutti gli ampi svolgimenti di [Demostene], *or.* 35, volti a circostanziare la sussistenza del mutuo (e che costituiscono la maggior parte dell'orazione), si pongono fuori dall'oggetto in senso stretto della *paragrafe*. Nell'*or.* [34], sempre pseudodemostenica, Formione aveva eccepito l'estinzione dell'obbligazione in seguito al pagamento effettuato nel Ponto nella mani di Lampide, onde potrebbero esser fuori dal *thema decidendum* i §§ 33-35, in quanto si riferiscano alla clausola σωθείσης τῆς νέως. Nell'*or.* 33, poi, in cui il convenuto fa valere contro Apaturio il fatto di non essersi portato garante di Parmenonte, sono i §§ 31-34, relativi al verificarsi del *casus fideiussionis*, a non rientrare nell'*agon* processuale inteso in senso rigoroso. Ma si verifica, in questi casi, una situazione che potrebbe apparire diversa da quella delle difese sul c.d. merito della causa: queste circostanze sarebbero potuto essere versate nella παραγραφή, ma non lo sono state in concreto, come del resto avviene per la prescrizione nell'*or.* 36 e forse anche nell'*or.* 38 di Demostene, e nell'*or.* 37 per l'eccezione di incompetenza dei tesmoteti, che questi ultimi avevano stralciata, e di cui egualmente l'oratore discute ampiamente nei §§ 33-39. Da quanto però qui si è detto risulta abbastanza evidentemente che la presenza, nelle *or.* [32-35], di svolgimenti che si possono riferire alla trattazione del merito della causa, non può – nei limiti cennati – che restare condizionata, nella sua portata, dalla struttura dell'eccezione che si era fatta valere nei casi in parola.

personalità di chi parla e del suo avversario: svolgimenti che, del resto, non mancano neppure nei nostri discorsi paragrafici.[19] E, del resto, gli stessi logografi, nei limiti delle loro possibilità tecniche e delle necessità di causa, mostravano di rendersi conto della contrapposizione fra ciò che atteneva all'ἀγών e ciò che non vi atteneva.

Ora, in questa visuale, in questa tecnica del convincimento globale dei giurati, gli *excursus* dei discorsi paragrafici che riguardano il c.d. merito della causa vengono a perdere, di per sé, quella posizione di caratteristica particolare delle orazioni pronunciate in un processo avente ad oggetto una *paragrafe*, che, in modo più o meno marcato, ha colpito sino a questo momento l'attenzione degli studiosi che si sono occupati del nostro istituto.[20] Il punto su cui si deve invece concentrare l'attenzione[21] è quello di riscontrare, nella documentazione che ci è pervenuta, tutte le attestazioni che possano indirettamente[22] testimoniare sulla struttura del processo paragrafico, soprattutto in relazione alla portata delle decisioni del tribunale eliastico che conchiudevano tale processo: ed è quanto mi propongo di fare nelle pagine che seguono.[23]

---

[19] Soprattutto nelle *or.* 36-38, che sono effettivamente demosteniche. Negli altri discorsi paragrafici del *corpus Demosthenicum*, ma spuri, ciò, a dire il vero, non si riscontra, o, come nell'*or.* [32], non è oggettivamente accertabile per l'assenza della parte finale dell'orazione.

[20] D'altro canto, per fugare qualsiasi dubbio, si ricordi rapidamente qui che, anche al di fuori dei discorsi paragrafici, le argomentazioni ἔξω τοῦ πράγματος, proposte dai logografi attici, non vertono soltanto sulla personalità morale e sociale delle parti (che del resto si sostanzia, prevalentemente, di fatti), ma spesso prendono a partito momenti della vicenda giudiziaria, di cui è causa, valutata nel suo complesso, i quali non rilevano direttamente ai fini del *thema decidendum* del processo per cui l'orazione stessa è stata composta: la maggior parte dei §§ 18-82 dell'*or.* [47] pseudodemostenica si riferisce a fatti precedenti o successivi allo svolgimento di quella δίκη αἰκίας in cui – su un punto limitato, e cioè la presentazione di una πρόκλησις – era stata fornita la testimonianza attualmente attaccata con la δίκη ψευδομαρτυρίων (su questo esempio, molto rapidamente, Wolff 1966, 23 nt. 13: è comune la notazione che in tale discorso vi siano ampi svolgimenti non attinenti ai fatti di causa: cfr., per tutti, Blass 1893, 545 s.); e cfr. altresì la discussione dei §§ 5-18 nell'*or.* 5 d'Iseo, che si riferisce ai precedenti giudiziari dell'aggiudicazione dell'eredità di Diceogene II, per la cui restituzione Leocare era, attualmente, convenuto come garante.

[21] Ciò che, invece, non è stato sinora fatto con sufficiente completezza dalla dottrina che si è occupata del problema.

[22] Per la rilevata assenza di attestazioni che immediatamente si riferiscano all'esistenza di una seconda fase del procedimento paragrafico od alla possibilità del rinnovamento del processo dopo il vittorioso esperimento di un'eccezione di carattere procedurale.

[23] Paoli 1933b, 111 ss., voleva trar conferma per la propria ipotesi dalla circostanza che l'istruzione della causa riguardasse anche il merito della causa, oltre che i fatti dedotti nella *paragrafe*, come sarebbe provato dal fatto che su di esso le parti facevano sentire dei testimoni. Ma pure su quelli che erano manifestamente argomenti di contorno i litiganti usavano, anche nell'*euthydikia*, apportare testimonianze: basti pensare alle testimonianze lette nel già ricordato [Demostene], *or.* 47. 18-82, o, per le argomentazioni relative alla personalità dei contendenti, a quelle di cui a Demostene, *or.* 36. 48, 56; 37. 54.

2. *La natura della sentenza che chiude il processo paragrafico nelle attestazioni delle fonti attiche. Analisi di Isocrate,* or. *18, e Demostene,* or. *36 e 38.*

Per quanto riguarda gli elementi utili per la ricostruzione della struttura del procedimento paragrafico uno spunto era già stato proposto dal Paoli, anche se egli l'aveva assai scarsamente approfondito, ciò che d'altra parte non giustifica il fatto che la dottrina successiva abbia praticamente tralasciato di prenderlo in considerazione.[24] L'illustre grecista aveva osservato[25] che, nelle fonti, si riscontrano dei passi in cui le conseguenze del processo paragrafico vengono prospettate, soprattutto dal convenuto per il caso della sua soccombenza, come quelle che vanno direttamente ad incidere sulla sfera giuridico-patrimoniale del perdente: ciò che non si sarebbe potuto giustificare in base alla teoria tradizionale sulla bipartizione del processo in seguito alla proposizione della *paragrafe*, per cui, nella prima fase di esso, si sarebbe avuta una sentenza che vertesse soltanto sulla procedibilità o meno dell'azione.[26]

Questo spunto, che nella sua base testuale va indubbiamente allargato,[27] e che va saggiato a fondo per quanto concerne la sua rilevanza in ordine alla problematica qui discussa, tocca uno degli aspetti più considerevoli che si possano riscontrare nella nostra documentazione e che concernono la struttura del processo paragrafico. Va a questo punto notato come, nelle fonti, si possano al riguardo cogliere due diversi modi in cui queste attestazioni si presentano: da una parte si nota – nei discorsi pronunciati dai convenuti – una serie di luoghi in cui l'oratore scongiura i giudici eliastici di non rovinarlo, mettendolo alla mercé dell'attore; dall'altra il logografo, talora in connessione con questi squarci peroratori,[28] talora indipendentemente da essi, nel

[24] Anche Biscardi 1961a, 879 s., trascura di riprendere in considerazione quest'argomento fra quelli che danno sostanza all'ipotesi che egli pienamente condivide, dando invece la preferenza ad altri molto meno persuasivi: dal canto suo Lämmli 1938, 162 s., pur criticando gli argomenti del Paoli, si dimentica di prender in esame codesto. Particolarmente significativo è poi l'atteggiamento assunto da Wolff 1966, 18 s.: a differenza di altri, egli non passa sotto silenzio questo punto, ma si limita a considerare «unangebracht» mettere in relazione con la portata sostanziale della sentenza le «Anspielungen auf ungerechte Nachteile, die dem Plädierenden aus einer für ihn ungünstigen Entscheidung über die Paragraphe erwachsen würden», e si richiama – per tutta prova – al modo di esprimersi di Iperide, P. Oxy. 2464.

[25] Paoli 1933b, 112 s. Si ricordi come, anche per questo a., tale argomento, da lui stesso proposto, rimanga però sempre in subordine ad altre, seppur a mio avviso meno convincenti, prove del carattere sostanziale della definizione del processo paragrafico a sfavore del convenuto.

[26] A parte gli effetti definitivi che erano propri, anche per l'opinione tradizionale, di una sentenza che accogliesse un'eccezione d'improcedibilità basata però su una causa di diritto sostanziale.

[27] Paoli 1933b, 112 s., prendeva in considerazione soltanto Isocrate, *or.* 18. 65 (ma qui rileva anche il § 64), Demostene, *or.* 36. 58 (senza considerare il § 59 strettamente connesso) e 38. 28, nonché, nei λόγοι πρὸς τὴν παραγραφήν, [Demostene], *or.* 35. 56.

[28] Che io chiamerei, anche se situati al di fuori dell'epilogo in cui si trova, generalmente, la perorazione in senso stretto, con il nome generico di «perorazioni definitive».

riferirsi alla sentenza che chiuderà il processo paragrafico usa una terminologia o delle espressioni che, valutate soprattutto nel loro contesto, sembrano confermare che egli si raffigurasse tale sentenza come quella che, statuendo sul merito della causa, può portare alla condanna od all'assoluzione in via definitiva[29] del convenuto. Le fonti sono indubbiamente più numerose per quanto riguarda la portata della sentenza che poteva esser emanata nel processo paragrafico a sfavore del convenuto, e si possono già cogliere nel primo discorso paragrafico pronunciato nella prassi giudiziaria attica e cioè nell'*or.* 18 di Isocrate. Interessano a questo riguardo i §§ 64 e 65:

Τῷ δ' οὐκ ἂν ὑμῶν μεταμελήσειεν, εἰ καὶ μὴ παραχρῆμα ἀλλ' ὀλίγον ὕστερον, εἰ τὸν μὲν συκοφάντην ἴδοιτε πλούσιον γεγενημένον, ἐμὲ δ' ἐξ ὧν ὑπέλιπον λῃτουργῶν, καὶ τούτων ἐκπεπτωκότα; Καὶ τὸν μὲν μηδὲ πώποτε ὑπὲρ ὑμῶν κινδυνεύσαντα μεῖζον καὶ τῶν νόμων καὶ τῶν συνθηκῶν δυνάμενον. ἐμὲ δὲ τὸν οὕτω πρόθυμον περὶ τὴν πόλιν γεγενημένον μηδὲ τῶν δικαίων ἀξιούμενον τυγχάνειν; Τίς δ' οὐκ ἂν ὑμῖν ἐπιτιμήσειεν, εἰ πεισθέντες ὑπὸ τῶν Καλλιμάχου λόγων τοσαύτην πονηρίαν ἡμῶν καταγνοίητε, οὓς ἐκ τῶν ἔργων κρίναντες δι' ἀνδραγαθίαν ἐστεφανώσατε, ὅτ' οὐδ' οὕτω ῥᾴδιον ἦν ὥσπερ νῦν τυχεῖν ταύτης τῆς τιμῆς;

Si tratta della ricapitolazione finale di quell'epilogo dell'orazione, che, come ha visto esattamente il Blass, ne ricomprende quasi i due terzi.[30] Riallacciandosi allo svolgimento dei §§ 58-62, dove si erano sottolineati i meriti del παραγραψάμενος, si mettono questi in connessione con la richiesta, rivolta ai giurati, di non rovinare colui che ha tanto fatto per la patria. Nel § 64, quindi, Isocrate[31] rammenta ai giudici che, se essi si fanno convincere dalle parole di Callimaco,[32] la conseguenza – di cui essi stessi prima o dopo si pentiranno – sarà la rovina del convenuto e l'ingiustificato arricchimento di Callimaco stesso. Non v'ha bisogno di sottolineare come questo duplice risultato non possa essere ricollegato se non ad effetti sostan-

29 E non soltanto con effetti di carattere processuale, e cioè limitati al giudizio in corso (a parte la notazione di cui alla precedente nt. 26, e l'ipotesi di Wolff 1966, 144 ss., sulla possibilità che una interpretazione formalistica della legge portasse ad applicare il *ne bis in idem* anche nell'azione respinta per motivi di carattere procedurale).

30 F. Blass, *Die attische Beredsamkeit*, II^2, Leipzig 1892, 215 s.

31 Che, nel § 63, aveva espresso d'altra parte il timore che il proprio cliente potesse essere considerato in torto dal punto di vista del c.d. merito della causa [εἰ πολλὰ τῶν ἐμαυτοῦ δεδαπανημένος εἰς τὴν πόλιν εἶτα δόξαιμι τοῖς ἀλλοτρίοις ἐπιβουλεύειν].

32 Ed il motivo ritorna, immediatamente dopo, nel § 65.

ziali della sentenza: la semplice pronuncia sulla procedibilità dell'azione[33] non è in grado, per i suoi effetti soltanto processuali,[34] di rovinare od arricchire chicchessia.

Nel successivo § 65 l'argomento viene sviluppato avendo riguardo non più alla coscienza dei giurati, ma a quanto penserà di loro l'opinione pubblica: e, dal punto di vista della sostanza, non v'è nulla da osservare in più di quanto si è precedentemente detto.[35] V'è qui, però, un altro elemento che viene ad avvalorare la forza probante del nostro passo nel senso da me indicato, e cioè la precisazione τοσαύτην πονηρίαν ἡμῶν καταγνοίητε.[36] Secondo il significato corrente del verbo καταγιγνώσκω quando esso è adoperato in relazione all'attività cognitiva e decisoria del giudice, la frase non può indicare che un accertamento ed una condanna, da parte dei giurati, che verta sulla πονηρία, e quindi, mediatamente, sull'illecito compiuto dal convenuto, e che, per ciò stesso, mostra – nel suo valore immediato – come costoro non si limitassero, nella logica dell'oratore, a statuire sull'amnistia.

L'uso terminologico del § 65 è confermato da un altro luogo della stessa orazione, e precisamente da Isocrate, *or.* 18. 16, in un contesto dove il logografo svolge una difesa sul merito della causa, dopo aver portato testimoni ed argomenti sulle circostanze relative all'arbitrato ἐπὶ ῥητοῖς, che – a scopo di transazione – era intervenuto fra il παραγραψάμενος e lo stesso Callimaco, difesa che si basava tutta sugli εἰκότα. Questa parte inizia proprio con il § 16, che c'interessa:

Ἡγοῦμαι δ', εἰ μήθ' ἡ δίαιτα ἐγεγόνει μήτε τῶν πεπραγμένων ἦσαν μάρτυρες, ἔδει δ' ἐκ τῶν εἰκότων σκοπεῖν, οὐδ' οὕτω χαλεπῶς ἂν ὑμᾶς γνῶναι τὰ δίκαια. Εἰ μὲν γὰρ καὶ τοὺς ἄλλους ἀδικεῖν ἐτόλμων, εἰκότως ἄν μου κατεγιγνώσκετε καὶ περὶ τοῦτον ἐξαμαρτάνειν· νῦν δ' οὐδένα φανήσομαι τῶν πολιτῶν οὔτε χρήμασι ζημιώσας οὔτε περὶ τοῦ σώματος εἰς κίνδυνον καταστήσας κτλ.

Anche qui, pur se in una costruzione leggermente diversa dal punto di vista formale,[37] l'oggetto del καταγιγνώσκειν, con le stesse implicazioni che per il § 65, è l'ἐξαμαρτάνειν del convenuto, e cioè quell'aspetto della vicenda giudiziaria che, in un giudizio strettamente limitato all'applicazione dell'amnistia, non può che esulare

---

[33] Se, per quanto concerne l'amnistia del 403 a.C., si possa parlare, in relazione alla legge di Archino ed al procedimento da questa introdotto, di fatto che rendesse improcedibile (οὐκ εἰσαγώγιμος) l'azione: ritengo che nelle fonti tale qualifica non sia applicata alla fattispecie di cui qui è parola, e che essa non vi appaia estendibile in base ad altre considerazioni.

[34] Nella prospettazione della dottrina dominante che ricostruisce su due fasi distinte il processo paragrafico.

[35] Ho già ricordato come solo questo paragrafo sia espressamente preso in considerazione da Paoli 1933b, 112 s.

[36] Cfr., per una valutazione del profilo terminologico, anche Paoli 1933b, 113.

[37] E cioè presentando un infinito, al posto del sostantivo, per indicare l'attività illecita che si dovrebbe riconoscere a carico del convenuto, stando alle pretese di Callimaco.

dalla decisione dei giudici.[38] Quanto si è riscontrato, quindi, nei §§ 64 e 65, non rimane, dunque, fenomeno isolato nell'ambito dell'orazione isocratea, ma si presen-

---

[38] A questo proposito va presa in considerazione una possibile obbiezione al modo di vedere fatto valere nel testo per quanto concerne la valutazione del profilo terminologico di Isocrate, *or.* 18. 16 e 65. Per il valore stesso del verbo semplice presente nella composizione, καταγιγνώσκειν può avere, a differenza dei composti similari καταψηφίζεσθαι, καταδικάζειν e – con una diversa riferibilità – καταδιαιτᾶν, anche un significato che esula da quello della decisione dei giudici o dell'arbitro (o, per il primo verbo, da una decisione comunque presa ai voti, anche, ad esempio, da parte di un'assemblea). Questo diverso significato del verbo, nel senso di esprimere un giudizio sfavorevole a qualcuno, riconoscendo a suo carico un determinato fatto, è, del resto, corrente in Isocrate (cfr., ad es., per la costruzione con il genitivo di persona e l'accusativo del fatto riconosciuto a carico di essa, *or.* 4. 133; 5. 21; 6. 13; 8. 17, 66; 15. 12; 17. 56 [ove ritorna il sostantivo πονηρία, ma il mancato riferimento alla sentenza, di condanna, è reso sicuro dall'essere il verbo adoperato nei confronti dell'attore]; nonché *ep.*, 2. 3, per la costruzione in cui un infinito venga a prender il posto che aveva l'accusativo del fatto in quella precedente): Isocrate, d'altronde, conosce anche il valore di καταγιγνώσκειν come verbo esprimente l'attività di condannare, sia con l'accusativo della pena o dell'oggetto della condanna (*or.* 3. 13; 16. 37; 17. 20; 20. 6), sia con l'accusativo del fatto – nel caso del delitto – per cui si condanna (Isocrate, *or.* 20. 6).
D'altra parte questa possibile ambivalenza del significato di καταγιγνώσκειν si riflette anche sulle traduzioni che hanno avuto i nostri passi. Cfr., ad es., quelle di G. Mathieu, in G. Mathieu – E. Bremond, *Isocrate, Discours*, I, Paris 1972, 23 (§ 16: «vous auriez des raisons pour m'attribuer un préjudice causé à mon adversaire»), e 33 (§ 65: «qui ne vous adresserait des reproches si, persuadés par les paroles de Callimakhos, vous me jugiez coupable d'actes si criminels...»), dove il riferimento alla sentenza di condanna, pur se possibile, non è certo univoco. Ciò non deve render dubbiosi sulla rilevanza di questi passi ai fini dell'argomentazione qui svolta: va, anzitutto, ribadito che il riferimento all'attività conoscitiva più che a quella decisoria è soltanto un'interpretazione possibile, né, anzi, la più probabile, perché già dal contesto espressivo di essi sembra avvalorata l'interpretazione, che si presenta come più istintiva, e che intende qui καταγιγνώσκειν nel senso di «condannare». D'altro canto, se il convincimento dei giudici è detto riferirsi ai fatti addebitati da Callimaco al convenuto (e non soltanto all'applicabilità dell'amnistia), i quali, addirittura, in questi luoghi, si presentano come unico oggetto dell'attività conoscitiva e decisoria dei giurati (e si tenga conto che i §§ 64-65 rappresentano la perorazione finale dell'orazione), questo modo di esprimersi e, soprattutto, queste preoccupazioni sarebbero assai scarsamente comprensibili, se – dovendosi vedere in tutto ciò null'altro che il riferimento ad argomenti di contorno, in linea teorica estranei al *thema decidendum* della causa – il processo non potesse concludersi che con una sentenza non definitiva nei confronti della responsabilità del convenuto, la quale, al massimo, avrebbe accertato l'inapplicabilità dell'amnistia a favore di costui. E, sotto questo profilo, sono decisivi gli spunti che si possono trarre dal situarsi, nel contesto dei §§ 64-65, il reperto di carattere terminologico accanto a quello di carattere sostanziale, che profila gli effetti della sentenza sfavorevole al convenuto come quelli di una normale sentenza di condanna (e su ciò cfr., anche da un punto di vista più generale, *infra*, in questo cap., p. 60 ss.): e l'interpretazione che viene così garentita per il § 65 non può non estendersi al modo similare di esprimersi del § 16.

ta come un modo costante con cui il logografo si raffigurava le sorti finali del processo.

Questa caratteristica si continua a trovare anche nelle orazioni paragrafiche del *corpus Demosthenicum*, quando il procedimento introdotto dalla legge di Archino si era ormai venuto estendendo alle fattispecie di δίκη οὐκ εἰσαγώγιμος. Nella perorazione finale di Demostene, *or*. 38. 28, si ritrovano, ad un dipresso, gli stessi accenti che si sono visti in Isocrate:

ἐὰν δὲ μὴ δύνωνται ταῦτα δεικνύναι, ὡς οὐ δυνήσονται, ἡμεῖς ὑμῶν ἁπάντων, ὦ ἄνδρες δικασταί, δεόμεθα μὴ ἡμᾶς προέσθαι τούτοις, μηδὲ τετάρτην οὐσίαν ἔτι δοῦναι τρεῖς ἑτέρας κακῶς διῳκηκόσιν, ἣν παρ' ἑκόντων ἔλαβον τῶν ἐπιτρόπων, ἣν ὑπὲρ τῶν δικῶν εἰσεπράξαντο, ἣν πρῴην ἀφείλοντ' Αἰσίου δίκην ἑλόντες, ἀλλ' ἡμᾶς τὰ ἡμέτερα, ὥσπερ ἐστὶν δίκαιον, ἐᾶν ἔχειν· ἃ καὶ ὑμῖν ἐστιν ἐν ὠφελείᾳ μείζονι παρ' ἡμῖν ὄντ' ἢ παρὰ τούτοις, καὶ δικαιότερον δήπου τὰ ἡμέτερα ἡμᾶς ἐστιν ἔχειν ἢ τούτους.

Anche qui la perorazione ha un carattere chiaramente definitivo: il figlio di Aristecmo, che pronuncia il discorso, prospetta a piene lettere come esito del processo attuale la perdita del proprio patrimonio[39] e l'acquisto di esso da parte di Nausimaco e Xenopite, gli attori. Tutto il § 28 è imperniato su questa alternativa quale esito del processo: e l'assenza di un preciso riferimento terminologico come quello di Isocrate, *or*. 18. 65, non toglie in alcun modo che, dal paragrafo esaminato, risulti con tutta chiarezza come Demostene si prospettasse gli esiti del processo paragrafico sul piano sostanziale.

Indubbiamente più importante quanto si può ricavare dall'analisi dell'*or*. 36 di Demostene, dove, di nuovo, all'aspetto sostanziale si viene accoppiando quello terminologico ad indicare il carattere definitivo della sentenza sfavorevole al convenuto. Nei §§ 58-59 troviamo, anzitutto, una perorazione a carattere definitivo analoga a quelle che si sono già viste:[40]

---

[39] Si ha qui, indubbiamente, un'esagerazione da parte di Demostene (come del resto è un'esagerazione l'individuazione, da parte del logografo, di tre patrimoni di cui gli attori avrebbero fruito e che avrebbero dilapidato, quando a ben vedere se ne potevano cogliere due soltanto): si trattava qui di una delle otto azioni che Nausimaco e Xenopite avevano esercitato contro i figli di Aristecmo, in relazione all'amministrazione da parte di quest'ultimo della tutela durante la minore età degli attori, ma è evidente che Demostene fa riferimento qui all'indubbio carattere di processo-pilota che aveva quello in cui è stata pronunciata l'*or*. 38. Brevissimo l'accenno di Paoli 1933b, 113.

[40] Paoli 1933b, 113, si limita a ricordare rapidamente soltanto il § 58. La tematica del discorso svolto nei §§ 58-59 è già annunciata all'inizio del § 57, in cui, riallacciandosi alle benemerenze di Formione enunciate nei paragrafi precedenti, Demostene afferma: Τοσαῦτα τοίνυν, ὦ ἄνδρες Ἀθηναῖοι, Φορμίων χρήσιμος γεγονὼς καὶ τῇ πόλει καὶ πολλοῖς ὑμῶν, καὶ οὐδέν' οὔτ' ἰδίᾳ οὔτε δημοσίᾳ κακὸν οὐδὲν εἰργασμένος, οὐδ' ἀδικῶν Ἀπολλόδωρον τουτονί, δεῖται καὶ ἱκετεύει καὶ ἀξιοῖ σωθῆναι, καὶ ἡμεῖς συνδεόμεθ' οἱ ἐπιτήδειοι ταῦθ' ὑμῶν. La richiesta di σωθῆναι è indubbiamente più generica, rispetto al contenuto della sentenza sfavorevole al convenuto che ha sollevato l'eccezione d'improcedibilità dell'azione, dei precisi riferimenti dei paragrafi riportati nel

ἃ μὴ προῆσθε, μηδ' ἐπιτρέψητ' ἀνατρέψαι τῷ μιαρῷ τούτῳ ἀνθρώπῳ, μηδὲ ποιήσητ' αἰσχρὸν παράδειγμα, ὡς τὰ τῶν ἐργαζομένων καὶ μετρίως ἐθελόντων ζῆν τοῖς βδελυροῖς καὶ συκοφάνταις ὑπάρχει παρ' ὑμῶν λαβεῖν· πολὺ γὰρ χρησιμώτερ' ὑμῖν παρὰ τῷδ' ὄνθ' ὑπάρχει. ὁρᾶτε γὰρ αὐτοὶ καὶ ἀκούετε τῶν μαρτύρων, οἷον ἑαυτὸν τοῖς δεηθεῖσι παρέχει. καὶ τούτων οὐδὲν εἵνεκα τοῦ λυσιτελοῦντος εἰς χρήματα πεποίηκεν, ἀλλὰ φιλανθρωπίᾳ καὶ τρόπου ἐπιεικείᾳ. οὔκουν ἄξιον, ὦ ἄνδρες Ἀθηναῖοι, τὸν τοιοῦτον ἄνδρα προέσθαι τούτῳ, οὐδὲ τηνικαῦτ' ἐλεεῖν ὅτ' οὐδὲν ἔσται τούτῳ πλέον, ἀλλὰ νῦν ὅτε κύριοι καθέστατε σῷσαι· οὐ γὰρ ἔγωγ' ὁρῶ καιρὸν ἐν τίνι ἂν μᾶλλον βοηθήσειέ τις αὐτῷ.

Dopo una parentesi, ai §§ 60-61,volti a precisare ai giudici i punti rilevanti per decidere la causa,[41] Demostene così conchiude,alla fine del § 61, la sua perorazione, mantenendosi sempre sullo stesso piano: κἂν ταῦτα ποιῆτε, αὐτοί τ' εὐορκήσετε καὶ τοῦτον δικαίως σώσετε, ἄξιον ὄντα νὴ τὸν Δία καὶ θεοὺς ἅπαντας. Anche qui la perdita e la salvezza di Formione, ingiustamente convenuto – secondo la prospettazione del logografo – da Apollodoro, dipendono esclusivamente, non vi può esser dubbio, dalla sentenza che viene pronunciata nel processo paragrafico.

Ma, come accennavo, si trova precedentemente qualcosa di più, e cioè un immediato collegamento dell'esito del processo, come quello che porti alla perdita da parte di Formione della propria fortuna, con una terminologia che di per se stessa non può non riferirsi ad una natura sostanziale della sentenza sfavorevole al convenuto. All'inizio già dell'epilogo, al § 49, Demostene aveva cominciato col prospettare ai giudici – anticipando per così dire la tematica della perorazione finale – quelle che potevano essere, per Formione, le conseguenze disastrose, se essi si fossero lasciati fuorviare dalle male arti di Apollodoro:

Εἶτα τὸν σῴσαντα μὲν ἐξ ἀρχῆς τὰ πράγματα καὶ πολλὰ χρήσιμον αὑτὸν παρασχόντα τῷ πατρὶ τῷ τούτου, τοσαῦτα δ' αὐτὸν τοῦτον ἀγάθ' εἰργασμένον, ὅσ' ὑμεῖς ἀκηκόατε, τοῦτον οἴεται δεῖν ἑλὼν τηλικαύτην δίκην ἀδίκως ἐκβαλεῖν. οὐ γὰρ ἄλλο γ' ἔχοις οὐδὲν ἂν ποιῆσαι. εἰς μὲν γὰρ τὰ ὄντ' εἰ βλέπεις ἀκριβῶς, ταῦθ' εὑρήσεις ὧν ἔστιν, ἐάν, ὃ μὴ γένοιτο, ἐξαπατηθῶσιν οὗτοι.

Il nocciolo dei §§ 58-59 è tutto qui. La sentenza sfavorevole a Formione, in questo processo, comporterebbe la rovina dello stesso: ma v'ha qui qualcosa di più, e cioè l'esplicita precisazione che ciò avverrebbe ἑλὼν τηλικαύτην δίκην. Δίκην ἑλεῖν è un'espressione tecnica – nei limiti in cui nell'esperienza giuridica greca si può parlare di termini tecnici – per indicare, sotto il profilo dell'attività dell'attore, la circostanza che egli riesca ad ottenere la condanna del convenuto. Il δίκην ἑλεῖν, che, riferito ad Apollodoro, comporta la rovina di Formione, si concreta, senza pos-

testo (ma su di essa in sé considerata, cfr. anche *infra*, in questo cap., p. 54); essa però si pone in necessaria connessione con gli svolgimenti successivi e mostra come la spada di Damocle della sentenza sfavorevole sul piano sostanziale, e cioè della sentenza di condanna, fosse il «Leitmotiv» di tutta la parte finale dell'orazione dal § 57 al § 61.

[41] Sul § 60 cfr. anche *infra*, in questo cap., p. 88 ss.

sibilità di dubbio in una condanna sostanziale,[42] e non può rapportarsi, nel contesto, che all'attuale processo.[43] Anche qui il profilo dell'argomentazione retorica, che ha presente un risultato definitivo del processo, e quello della terminologia adoperata vengono a coincidere, dando all'illazione, che se ne può trarre circa la struttura del processo paragrafico, un elevato grado di sicurezza.

D'altra parte può tornar utile sottolineare come la prospettazione di una sentenza di condanna, con effetti sostanziali, a carico di Formione, come possibile esito del processo sfavorevole a costui, tornasse anche in luoghi dove Demostene si occupava della configurazione della sentenza in termini più che altro incidentali, e fosse cioè un modo di prospettarsi gli effetti della stessa completamente connaturale al pensiero dell'oratore.[44] Si legga il § 42:

ἐγὼ δ', ὡς μὲν οὐκ ἀληθῆ ταῦτ' ἐρεῖ, ἐπέδειξα, οἶμαι μέντοι, κἂν εἰ ταῦτα πάντ' ἀληθῆ λέγοι, κάλλιον εἶναι καὶ δικαιότερον τόνδ' ἀπὸ τῶν αὐτοῦ λῃτουργεῖν ὑμῖν ἢ τούτῳ δόντας τὰ τούτου, μικρὰ τῶν πάντων αὐτοὺς μετασχόντας, τόνδε μὲν ἐν ταῖς ἐσχάταις ἐνδείαις ὁρᾶν, τοῦτον δ' ὑβρίζοντα καὶ εἰς ἅπερ εἴωθεν ἀναλίσκοντα.

Le menzogne a cui Demostene allude sono quelle relative alle liturgie prestate da Apollodoro, di cui è parola alla fine del § 41: quello che a me importa rilevare è il τούτῳ δόντας τὰ τούτου. Anche qui, tenendo conto del carattere straordinariamente elevato del τίμημα proposto dall'attore, – 20 talenti – l'esito dell'attuale processo, ché a questo non può non pensarsi, è raffigurato in termini catastrofici per Formione, e cioè praticamente come l'attribuzione del patrimonio di quest'ultimo ad Apollodoro, come viene espressamente detto nella parte finale del passo.

Le considerazioni precedentemente svolte vengono confermate da un'altra argomentazione sempre contenuta nell'epilogo dell'orazione a favore di Formione,

---

[42] Δίκην ἑλεῖν non potrebbe riferirsi, in alcun modo, a cosa diversa che alla condanna in senso sostanziale, dato il costante valore di questa espressione nella terminologia legale attica: ma, se qualche infondato dubbio potesse sorgere, esso è definitivamente allontanato dall'aggettivazione τηλικαύτην, la quale non può riferirsi che all'accettazione, da parte dei giurati, dell'elevatissimo *timema* fissato da Apollodoro in 20 talenti. Del resto le traduzioni correnti del passo rendono con sicurezza tale significato: cfr. Gernet 1954, 220 («et, d'après Apollodore, il faudrait, par une condamnation si énorme, le ruiner injustement»). V. anche Huettner 1885, 88 («iudicio vincens, ut ille tanta multa condemnetur"). Meno incisiva, ma perché meno aderente alla struttura originaria del passo, la traduzione di Dareste 1875, II, 161 («c'est à lui qu'Apollodore intente un procès si formidable, c'est lui qu'il veut ruiner, contre tout droit»).

[43] Dubbi su di ciò, in una valutazione complessiva del paragrafo, non possono in effetti sorgere: l'ἐκβαλεῖν, che si raggiungerebbe mediante il δίκην ἑλεῖν, è chiaramente messo in connessione con la circostanza che i giudici dell'attuale processo si facciano raggirare dagli artifizi di Apollodoro (ἐὰν ... ἐξαπατῶσιν οὗτοι).

[44] Ciò può valere contro l'infondata e generica interpretazione di Beyer 1968, 162, che vede nel § 58 soltanto una *deinosis* dell'oratore (su di ciò cfr. più ampiamente, *infra*, in questo cap., p. 59 nt. 72).

svolgimento che acquista un valore particolare nel contesto di prove dove esso va ad inserirsi. Si tratta dei §§ 53 e 54 dell'*or.* 36:

Ἀλλ' ἔγωγε μὰ τὸν Δία καὶ θεοὺς πανταχῇ σκοπῶν οὐδὲν ὁρῶ, δι' ὅ τι ἂν σοὶ πεισθέντες τουδὶ καταψηφίσαιντο. τί γάρ; ὅτι πλησίον ὄντων τῶν ἀδικημάτων ἐγκαλεῖς; ἀλλ' ἔτεσι καὶ χρόνοις ὕστερον αἰτιᾷ. ἀλλ' ὅτι τοῦτον ἀπράγμων ἦσθα τὸν χρόνον; καὶ τίς οὐκ οἶδεν ὅσα πράγματα πράττων οὐ πέπαυσαι, οὐ μόνον δίκας ἰδίας διώκων οὐκ ἐλάττους ταυτησί, ἀλλὰ δημοσίᾳ συκοφαντῶν καὶ κρίνων τίνας οὔ; οὐχὶ Τιμομάχου κατηγόρεις; οὐχὶ Καλλίππου τοῦ νῦν ὄντος ἐν Σικελίᾳ; οὐ πάλιν Μένωνος; οὐκ Αὐτοκλέους; οὐ Τιμοθέου; οὐκ ἄλλων πολλῶν; καίτοι πῶς ἔχει λόγον σέ, Ἀπολλόδωρον ὄντα, πρότερον τῶν κοινῶν, ὧν μέρος ἠδικοῦ, δίκην ἀξιοῦν λαμβάνειν, ἢ τῶν ἰδίων ὧν νῦν ἐγκαλεῖς, ἄλλως τε καὶ τηλικούτων ὄντων, ὡς σὺ φῄς; τί ποτ' οὖν ἐκείνων κατηγορῶν τόνδ' εἴας; οὐκ ἠδικοῦ, ἀλλ' οἶμαι συκοφαντεῖς νῦν. ἡγοῦμαι τοίνυν, ὦ ἄνδρες Ἀθηναῖοι, πάντων μάλιστ' εἰς τὸ πρᾶγμ' εἶναι τούτων μάρτυρας παρασχέσθαι· τὸν γὰρ συκοφαντοῦντ' ἀεὶ τί χρὴ νομίζειν νῦν ποιεῖν;

E' indubbio che Demostene, in questi paragrafi, si riferisca all'attuale processo ed argomenti in ordine ad esso: egli sostiene che Apollodoro non ha alcuna valida motivazione per ottenere dai giudici il καταψηφίζεσθαι di Formione, ed ossia – per impiegare un termine volutamente generico – una sentenza sfavorevole a costui. Questa argomentazione viene successivamente sviluppata soffermandosi sul grande ritardo con cui il figlio di Pasione aveva fatto valere le sue pretese, e su questo punto si conclude con l'affermazione che, a base dell'azione, non è un ἀδικεῖσθαι ma un συκοφαντεῖν di Apollodoro: e ciò, del resto, è facilmente provato dalla circostanza che egli non è la prima, ma l'ennesima volta che agisce da sicofante.

Qual è il valore di καταψηφίζεσθαι in siffatto contesto? Interpreti di Demostene non certo digiuni di diritto l'hanno reso con termini che indicano una sentenza sfavorevole al convenuto in senso sostanziale, e cioè praticamente con «condannare».[45] Possiamo ritenere probabile questa interpretazione?

A questo proposito non bisogna nascondersi l'obbiezione, piuttosto spontanea, che καταψηφίζεσθαι potrebbe anche assumere un valore generico di «pronunciare in senso sfavorevole» – nel caso contro Formione – e quindi essere stato adoperato da Demostene per indicare una sentenza sfavorevole al proprio cliente, ma con effetti esclusivamente procedurali. Già dal punto di vista terminologico l'obbiezione non

---

[45] Cfr. Dareste 1875, II, 162: «je ne vois rien que tu puisses faire valoir pour déterminer les juges à condamner Phormion»; Gernet 1954, 221: «je ne vois pas par quel argument tu pourrais persuader les juges de condamner Phormion» (per questo autore ciò è tanto più importante, perché egli sostiene che si tratterebbe qui di una di quelle azioni che, per non essere *emmenoi*, darebbero luogo, in seguito all'opposizione della *paragraphe*, alla bipartizione del processo: cfr. Gernet 1954, 206 nt. 1, e, precedentemente, Gernet 1939 in Gernet 1964, 118 nt. 4); più cauta, invece, la traduzione di A.T. Murray, *Demosthenes*, IV, *Private Orations* XXVII-XL, London – Cambridge (Mass.) 1946, 218: «I can see no reason why the jury should be induced by you to give a verdict against the defendant».

mi sembra da accettare.[46] Ma questi dubbi sull'effettivo valore di tale obbiezione vengono poi, definitivamente, avvalorati dalla considerazione del contesto in cui Demostene, *or*. 36. 53, si situa, e che ho già brevemente illustrato.

L'argomentazione di Demostene è tutta incentrata sul profilo sostanziale. Egli vuole dimostrare, con l'argomento del ritardo nella proposizione dell'azione, la mala fede dell'attore: e ciò trova il più netto riscontro nella terminologia adoperata. Apollodoro mette in atto, in questo processo, un συκοφαντεῖν, che deriva dal fatto di aver agito senza che gli sia stata apportata da Formione una lesione patrimoniale (οὐκ ἠδικοῦ): già di per sé συκοφαντεῖν – per quanto possiamo sapere – è sempre riferito, nella terminologia dei discorsi paragrafici, all'aspetto sostanziale dell'azione e non a quello procedurale della sua inammissibilità, dell'esser οὐκ εἰσαγώγιμος la δίκη:[47] ciò che qui viene ribadito dalla stretta connessione, anzi dalla dipendenza, in

[46] Ritengo si debba riconoscere – nel linguaggio giudiziario attico – il valore tecnico di καταψηφίζεσθαι, e degli altri verbi egualmente composti, nel senso di «condannare», nonché dei verbi similari, composti con ἀπό, nel senso di «assolvere». Ciò non escluderebbe, in astratto, la possibilità che Demostene, nel nostro passo, adoperasse in senso traslato il verbo per indicare una sentenza sfavorevole al convenuto ma con effetti soltanto procedurali, sfruttando il significato generico – in cui si ricomprende il valore specifico di καταψηφίζεσθαι – di emanare una decisione contraria al convenuto stesso. Ciò, in sé piuttosto inverisimile, è reso a mio avviso ancora più problematico dalla circostanza che, per indicare il profilo procedurale della sentenza in un giudizio paragrafico (in cui, come *thema decidendum*, è sempre questione della procedibilità dell'azione) le fonti usano una fraseologia diversa da quella usata in Demostene, *or*. 36. 53.

[47] Naturalmente qui rileva l'uso del verbo, e dei sostantivi connessi, per quanto concerne i discorsi paragrafici. Senz'entrare in un'esposizione di dettaglio dei singoli passi, che sarebbe sicuramente inutile, basti ricordare come, in nessuno dei luoghi in cui tale terminologia è adoperata nei *logoi paragraficoi* del *corpus Demosthenicum*, essa si possa riferire esclusivamente al profilo, per così dire procedurale, dell'esercizio di un'azione di cui si controverta se sia o no *eisagogimos*, e conseguentemente paralizzabile con la *paragrafe*. Quelli che, invece, interessano qui particolarmente sono i passi in cui sembra contrapporsi il συκοφαντεῖν, inteso come proporre un'azione infondata dal punto di vista sostanziale, all'improcedibilità dell'azione. Essi si trovano appunto – al di fuori del nostro § 53 – nell'orazione demostenica a favore di Formione. Si tratta di Demostene, *or*. 36. 3: ἐξ ὧν εὖ οἶδ' ὅτι ἥ τε τούτου συκοφαντία φανερὰ γενήσεται, καὶ ὡς οὐκ εἰσαγώγιμος ἡ δίκη γνώσεσθ' ἅμα ταῦτ' ἀκούσαντες e 4: συκοφαντοῦντος τούτου καὶ παρὰ τοὺς νόμους δικαζομένου, nel qual ultimo testo il *kai* contrappone e non unisce, come fa fede il § 3. Né una smentita di ciò può trovarsi nel particolare taglio di [Demostene], *or*. 33. 2, che è giustificato dalla circostanza che il fatto costitutivo del συκοφαντεῖν, l'inesistenza del rapporto sostanziale, non può non concretare anche un συκοφαντεῖν, ossia l'esercizio di una pretesa materialmente infondata. Una constatazione eguale a quella fatta per il *corpus Demosthenicum* può venir avanzata per l'altro discorso da prendere in considerazione a questo proposito, e cioè Isocrate, *or*. 18 (dato che nell'*or*. 23 di Lisia nulla si trova). Anche qui non può cogliersi un uso di συκοφαντεῖν che abbia relazione con il solo aspetto procedurale dell'azione: anzi nel § 37 può forse riscontrarsi una contrapposizione fra la natura sostanziale, per così dire, del συκοφαντεῖν stesso, e quell'*epobelia*, che è

cui la sicofantia di Apollodoro è posta con l'οὐκ ἀδικεῖσθαι. Il καταψηφίζεσθαι di Formione va quindi respinto, nel pensiero di Demostene, in base al fatto che l'azione di Apollodoro costituisce un συκοφαντεῖν: esso è dunque strettamente connesso con l'aspetto sostanziale dell'azione di costui.

E' facilmente prevedibile il rilievo critico che potrebbe esser fatto a questa valutazione dei §§ 53-54 in questione: tutte le considerazioni che sono state qui svolte non inciderebbero sulla possibilità di conciliare questi passi con l'opinione tradizionale sulla bipartizione del processo in seguito all'opposizione della *paragrafe*, in quanto i riferimenti al c.d. merito della causa non debbono essere considerati che come argomentazioni di contorno, mentre il *thema decidendum* versato nell'ἀγών processuale, in questa prima fase del processo, era soltanto quello della procedibilità o meno dell'azione.[48] Si tratta, indubbiamente, di un profilo che è doveroso prender in considerazione, soprattutto perché, anche a mio modo di vedere, nel processo paragrafico, inteso come ἀγών fra ἔγκλημα e *paragrafe*, si veniva ad avere una restrizione del *thema decidendum* al fatto dedotto a sostegno dell'eccezione di improcedibilità dell'azione.

La valutazione dell'insieme dell'epilogo dell'orazione per Formione ai fini dell'individuazione del modo con cui, nella prassi giudiziaria attica, si sentiva la restrizione del *thema decidendum* nel processo paragrafico sarà fatta più innanzi: qui vorrei soltanto osservare che un'obbiezione del genere di quella dianzi prospettata si rivelerebbe, ad un minimo di approfondimento, inguaribilmente astratta. Chi voglia rileggere i §§ 49-62 dell'*or.* 36 di Demostene, vedrà che tutto l'epilogo è incentrato, sostanzialmente e terminologicamente, sulla negazione dei fatti costitutivi dell'azione intentata da Apollodoro, e cioè sul c.d. merito della causa, quando non verta sulla personalità delle parti contrapposte. Si va dal δίκην ἑλεῖν del § 49 al καταψηφίζεσθαι del § 53, situato, come dicevo, nel contesto di un'argomentazione sostanziale, alla perorazione di carattere definitivo dei §§ 58-59, 61: l'ἄφεσις καὶ ἀπαλλαγή, l'effettivo *thema decidendum* della causa, è ricordata, vorrei dire *per incidens*, nel § 60, in una connessione che, d'altra parte, è del tutto favorevole alla valutazione qui prospettata.[49] A mio avviso tutto ciò, da una parte, indica e, dall'altra parte, può spiegarsi soltanto ammettendo che, comunque configurato l'ἀγών processuale in ordine all'oggetto del giudizio, la sentenza dei giudici eliastici vertesse, in

strettamente legata con il mezzo tecnico della *paragrafe* adoperato per far valere l'estinzione dell'azione derivante dall'amnistia.

48 Che qui è basata sull'ἄφεσις καὶ ἀπαλλαγή.

49 In quanto, nello stesso § 60, si richiama l'attenzione dei giudici sul fatto che Apollodoro, nella sua arringa, dovrà attenersi ai fatti di causa, mescolando insieme circostanze che rientrano nell'ambito della *paragrafe* effettivamente opposta, circostanze che sarebbero potuto dedursi dalla paragrafe stessa, ma non lo sono state (come la προθεσμία), e circostanze che invece attengono al c.d. merito della causa (su tutto ciò cfr. *infra*, in questo cap., p. 88).

effetti, sul merito anche della causa, e potesse eventualmente portare alla condanna del convenuto al τίμημα proposto dall'attore.

3. *Segue. Analisi degli altri discorsi del 'corpus Demosthenicum'.*

Nelle altre παραγραφαὶ ὑπέρ τινος si possono cogliere ulteriori attestazioni in questo senso. Viene anzitutto in considerazione lo squarcio di carattere perorativo contenuto in [Demostene], *or.* 33. 31, anche se qui non ci troviamo in sede di perorazione finale:

Ἀλλὰ μὴν καὶ ὡς ἀπηγόρευεν ὁ Παρμένων τῷ Ἀριστοκλεῖ καθ' αὐτοῦ μὴ γιγνώσκειν ἄνευ τῶν συνδιαιτητῶν, μεμαρτύρηται ὑμῖν. ὅταν δὴ ὁ αὐτὸς ἠφανικὼς φαίνηται τὰ γράμματα καθ' ἃ ἔδει τὴν δίαιταν γενέσθαι, καὶ ἄνευ τῶν συνδιαιτητῶν παρὰ τὴν ἀπόρρησιν φῇ δεδιῃτηκέναι, πῶς ἂν τούτῳ τῷ ἀνθρώπῳ πιστεύσαντες δικαίως ἐμὲ ἀπολέσαιτε;

E, nello stesso contesto, va rilevata la testimonianza, di carattere terminologico, del § 34:

τίς οὕτως ὠμός ἐστιν ἀντίδικος ἢ διαιτητὴς ὃς οὐκ ἂν ἀνεβάλετο εἰς τὸ ἐπιδημῆσαι τὸν ἄνθρωπον; εἰ δὲ ὁ Παρμένων εἰς λόγον καταστὰς πανταχοῦ δικαιότερ' ἂν φαίνοιτο λέγων τούτου, πῶς ἂν ὀρθῶς ἐμοῦ καταγιγνώσκοιτε, ᾧ τὸ παράπαν πρὸς τὸν ἄνθρωπον τουτονὶ μηδὲν συμβόλαιόν ἐστιν;

Si tratta qui, come accennavo,[50] di un'argomentazione, la quale si estende per i §§ 31-34, e riguarda una difesa, quella del mancato verificarsi del *casus fideiussionis*, che era rimasta fuori dalla *paragrafe*. Nel § 31 l'oratore discute della sparizione dell'atto originario di compromesso, e raffigura – ai giudici – come conseguenza di una sentenza favorevole all'attore la rovina del convenuto:[51] l'espressione adoperata – se indubbiamente meno precisa nel senso qui perseguito delle altre precedentemente viste – non può certo ritenersi allusiva soltanto alle conseguenze che poteva avere per il παραγραψάμενος, la soccombenza sulla questione pregiudiziale della procedibilità dell'azione. Ciò può affermarsi nonostante si trattasse qui di una *paragrafe* basata sull'εἶναι συμβόλαιον, soprattutto tenendo conto della linea difensiva assunta dal convenuto, che aveva specificato il fondamento della *paragrafe* stessa sul non esser sorto il rapporto di garenzia, in base al quale veniva azionato, e non sul non essersi verificato l'inadempimento da parte sua di una garenzia regolarmente assunta. Onde non si può pensare che il logografo avesse adottato un tale atteggiamento, proprio in relazione ad una struttura del motivo dell'eccezione d'improcedibilità che escludesse per lui, di fatto se non di diritto, qualsiasi ulteriore difesa.[52]

---

[50] Cfr. *supra*, in questo cap., p. 39 nt. 18.

[51] Anche troppo precisa, forse, nel senso da me propugnato, la traduzione di Gernet 1954, 144: «dès lors, comment pourriez-vous me condamner justement sur la foi de cet homme?», nonché già la traduzione di Dareste 1875, I, 211, pressoché equivalente.

[52] Su questo profilo cfr., *infra*, in questo cap., p. 66 ss.

Le considerazioni sin qui fatte trovano conferma nel rilievo terminologico che si può compiere a proposito del § 34, il quale conchiude l'argomentazione di cui si è già detto. Il logografo fa valere qui un motivo di equità: l'arbitro Aristocle aveva condannato in contumacia Parmenonte, il quale si era dovuto allontanare da Atene in seguito al perimento della moglie e dei figli in un terremoto che aveva colpito Ofrinio, la città della Troade di cui era originario e dalla quale era stato bandito ([Demostene], *or.* 33. 20). Sul valore semantico del verbo καταγιγνώσκειν in questo contesto non è dato di dubitare, almeno per quanto concerne il suo riferirsi all'attività decisoria del giudice.[53] Rimane però sempre aperto il problema se con esso l'oratore volesse eventualmente riferirsi ad una sentenza con esclusivi effetti procedurali, sfruttando quell'area di significato del verbo stesso, la quale, più genericamente che il valore specifico di «condannare» e quale presupposto necessario di questo, indicava una sentenza che, come specificamente lo era quella di condanna, tornava a svantaggio del convenuto.

Questa possibilità, che non può escludersi in astratto, appare in concreto, almeno a mio giudizio, assai poco verisimile. Va anzitutto ancora ricordato che non si può positivamente dimostrare che καταγιγνώσκειν – come del resto gli altri verbi di analoga composizione – abbia mai assunto un tale significato, ché anzi si può invece trovare l'attestazione dell'uso di tale verbo, in relazione alla sentenza da emettersi nel processo paragrafico, in un senso che letteralmente deve anche riferirsi ad una decisione che coinvolga il c.d. merito della causa (in modo sfavorevole al convenuto).[54] D'altra parte il valore sostanziale, e non procedurale, del καταγιγνώσκοιτε è assicurato, in linea principale, dalla connessione in cui si trova l'attestazione del § 34 con l'affermazione, di cui si è già detto, del § 31, in cui il risultato del processo in senso sfavorevole al convenuto è chiaramente rappresentato come quello che incide sulla posizione sostanziale dello stesso: e, ulteriormente, dalla circostanza che, proprio nel § 33, καταγιγνώσκειν è usato ad indicare la condanna di Parmenonte ad opera dell'arbitro Aristocle, pur se in una diversa costruzione grammaticale.[55]

Va infine ricordato che tutta l'argomentazione del convenuto si riferisce, in questo contesto, ad una difesa che, per sua stessa ammissione,[56] rimane extraparagrafica; e, proprio nel § 34, quello che si mette a raffronto è una difesa che Parmenonte non avrebbe potuto far valere, nel giudizio arbitrale, se non ai fini di

---

[53] D'altra parte la costruzione di καταγιγνώσκειν con il genitivo di persona assume, nell'uso attico dell'epoca, praticamente il solo significato di «condannare»: in [Lisia], *or.* 2. 46, dove significa «disperare (della libertà)», esso è costruito con un genitivo di cosa, e si tratta di un caso del tutto isolato, il quale non può, conseguentemente, fornire spunto per una diversa valutazione del nostro passo.

[54] Cfr. Isocrate, *or.* 18, 16 e 65, di cui si è detto *supra*, in questo cap., p. 45 n. 38.

[55] E cioè col genitivo della persona contro cui si pronuncia e l'accusativo che indica il provvedimento preso contro di essa, nel caso una decisione arbitrale: ὁ τὰς συνθήκας ἠφανικὼς ἐρήμην αὐτοῦ ἐν τῇ ἀποδημίᾳ κατέγνω τὴν δίαιταν.

[56] Cfr. i §§ 28-29, su cui v. *infra*, in questo cap., p. 67 ss.

un'assoluzione in senso sostanziale, e l'impossibilità che i giudici pervengano, nell'attuale processo, al καταγιγνώσκειν del convenuto.

Al di fuori della perorazione finale si trova altresì [Demostene], *or*. 32. 23, testo che si situa in una connessione di particolare importanza ai fini della soluzione del problema della struttura del processo paragrafico, e su cui avrò quindi occasione di tornare più avanti:[57]

πῶς γὰρ οὐκ αἰσχρὸν καὶ δεινὸν ἂν γένοιτο, εἰ Κεφαλλῆνες μέν, ὅπως τοῖς Ἀθηναίοις σωθῇ τὰ χρήματα, δεῦρο πλεῖν τὴν ναῦν ἔκριναν, ὑμεῖς δ' ὄντες Ἀθηναῖοι τὰ τῶν πολιτῶν τοῖς καταποντίσαι βουληθεῖσιν δοῦναι γνοίητε, καὶ ἃ μὴ καταπλεῖν ὅλως οὗτος δεῦρ' ἔπραττεν, ταῦτ' εἰσαγώγιμα τούτῳ ψηφίσαισθε; μὴ δῆτ', ὦ Ζεῦ καὶ θεοί.

Come accennavo, m'intratterrò più avanti sul parallelismo che si instaura, nel passo, fra il δοῦναι γνοίητε e l'εἰσαγώγιμα τούτῳ ψεφίσαισθε: a me sembra qui sufficiente di rilevare la precisa identificazione – in un'argomentazione d'indubbio carattere perorativo, anche se fuori dal vero e proprio epilogo – del contenuto della sentenza dei giudici eliastici nel processo paragrafico con una statuizione di carattere sostanziale quale, al di là di ragionevoli dubbi, è il δοῦναι γνοίητε. D'altra parte, lo stato in cui è pervenuta l'orazione, mutila nella parte finale, impedisce di poter accertare se, nell'epilogo, si trovasse, o meno, una perorazione del tipo di quelle di Demostene, *or*. 36 e 38, nonché di Isocrate, *or*. 18, di cui il § 23 non costituirebbe dunque se non un'anticipazione.

Rimane l'orazione contro Panteneto (Demostene, *or*. 37). Si tratta forse, per le παραγραφαί ὑπέρ τινος, dell'accenno più rapido – ma, d'altra parte, particolarmente significativo, perché estremamente preciso dal punto di vista terminologico – alle conseguenze sostanziali di una sentenza sfavorevole al convenuto che abbia sollevato l'eccezione d'improcedibilità. Mentre in quest'orazione la perorazione finale è incentrata sulla transazione che stava a base della *paragrafe*, e sul valore sociale della norma che impone il rispetto di questo tipo di accordi ovunque essi si verifichino, nel contesto di una contrapposizione fra la personalità del convenuto Nicobulo e dell'attore Panteneto, in cui Demostene cerca di superare il pregiudizio che taluni, o molti, dei giudici potevano avere nei confronti del «capitalista» Nicobulo, l'oratore fa dire a quest'ultimo, nel mentre egli si scusa di alcuni suoi involontari atteggiamenti esteriori: ἀλλὰ τί χρὴ παθεῖν; ἂν τῷ δεῖνι δανείσω, διὰ ταῦτα δίκην προσοφλεῖν; μηδαμῶς (Demostene, *or*. 37. 56).

Anche qui l'accenno ad un contenuto sostanziale della sentenza eventualmente sfavorevole al convenuto è del tutto garentito dalla terminologia usata da Demostene: δίκην (προς)οφλεῖν è il *terminus technicus* per indicare la situazione in cui si viene a trovare il convenuto che, in seguito alla sentenza di condanna, deve la

57 Cfr. *infra*, in questo cap., p. 111 ss., dove il passo è riportato.

τίμησις alla quale è stato condannato.[58] Un tentativo di voler connettere l'uso di questa terminologia alla circostanza che, respinta la *paragrafe*, il convenuto sarebbe stato condannato nel successivo processo sul c.d. merito della causa, mi sembra del tutto disperato dal punto di vista di un'esegesi del contesto e tale da costituire una vera e propria forzatura del passo ai fini di un'interpretazione il cui risultato sia precostituito.

Quanto detto dianzi trova riscontro nella parte finale del § 2 della stessa orazione. Siamo nel proemio, e dopo aver giustificato, nel § 1, la scelta della *paragrafe*,[59] Nicobulo avanza il '*topos*' piuttosto diffuso nella retorica giudiziaria dell'epoca, per cui la prova che Panteneto non avesse alcun diritto da far valere si deve trovare nel fatto che non ha agito subito dopo aver subito i torti che adesso adduceva. Qui s'inserisce lo svolgimento che interessa dal punto di vista della ricostruzione del processo paragrafico:

ἐπειδὴ δ' οὐδὲν ἠδικημένος, ὡς καὶ ὑμεῖς οἶδ' ὅτι φήσετε, ἐπειδὰν τὰ πεπραγμέν' ἀκούσητε, τῷ κατορθῶσαι τὴν πρὸς Εὔεργον δίκην ἐπηρμένος συκοφαντεῖ, ὑπόλοιπόν ἐστι παρ' ὑμῖν, ὦ ἄνδρες δικασταί, ἐπιδείξανθ' ὡς οὐδ' ὁτιοῦν ἀδικῶ, καὶ μάρτυρας ὧν ἂν λέγω παρασχόμενον, πειρᾶσθαι σῴζειν ἐμαυτόν.

Non voglio prendere qui in considerazione il carattere della prova offerta al § 2, come prova che verta sul merito della causa:[60] quello che va però sottolineato è il collegamento fra tale prova e la richiesta, che viene rivolta indirettamente ai giudici eliastici, di σῴζειν il convenuto. Questa istanza potrebbe apparire, sotto il profilo

---

[58] D'altro canto il valore semantico dell'espressione δίκην ὀφλεῖν è tale che una simile espressione non può venir piegata ad indicare la soccombenza sulla questione pregiudiziale, che sarebbe la conseguenza della perdita del processo paragrafico da parte del convenuto, secondo l'opinione tradizionale sulla struttura di quest'ultimo: essa, infatti, indica la circostanza di carattere sostanziale, del diventare debitori per il *timema* fissato dall'attore, avendo δίκη in questa connessione il significato, diffuso, di ammontare della condanna. D'altro canto l'uso del verbo composto (προς)οφλεῖν al posto del semplice ὀφλεῖν, comunemente adoperato, non ha rilevanza al riguardo, in quanto l'uso del preverbo πρός, che ha qui il valore di «inoltre», trova la sua ragione nella circostanza che Demostene voleva sottolineare il carattere paradossale della situazione di Nicobulo, il quale, dopo aver dato a prestito i suoi denari, correva il rischio di essere, per di più, esposto ad una condanna (cfr. l'esatta traduzione di Gernet 1954, 246: «Sera-ce une raison pour être condamné par-dessus le marché, quand j'aurai prêté à tel ou tel?»).

[59] Su Demostene, *or.* 37. 1, cfr. *infra*, in questo cap., p. 69 ss.

[60] E' il motivo questo dominante dei §§ 1-3: per il § 1, basti il rinvio di cui alla nota precedente; per il § 3 – a parte il προσέχειν ὅλῳ τῷ πράγματι τὸν νοῦν (su cui cfr. *infra*, in questo cap., p. 77 nt. 135) – il ricordo dell'azione di Panteneto come la δίκη ἀναιδεστέρα καὶ συκοφαντικωτέρα, immediatamente connesso con l'introduzione della *narratio* che chiude il paragrafo. Ma, d'altro canto, va notato come sia proprio nell'*or.* 37 che Demostene esprime – al § 21 – con tutto il possibile rigore la distinzione tra i fatti relativi alla *paragrafe*, e direttamente rientranti nell'attuale giudizio, e gli altri (su ciò cfr. *infra*, in questo cap., p. 92 ss.).

che qui rileva, piuttosto generica: anche la dottrina tradizionale, infatti, ammette che l'accoglimento dell'eccezione, che avesse fatto valere una causa d'improcedibilità di portata sostanziale, impedisse il rinnovamento dell'azione,[61] e quindi – si potrebbe dire – il tribunale, accogliendo la παραγραφή di Nicobulo, basata sull'ἄφεσις καὶ ἀπαλλαγή, lo avrebbe definitivamente posto al riparo dalle pretese di Panteneto. Una situazione del genere non riesce però a giustificare l'uso del verbo σῴζειν: esso, anzitutto, non può non far pensare, come al suo contrapposto, che ad un ἀπόλλυναι – per usare la terminologia di [Demostene], *or*. 33. 31 – e soltanto, si può dire, in questa contrapposizione si realizza il 'pathos' che in esso è insito. E, d'altra parte, proprio nell'insistere sull'infondatezza, nel merito, delle pretese attrici, che si può cogliere come filo conduttore dei §§ 1-3, il drammatico appello al σῴζειν nell'attuale processo costituirebbe – ed è motivo d'ordine più generale[62] – una sottile contraddizione nella posizione assunta dal convenuto. Per tacere, infine, del reciproco sostegno che si danno – nel contesto della stessa orazione – il § 56, già visto, ed il nostro § 2.

Tutti gli spunti che si son fin qui esaminati circa il modo con cui gli oratori attici si raffiguravano la sentenza sfavorevole al convenuto nel processo paragrafico e circa la terminologia che adoperavano a tale proposito, provengono da discorsi pronunciati a favore del convenuto che ha eccepito l'improcedibilità dell'azione. Il materiale che possiamo ritrovare nei λόγοι πρὸς τὴν παραγραφήν, di cui forniscono esempi – per un'eccezione d'inammissibilità dell'azione basata sull'assenza del συμβόλαιον Ἀθηνῆθεν ἢ Ἀθήναζε in relazione a una δίκη ἐμπορική – le *or*. [34] e [35] del *corpus Demosthenicum*[63] è assai meno rilevante. Il passo più significativo rimane [Demostene], *or*. 35. 56:[64]

---

[61] Su ciò cfr. *supra*, cap. I, p. 12 s.

[62] Cfr. *infra*, in questo cap., p. 58 s.

[63] Nessuno spunto può trovarsi, ai fini della discussione qui svolta, nell'*or*. 23 di Lisia: sui particolari aspetti di essa in ordine alla struttura del processo paragrafico, cfr. *infra*, in questo cap., p. 106 ss.

[64] Il testo è, nell'inciso ὑμῶν δεόμεθα – τοῖς ἀδικουμένοις, ricordato anche da Paoli 1933b, 112. La traduzione che ne dava l'atticista fiorentino («vi preghiamo di riparare il torto che abbiamo ricevuto») è palesemente tendenziosa (non rende esattamente la portata del testo greco nemmeno Gernet 1954, 198: «c'est pourquoi nous vous demandons votre aide: faites-nous justice, punissez...», dove non è rispettata la periodizzazione dell'originale). D'altro canto il Paoli, il quale non ricordava la concorrente perorazione di [Demostene], *or*. 34. 52, proponeva, a sostegno della sua ipotesi, una valutazione complessiva dell'orazione contro Lacrito, mettendo a confronto col § 56 il § 2, dove si parla delle *paragrafai* «solo come di cavilli e di prestiti», mentre nel paragrafo finale l'attore conchiuderebbe «chiedendo il riconoscimento dei propri diritti». Sul valore della terminologia usata nel § 56 dirò nel testo: qui basti ricordare che né il § 2, in sé considerato, può esser positivamente valutato come indizio per la pronuncia, alla fine del processo paragrafico, di una sentenza in senso sostanziale ai danni del convenuto, né ciò si può ricavare dal confronto instaurato dal Paoli, il quale, del resto, non motivava più circostanziatamente la propria opinione.

ταῦτα ἡγούμεθα δίκαια εἶναι, καὶ ὑμῶν δεόμεθα, ὦ ἄνδρες δικασταί, βοηθεῖν ἡμῖν τοῖς ἀδικουμένοις, καὶ κολάζειν τοὺς κακοτεχνοῦντας καὶ σοφιζομένους, ὥσπερ οὗτοι σοφίζονται. καὶ ἐὰν ταῦτα ποιῆτε, ὑμῖν τε αὐτοῖς τὰ συμφέροντα ἔσεσθε ἐψηφισμένοι, καὶ περιαιρήσεσθε τῶν πονηρῶν ἀνθρώπων τὰς πανουργίας ἁπάσας, ἃς ἔνιοι πανουργοῦσι περὶ τὰ συμβόλαια τὰ ναυτικά.

Ancora più sfumato, in relazione al problema qui discusso, è [Demostene], *or.* 34. 52, dove, continuando ad esporre le ragioni, già iniziate al § 51, che militano a favore dei capitalisti, che si portano mutuanti nei prestiti marittimi, il logografo afferma:

ἐν μὲν οὖν τοῖς νόμοις πολλαὶ καὶ καλαὶ βοήθειαί εἰσιν αὐτοῖς· ὑμᾶς δὲ δεῖ συνεπανορθοῦντας φαίνεσθαι καὶ μὴ συγχωροῦντας τοῖς πονηροῖς, ἵν' ὑμῖν ὡς πλείστη ὠφέλεια παρὰ τὸ ἐμπόριον ᾖ. ἔσται δέ, ἐὰν διαφυλάττητε τοὺς τὰ ἑαυτῶν προϊεμένους, καὶ μὴ ἐπιτρέπητε ἀδικεῖσθαι ὑπὸ τῶν τοιούτων θηρίων.

Si tratta, in entrambi i casi, del paragrafo conclusivo dell'orazione, in cui l'oratore esprime, per l'ultima volta, ai giudici il suo *petitum*: ci si trova, cioè, nello stesso contrasto, in cui, nelle παραγραφαὶ ὑπέρ τινος, si sono viste, pur con diversi atteggiamenti e con diversa ampiezza, le c.d. perorazioni definitive. Qui la terminologia usata dal logografo, la sostanza di quanto egli dice, è, palesemente, meno o per nulla espressiva della rappresentazione che egli si faccia della sentenza, che i giudici eliastici stanno per pronunciare, come di quella che possa portare ad un risultato sfavorevole, dal punto di vista sostanziale, al convenuto che ha sollevato l'eccezione d'improcedibilità, e cioè ad una condanna di quest'ultimo.

L'unico accenno che si possa cogliere, e che si riferisca forse, in qualche modo, ad un contenuto sostanziale della sentenza sfavorevole al convenuto, è nel κολάζειν di [Demostene], *or.* 35. 56. La terminologia adoperata, invece, in [Demostene], *or.* 34. 52, potrebbe ben adattarsi, oggettivamente, anche ad una sentenza che statuisse, a favore dell'attore, soltanto sulla procedibilità dell'azione. Né, d'altro canto, il κολάζειν potrebbe da solo sostenere la parte d'indizio a favore della configurabilità di una sentenza sostanziale a sfavore del convenuto, e quindi di condanna, come una delle due possibili alternative in cui può sfociare il processo paragrafico: anche se non si può mancare di rilevare che esso meglio s'inquadra in tale ipotesi, che però venga altrimenti più concretamente provata.

Appare opportuno, a questo punto, cercare di spiegare la particolare caratteristica qui enucleata nei discorsi pronunciati contro l'eccezione d'improcedibilità. A me sembra particolarmente rilevante una constatazione.[65] Il richiamo alla benevolenza dei giudici – ed anche l'uso di espressioni tipiche a questo proposito, come βοηθεῖν e βοήθεια – si ritrovano in giri di frase piuttosto simili nelle perorazioni *ex latere*

[65] Non insisterei invece molto, nonostante si tratti – per le *or.* [34] e [35] – di due discorsi sicuramente pseudodemostenici, sulla circostanza che le c.d. perorazioni definitive si trovino soprattutto in orazioni genuine, come l'*or.* 36 e 38, mentre esse sono assai ridotte, e, fuori dell'epilogo, nell'*or.* [33] pseudodemostenica (per l'*or.* [32] non si è in grado di esprimere un giudizio per l'assenza – nella nostra tradizione manoscritta – dell'epilogo).

actoris contenute nel *corpus Demosthenicum*,[66] e si riscontrano puntualmente anche in [Demostene], *or*. 34. 52, e 35. 56. Non si tratta, nel nostro caso, che di una trasposizione ai λόγοι πρὸς τὴν παραγραφήν del formulario proprio dei discorsi d'accusa. D'altra parte è più che giustificato che, in simili contesti, l'oratore non accenni alle conseguenze di carattere sostanziale che possono colpire il convenuto: e, per passare ad un diverso profilo, di cui si dirà immediatamente appresso,[67] la definitività della sentenza per l'attore potrebbe anche derivare da considerazioni di carattere diverso dall'unicità del processo nonostante la proposizione di una *paragrafe*.[68]

Il trasporto di questo schema e di questa impostazione nei discorsi πρὸς τὴν παραγραφήν può spiegare l'assenza, in questi, di quegli accenni al carattere definitivo, sostanziale, dell'esito del processo, che invece si riscontrano nelle παραγραφαὶ ὑπέρ τινος. D'altra parte bisogna avvertire che la genericità di questa impostazione, sia dal punto di vista sostanziale sia dal punto di vista terminologico, impedisce di cogliere in questa trasposizione un indizio, di per sé decisivo, a favore del potersi conchiudere il processo paragrafico con una sentenza definitiva nei due sensi,[69] anche se questa identità di struttura dei discorsi giudiziari, sia pronunciati in εὐθυδικία sia detti nel processo paragrafico, possa indubbiamente esser tenuta presente in un più ampio contesto di valutazione della posizione delle parti in quest'ultimo tipo di procedimento.[70] Ma, se quanto possiamo ricavare dai λόγοι πρὸς τὴν παραγραφήν non fornisce, forse, un indizio di autonoma rilevanza nel senso qui voluto, è da ribadire che esso non pone in dubbio, d'altra parte, i risultati che si erano raggiunti nella valutazione delle παραγραφαὶ ὑπέρ τινος.

4. *Valutazione dei dati enucleati dai paragrafi precedenti.*

Bisogna, adesso, prendere in considerazione nel loro insieme i dati che si sono venuti raccogliendo nelle pagine che precedono. Ho ricordato precedentemente[71] come già U.E. Paoli ebbe, per alcune di queste attestazioni delle fonti, a sottolinearne il valore probatorio a sostegno della possibilità che, nel processo paragrafico, venisse

---

[66] Cfr., ad es., Demostene, *or*. 27. 68; [40]. 61; [47]. 79; [49]. 68.

[67] Cfr. *infra*, in questo cap., § 4.

[68] E cioè nel senso della irrepetibilità dell'azione, in base al divieto del *ne bis in idem*, anche nel caso di proscioglimento per motivi procedurali. D'altro canto si noti come nelle perorazioni *ex latere actoris*, spesso, come ad es. nel già ricordato Demostene, *or*. 27. 68, non si ponga un espresso collegamento fra la richiesta della benevolenza del giudice e i risultati svantaggiosi che una decisione contraria possa avere per lui sul piano sostanziale, ché ciò viene facilmente sottinteso. Da questo punto di vista, proprio nella genericità della loro terminologia, nulla osterebbe a che [Demostene] *or*. 34. 52 e 35. 56, si trovassero a chiusura di normali discorsi a sostegno dell'*enklema*, pronunciati in *euthydikia*, e non nel corso di un procedimento paragrafico.

[69] Tenendo presente quanto si è accennato nella nota precedente in ordine ad una possibile diversa valutazione della definitività per l'attore e per il convenuto.

[70] Su ciò cfr. ampiamente, *infra*, in questo cap., p. 120 ss.

[71] Cfr. *supra*, in questo cap., p. 42.

pronunciata, nei confronti del convenuto, una sentenza dal contenuto sostanziale, quindi di condanna. Ma il compianto atticista si era, semplicemente, limitato a sottolineare come quelli che, secondo l'opinione allora tradizionale, sarebbero stati gli effetti del processo paragrafico non giustificassero l'atteggiamento preso in questi passi da parte del convenuto che avesse sollevato l'eccezione d'improcedibilità.

Già la disamina fatta nei due paragrafi che precedono mostra come le questioni che si possono prospettare in ordine agli spunti che in tal senso si sono riscontrati nella nostra documentazione appaiano ben più complesse, e la valutazione così proposta non possa quindi apparire sufficiente. Ma il discorso va ulteriormente approfondito. Non potrebbe, infatti, a prescindere dai dati terminologici, respingersi a priori l'obbiezione che le c.d. perorazioni finali fossero prospettate dal logografo in relazione a quello che egli poteva raffigurarsi come il risultato indiretto della soccombenza del suo cliente nel processo paragrafico, e cioè l'eventualità di una condanna sostanziale nella c.d. εὐθυδικία. Il rigetto della *paragrafe* non sarebbe che il primo passo verso quella condanna sostanziale che verrebbe pronunciata nel corso dell'ulteriore, e separata, fase processuale, in cui si sarebbe discusso del merito della causa.[72]

Ma un'obbiezione così formulata risulterebbe, ad un approfondimento della questione, priva di reale efficacia. Un primo profilo che rende del tutto improbabile questo modo di vedere si coglie nella considerazione che una presa di posizione di tal genere sarebbe sicuramente pregiudizievole nell'eventuale successiva fase del giudizio, ove fosse vera l'opinione sulla duplicità dei processi in seguito all'opposizione della *paragrafe*. In questa fase dedicata al merito della causa, la parte avversa, riuscita vittoriosa nel far respingere l'eccezione, ben potrebbe far valere contro il convenuto che, per le sue stesse parole, egli aveva posto tutto l'affidamento sulla *paragrafe*, prospettandosi addirittura come rovinato in seguito al rigetto di quest'ultima.[73] Non si tratta qui d'impostare un ragionamento giuridico,

[72] Beyer 1968, 162, in critica all'argomentazione di Paoli 1933b, 113, che si riferiva a Demostene, *or*. 36. 58: egli ritiene che si possa vedere, qui, una sorta di *deinosis*, «die darin besteht, dass Demosthenes, um Mitleid zu erwecken, die Gefahr, in der sich Phormion befand, schlimmer dargestellt hat, als sie in Wirklichkeit war. Ein ungünstiges Urteil über die Exceptionsklage hätte den Mandanten seinem vorgeblichen Ruin immerhin ein Stück weiter näher gebracht». Va appena sottolineato come questa interpretazione tenga isolatamente conto soltanto del § 58 – e Paoli già citava altri testi, seppur pochi – e rimanga di per ciò stesso limitata nella sua portata.

[73] Non era certo estraneo alla prassi giudiziaria ateniese il ricordare ai giudici, ai fini defensionali, un precedente processo e i fatti in esso avvenuti (quali possono essere, del resto, le posizioni difensive assunte dalle parti): cfr., ad es., Demostene, *or*. 30. 31-32; 31. 10, e, proprio in un discorso paragrafico, con riguardo ad una diversa *paragrafe* proposta l'anno precedente e ad un compromesso successivo, [Demostene], *or*. 34. 16-21. V. anche [Demostene], *or*. 47. 79, azione di falsa testimonianza, in cui si fa appello al ricordo dei giudici, che avevano seduto nel processo in cui la testimonianza impugnata era stata resa.

più o meno rigoroso, ma di valutare, dal punto di vista retorico, il pro e il contro di una certa linea di difesa: e se anche di una rigorosa impostazione tecnico-giuridica i logografi attici – non potendo fare riferimento ad una cosciente coeva elaborazione scientifica del dato normativo e pragmatico – non erano, in genere, né si mostravano capaci, di una tale valutazione retorica lo erano certamente.

Un secondo profilo riguarda la coerenza interna di tali discorsi. Si è già visto[74] che, quantunque forse in termini più modesti rispetto alla valutazione corrente, il convenuto che ha eccepito l'improcedibilità dell'azione si difende pure sul c.d. merito della causa, od almeno sostiene, anche senza un particolare impianto argomentativo, di aver ragione anche riguardo ad esso. Tenuto conto dell'ampiezza, che si è precedentemente riscontrata, del fenomeno delle c.d. perorazioni definitive, appare del tutto evidente che esso darebbe luogo ad un'intrinseca contraddittorietà all'interno del discorso paragrafico,[75] ove si seguisse l'opinione tradizionale sulla struttura del processo in seguito all'opposizione della *paragrafe*: in sostanza il convenuto, da una parte, verrebbe a sostenere dinanzi ai giudici eliastici di aver ragione anche sul merito della causa, dall'altra, prospettando come praticamente definitiva la sentenza che doveva chiudere la fase preliminare del processo, mostrerebbe come egli non avesse speranza alcuna per quanto concerne l'eventuale dibattito sul merito stesso, che si aprirebbe con il rigetto dell'eccezione d'improcedibilità.[76]

Un discorso così impostato sarebbe controproducente proprio dal punto di vista di quell'organizzazione retorica della difesa, che era il più vicino all'impostazione culturale dei logografi attici, a differenza di quanto non potesse essere, invece, non che la rigorosa delimitazione del problema giuridico, un approccio dello stesso che aspirasse a qualche tecnicità sistematica. E, fra l'altro, sarebbe una contraddizione inutile.

Gli spunti che precedono hanno tutto il loro valore per le *paragrafai* nelle quali si versasse una difesa di carattere sostanziale, come accade nell'*or.* 18 di Isocrate e

---

[74] Cfr. *supra*, in questo cap., p. 39 nt. 18.

[75] Tale contraddittorietà verrebbe, talora, accentuata dal fatto che la perorazione definitiva si situa nello stesso contesto in cui vengono ripetute argomentazioni relative al c.d. merito della causa (così per Demostene, *or.* 36. 58-59, in relazione al § 60, su cui cfr. *infra*, in questo cap., p. 88 n. 146), oppure si ritrovano nel mezzo di un'argomentazione che non è ricompresa nell'attuale *agon* processuale (come accade per [Demostene], *or.* 33. 31, che si inserisce in una trattazione relativa al mancato verificarsi del *casus fideiussionis*, mentre la *paragrafe* si fondava sulla mancata assunzione della garenzia).

[76] E' vero che, nella sua disamina delle orazioni paragrafiche, Wolff 1966, 25 ss., si pone dal punto di vista per cui il ricorso alla *paragrafe* si giustificherebbe sempre – o quasi – in base al fatto che il convenuto riteneva impossibile la difesa in *euthydikia*, soprattutto in merito all'onere della prova. Ma è proprio quest'ultimo punto ad essere infondato, e ho già cercato di mostrarlo: e, d'altra parte, stante la necessità – che egli stesso ammette – di far ricorso alla *paragrafe* per far valere l'improcedibilità dell'azione, questa interpretazione dell'illustre grecista di Friburgo viene a perdere, come si vedrà meglio più innanzi, un presupposto necessario, soprattutto per quanto concerne le *paragrafai* basate su un fondamento diverso dall'assenza del *symbolaion*.

nelle *or.* 36-38 di Demostene. Per quanto riguarda, invece, le *or.* [32] e [33] del *corpus Demosthenicum*, si potrebbe obbiettare che, facendosi valere in esse l'assenza del συμβόλαιον Ἀθηνῆθεν ἢ Ἀθήναζε, come fatto impeditivo della competenza del tribunale commerciale presieduto dai tesmoteti, il rigetto dell'eccezione avrebbe precluso qualsiasi difesa del convenuto stesso, essendosi tramite ciò accertata l'esistenza del *symbolaion*, che poteva essere tendenzialmente inteso come rapporto obbligatorio in atto e non soltanto come il fatto inizialmente costitutivo di esso.[77] Questa notazione ha però un valore più ristretto di quanto non possa apparire a prima vista, dato che, in questo tipo di eccezioni opposte alle azioni commerciali, il convenuto specificava generalmente la ragione per cui il *symbolaion* non sussisteva, restringendo conseguentemente in tali limiti il *thema decidendum* versato nell'*agon* paragrafico: tutte le difese che non fossero state così giudicate nel primo dibattimento non potevano, neppure in via di fatto,[78] esser pregiudicate dalla sentenza conseguita al dibattimento sull'improcedibilità. E, per avventura, questo era proprio il caso dell'eccezione proposta contro Apaturio, per il processo sulla quale l'ignoto logografo ha composto l'*or.* [33] del *corpus Demosthenicum.*[79]

Rimane l'*or.* [32], dove, invero, non sembra che vi sia stata, da parte di Demone, una qualche restrizione nella portata della *paragrafe.*[80] Dei molti esempi portati uno soltanto può quindi[81] esser posto in dubbio da questo punto di vista. E si tratta – la coincidenza non può non apparire significativa – di uno di quelli in cui una perorazione di carattere definitivo, nella sostanza, viene a coincidere con una precisa indicazione del contenuto sostanziale della sentenza sotto l'aspetto terminologico.

Ciò vale ad introdurre il discorso relativo ad un punto particolarmente importante. Come si è visto nella disamina che precede, in concomitanza o meno con le c.d. perorazioni definitive, si possono trovare nelle fonti numerosi luoghi, in cui vengono usate per indicare la sentenza sfavorevole al convenuto nel processo paragrafico le stesse espressioni adoperate per indicare, nella normale *euthydikia*, la sentenza di condanna. E, se talora potrebbe apparire astrattamente possibile[82] che tali espressioni eventualmente alludessero alla sentenza sfavorevole al convenuto intesa in senso procedurale, quantunque ciò per me risulti sempre del tutto inverisimile tenuto conto

---

77 Ciò che è, per l'appunto, il caso per l'*or.* [32], oltre che per l'*or.* [34] del *corpus Demosthenicum*, la quale per il momento non rileva.

78 Ed in via di diritto non lo erano in ogni caso per l'opinione tradizionale, che difende la bipartizione del processo (con il rinvio ad una fase successiva della sentenza sul c.d. merito della causa).

79 L'eccezione, infatti, si basava sulla mancata assunzione della garenzia da parte del convenuto, e non, ad es., sul mancato verificarsi del *casus fideiussionis*, come già rilevato nella precedente nt. 75.

80 Egli, infatti, negava sia la sussistenza di qualsiasi originario contratto (di prestito marittimo) fra esso Demone e Zenotemide, sia il verificarsi dei fatti costitutivi della *dike emporike* intentata da quest'ultimo.

81 Ma sicuramente non è che debba.

82 Anche se mai, però, positivamente provato.

del contesto in cui i singoli passi si inserivano, vi sono taluni casi in cui – per la struttura stessa grammaticale e semantica delle frasi adibite – il riferimento ad una sentenza di condanna, riferibile al processo in corso, è sicuramente provato.

In questo modo le prove che possono dedursi dalle c.d. perorazioni definitive e dagli spunti terminologici, che si sono così rilevati, si vengono a confermare le une con le altre, togliendo qualsiasi margine di dubbio che fosse ancora potuto sussistere. E, d'altra parte, va notato che le possibili obbiezioni, di cui si è dato qui conto,[83] sono state discusse, per così dire, in relazione al loro valore astratto, in quanto per esse non v'ha il minimo spunto testuale nella documentazione da noi posseduta. Questa, anzi, fornisce dei notevoli indizi indiretti a conferma dell'opinione qui seguita: in primo luogo va osservato che non si tratta qui di un fenomeno isolato. In modo più o meno incisivo, perorazioni di carattere definitivo ed allusioni di carattere terminologico, quali si sono discusse, si ritrovano in tutte le orazioni pronunciate in favore del convenuto che ha eccepito l'improcedibilità dell'azione: e non v'è necessità di sottolineare come potrebbe apparire piuttosto sorprendente che i motivi di dubbio, che si sono dianzi esposti,[84] possano aver valore in tutti questi casi. D'altro canto non si trova nelle fonti l'attestazione di un fenomeno in senso contrario, e cioè l'esistenza delle perorazioni del convenuto che attengono soltanto al profilo procedurale della sentenza da emanare alla fine del procedimento paragrafico: onde il fenomeno che qui si è discusso non può venir revocato in dubbio da questo punto di vista.[85] E, ultimo punto, le perorazioni di cui qui è parola potrebbero legittimamente trovarsi in discorsi pronunciati in processi svoltisi nelle forme dell'*euthydikia*.[86]

[83] E che, praticamente, non sono state prese in esame dalla dottrina, sia che essa si allineasse sulle posizioni del Paoli, sia che le criticasse (a parte il caso di H.V. Beyer, su cui cfr. *supra*, in questo §, nt. 72).

[84] E che, in sé, sono, come dicevo, assai poco fondati.

[85] Per la valutazione di [Demostene], *or*. 32. 23, considerato nel suo contesto, cfr. *infra*, in questo cap., p. 111 ss.

[86] Non è facile instaurare, a questo proposito, il confronto con simili perorazioni del *corpus Demosthenicum*, data l'assoluta preponderanza in esso di orazioni pronunciate a favore dell'attore, con le quali, ovviamente, il parallelo non può porsi. Nulla di simile di quanto si è rilevato nei discorsi paragrafici si può trovare in [Demostene], *or*. 52, mentre un appello dell'oratore ai giudici, perché non lo rovinino con una sentenza di condanna si trova, con una terminologia che richiama espressamente quella che si è vista nei discorsi paragrafici, in Demostene, *or*. 55. 35: Μὴ οὖν πρὸς Διὸς καὶ θεῶν, ὦ ἄνδρες δικασταί, προῆσθέ με τούτοις μηδὲν ἀδικοῦντα. οὐ γὰρ τῆς ζημίας τοσοῦτόν τί μοι μέλει, χαλεπὸν ὂν πᾶσι τοῖς μικρὰν οὐσίαν ἔχουσιν· ἀλλ' ἐκβάλλουσιν ὅλως ἐκ τοῦ δήμου μ' ἐλαύνοντες καὶ συκοφαντοῦντες, dove le conseguenze disastrose, per il convenuto, di una sentenza sfavorevole si traggono – e non senza causa, avendo riguardo al caso particolare – non soltanto dall'ammontare, oggettivamente non troppo elevato, della condanna nell ἀγὼν ἀτιμητός, ma anche dagli ulteriori effetti di contorno che trovano il loro fondamento nei non più buoni rapporti di vicinato fra Tisia e Callicle, abilmente prospettati da Demostene ai giudici come una persecuzione dell'ultimo ai danni del primo. Al di fuori delle orazioni di Demostene, e limitando ancora l'indagine ai discorsi privati, lasciando stare le cause per omicidio o assimilate, cfr. la perorazione di Isocrate, *or*. 16,

5. *Le allusioni alla sentenza a favore del convenuto.*

Non ho preso sinora in considerazione,[87] in questa rassegna, le allusioni che, sotto il profilo sostanziale e sotto quello della terminologia adoperata per indicare tale tipo di provvedimento, si possono riscontrare nelle fonti alla natura della sentenza che accoglie la *paragrafe*. Dal punto di vista che qui interessa, esse sono per una serie di motivi, meno interessanti di quelle che si sono fin qui discusse e, inoltre, sono assai più scarse.

In astratto esse rilevano molto meno in ordine alla questione della struttura del processo paragrafico, anzittutto perché, qualsiasi si sia la teoria seguita su quest'ultimo punto, non è discusso che la sentenza la quale accoglie una *paragrafe* a carattere sostanziale[88] rende definitivamente improponibile la *dike* alla quale l'eccezione era stata opposta.[89] Rimangono quindi soltanto da prendere in esame, in questo contesto, le *paragrafai* che fanno valere difese di carattere procedurale, e cioè, praticamente, nell'ambito della documentazione che possediamo, quelle relative all'incompetenza dei tesmoteti aditi con un'azione commerciale, basate sull'affermata inesistenza di un συμβόλαιον Ἀθηνήθεν ἢ Ἀθήναζε. Ma anche riguardo ad esse l'osservazione di H.J. Wolff che, per la rigidità con cui si sarebbe potuto applicare il principio *ne bis in idem* nella prassi giudiziaria attica, non si può decisamente escludere l'ipotesi della consumazione dell'azione anche in seguito ad un procedimento paragrafico che decidesse soltanto su una difesa di carattere proce-

46-48 (che è particolarmente importante per il confronto da instaurare con *or.* 18, 64-65). A parte il taglio particolare di Iseo, *or.* 2. 47, non si trova poi – anche all'infuori del *corpus Demosthenicum* prevalgono i discorsi d'accusa in relazione al tipo di documentazione qui considerata – nessun'altra orazione con cui instaurare il confronto.

87 A parte Demostene, *or.* 37. 2 (cfr. *supra*, in questo cap., p. 55 s.), in quanto la richiesta indiretta di σῶζειν il convenuto, in essa contenuta, si riconnetteva naturalmente con una caratterizzazione della eventuale sentenza ad esso sfavorevole che lo portasse alla rovina.

88 Come quelle che oppongono l'ἄφεσις καὶ ἀπαλλαγή, la regiudicata, la prescrizione o simili.

89 E' perciò che non può farsi affidamento su Demostene, *or.* 45. 51, dove l'oratore adopera il verbo *apopsefisasthai* per indicare la sentenza di assoluzione ottenuta da Formione nel precedente processo (quello in cui era stata pronunziata l'*or.* 36): καὶ τοὺς δικαστὰς τοὺς τότε φήσειν διὰ τοὺς ἀφεῖναι μεμαρτυρηκότας ἀποψηφίσασθαι μᾶλλον ἢ διὰ τοὺς διαθήκην μαρτυρήσαντας. L'eccezione opposta da Formione si basava infatti sulla transazione o sulle transazioni intervenute fra lui ed Apollodoro.

durale,[90] può render dubbia, almeno in astratto,[91] la concludenza dei dati che si potessero ricavare al riguardo.[92]

---

[90] Wolff 1966, 144 ss.

[91] Si deve tener conto che, secondo l'opinione di Wolff 1966, 144 s., non vi sarebbe consumazione processuale nel caso di concorso fra δίκη ἐμπορική e δίκη βλάβης, quando, ad es., la prima fosse stata respinta per difetto del συμβόλαιον Ἀθηνήθεν ἢ Ἀθήναζε, che legittimasse alla stessa, dato che non si tratterebbe della stessa «formal, identische ... dike». Punto questo che è impossibile accertare in concreto, per assenza di fonti che direttamente lo investano, ma su cui, in astratto, avrei molti dubbi, proprio per la natura che sono indotto a riconoscere alle azioni commerciali.

[92] D'altra parte bisogna osservare che le considerazioni fatte nel testo in riferimento all'atteggiarsi della regiudicata del processo paragrafico secondo l'opinione tradizionale, o secondo il modo in cui questa è ripresa dal Wolff, vengono a toccare un punto in cui la dottrina della bipartizione fra il giudizio sulla questione pregiudiziale relativa alla procedibilità dell'azione e quello sul merito entra in qualche difficoltà, di cui non si avvede completamente nemmeno chi, come Wolff 1966, 144 ss., ha preso in particolare considerazione taluni punti riguardanti l'efficacia del giudicato formatosi nel processo paragrafico. Tali difficoltà derivano dalla circostanza che, per quanto possiamo sapere, le disposizioni legislative, che riguardano nel sistema giudiziario attico quella che noi chiamiamo l'efficacia della cosa giudicata, sono più che altro costruite nel senso di sancire una preclusione processuale di carattere negativo, che tende ad evitare il ripetersi della *dike* (o dell'altro mezzo giudiziario adoperato), piuttosto che a sancire gli effetti positivi della regiudicata. Da questo punto di vista sorge una prima questione proprio partendo da quell'efficacia preclusiva della sentenza che accolga l'eccezione d'improcedibilità basata su una causa di diritto sostanziale, efficacia preclusiva che la dottrina anteriore al Paoli ammetteva senza discussione (cfr. *supra*, cap. I, p. 11 s.), e che ora il Wolff 1966, 144, dà per scontata. Se il profilo, infatti, che contava – secondo la legislazione attica – era quello della irrepetibilità della *dike*, delle due l'una: o il giudizio paragrafico si considera vertere esclusivamente sulla *paragrafe* (possibilità presa in considerazione, ma non approfondita, sotto il profilo che qui interessa, dal Wolff 1966, 146), che facesse valere esser la δίκη οὐκ εἰσαγώγιμος, ed allora la *dike* non poteva considerarsi consumata, ché anzi ad esser tale era – se mi si permette il paradosso – soltanto la *paragrafe*, con la conseguenza che questa non sarebbe più potuta riproporsi. O, nel giudizio paragrafico, anche come inteso dalla dottrina tradizionale – e al di là di difficoltà concettuali che potrebbero aver avuto assai scarso peso nell'esperienza giuridica attica –, si deve vedere un esercizio della *dike*: ed allora questa deve considerarsi consumata, quale che si sia la natura dell'eccezione fatta valere. E' in sostanza questa la considerazione che, seppur diversamente formulata, ha indotto il Wolff 1966, 145, a prospettare come possibile una soluzione nel senso che, comunque, l'azione – identificata nei suoi aspetti sostanziali e formali – si doveva considerare consumata. Ma se questa costruzione, la quale corrisponde alla configurazione degli effetti del giudicato sotto il profilo della preclusione e non sotto quello dell'efficacia costitutiva della sentenza, è vera, come potrebbe giustificarsi la ripetizione dell'azione, quando l'eccezione di carattere pregiudiziale fosse stata respinta? Se di due diversi processi si fosse trattato, come voleva la dottrina anteriore al Paoli, ciò non sarebbe stato possibile: un nuovo δίκην λαγχάνειν sarebbe stato impossibile perché la *dike* era ormai preclusa. L'unico modo di venir fuori da questa difficoltà potrebbe sembrare quello di ammettere, con il Wolff 1966, 84 ss., che il giudizio sulla procedibilità dell'azione e quello sul c.d. merito della causa non fossero due diversi processi, ma due fasi di un uni-

Essi, d'altronde, sono assai scarsi. Il convenuto normalmente non fa riferimento ad una sentenza a sé favorevole, se non in quanto richieda il rigetto della domanda attrice: e nell'impostazione difensiva di cui si è visto essere ispirate le c.d. perorazioni definitive, v'ha posto per deprecare gli effetti di una sentenza sfavorevole, non per prospettare in senso positivo soltanto quelli di una sentenza favorevole. L'attore, e lo si è visto,[93] in connessioni analoghe, richiede normalmente – ed in termini molto generici – l'accoglimento della propria domanda e fa istanza a che i giudici non vogliano mostrarsi benevoli nei confronti del convenuto: ma anche qui, sempre con un'estrema genericità, che non è poi propria soltanto dei discorsi paragrafici.

Dal punto di vista delle allusioni terminologiche v'è soltanto un passo da prender in considerazione, e cioè [Demostene], *or*. 34. 45:

ἐνθυμοῦμαι δ' ἔγωγε, τί ἄν ποτε εἰς τὴν παραγραφὴν ἔγραψεν, εἰ ὁ Θεόδοτος ἀπέγνω τῆς δίκης, ὅπου νῦν γνόντος τοῦ Θεοδότου ἀπιέναι ἡμᾶς εἰς τὸ δικαστήριον οὔ φησι τὴν δίκην εἶναι εἰσαγώγιμον παρ' ὑμῖν, πρὸς οὓς ἐκεῖνος ἔγνω ἀπιέναι. πάθοιμι μέντἂν δεινότατα, εἰ οἱ μὲν νόμοι τῶν Ἀθήνησι συμβολαίων κελεύουσι τὰς δίκας εἶναι πρὸς τοὺς θεσμοθέτας, ὑμεῖς δὲ ἀπογνοίητε τῆς δίκης ὀμωμοκότες κατὰ τοὺς νόμους ψηφιεῖσθαι.

Qui l'oratore usa il verbo ἀναγιγνώσκειν, che, altrove, seppur non molto frequentemente,[94] è adoperato, all'infuori dei processi paragrafici, per indicare la sentenza che assolve, nel merito, il convenuto. D'altro canto in questo passo e nel § 21 della stessa orazione,[95] si riscontra una costruzione particolare del verbo: invece del genitivo della persona, accompagnato o meno da un'accusativo alludente od al fatto illecito, da cui si viene discolpati, od alla pena, in cui non si incorre, esso regge qui il genitivo del mezzo giudiziario, dell'azione, nei confronti della quale si pronuncia la sentenza di assoluzione.

---

co processo: reggendo l'originario δίκην λαγχάνειν entrambe queste fasi, il giudizio sulla *paragrafe* che statuisse la procedibilità dell'azione potrebbe considerarsi non consumare la *dike* versata nel processo (e che era consumata non soltanto dalla proposizione dell'azione ma dall'effettiva pronuncia del tribunale eliastico, o, se del caso, dell'arbitro pubblico, in quanto a quest'ultima avessero fatto acquiescenza le parti). Ma la costruzione del Wolff a tale riguardo manca di qualsiasi appiglio testuale, ché tale valore non può essere riconosciuto al πρῶτον εἰσάγειν di Isocrate, *or*. 18. 2, considerato nell'ambito dell'interpretazione tradizionale, e dato che l'argomento che egli voleva trarre da [Demostene], *or*. 34. 16-17 (Wolff 1966, 85 nt. 115) si appalesa privo di fondamento ad una corretta interpretazione del passo.

[93] Cfr. *supra*, in questo cap., p. 57 ss.

[94] Il termine è infatti d'uso molto ridotto rispetto al suo contrario καταγιγνώσκειν ed anche rispetto ad ἀποψηφίζεσθαι.

[95] Ma, per quanto ci è dato di vedere, non si riscontra altrove nell'uso degli scrittori attici dell'epoca. Come uso parallelo si può rinviare all'uso di καταψηφίζεσθαι e di καταγιγνώσκειν con il doppio genitivo di cosa e di persona, che probabilmente può essere stato il modello su cui si è formata questa particolare costruzione che è prediletta dal logografo dell'*or*. [34] del *corpus Demosthenicum*.

Che valore si deve dare a tale particolare costruzione? Indubbiamente si deve, anzitutto, osservare – a fugare un sospetto che potrebbe venire spontaneo – che non è in relazione al carattere formalmente procedurale della sentenza, che fosse emanata nel corso del giudizio paragrafico, che viene usata la diversa costruzione del verbo. Sia nello stesso § 45 che nel § 21 già ricordato, l'identica espressione ἀπογιγνώσκειν τῆς δίκης è adoperata, per ben tre volte, ad indicare la sentenza di assoluzione che avrebbe potuto prendere l'arbitro Teodoto in un precedente esperimento arbitrale intervenuto fra Crisippo e Formione, e che invece si era risolto in un nulla di fatto: sentenza di assoluzione che, come risulta chiaramente dal contesto dei due paragrafi, avrebbe potuto avere solo portata sostanziale.[96]

Rimane da accertare se ἀπογνοίητε τῆς δίκης possa considerarsi allusivo ad una sentenza che statuisca sulla procedibilità della *dike* con effetti attinenti esclusivamente alla procedura. Una tale valutazione dell'espressione qui discussa può apparire astrattamente possibile, tenendo conto della portata semantica di ἀπογιγνώσκειν, condizionata dalla logica che presiede a questo composto verbale.[97] Indubbiamente la *dike* è respinta – dando a questa espressione il significato più generico, che d'altronde ben s'adatta al particolare contesto qui considerato – sia che si statuisca sull'improcedibilità della stessa, sia che la si rigetti nel merito. Rimane così, senza dubbio, possibile una valutazione del passo che lo inquadri nell'ambito dell'opinione tradizionale del valore meramente procedurale della sentenza pronunciata nel processo paragrafico.

Io riterrei però più probabile, pur rimanendo in una considerazione a se stante del passo pseudo-demostenico, che il logografo volesse, in questo contesto, riferirsi ad un proscioglimento che valesse anche come assoluzione nel merito. In tal senso mi sembra abbastanza probante la circostanza che, nello stesso contesto, ἀπογιγνώσκειν τῆς δίκης sia adoperato, come ho già accennato, per indicare la sentenza di assoluzione, certamente non a contenuto né ad effetti procedurali soltanto, che avrebbe potuto emettere l'arbitro Teodoto. D'altro canto questa notazione mi sembra trovare una riconferma nella circostanza, già accennata, per cui la terminologia usata dagli oratori attici, quando si volessero riferire ad una sentenza che, indipendentemente dalla natura degli effetti, si rapportasse, nel pensiero di chi parlava, al profilo della procedibilità o meno della δίκη, adoperavano altre espressioni, in cui ritorna sempre l'accenno alla circostanza dell'essere, o meno, l'azione εἰσαγώγιμος.

---

96 Nel processo arbitrale presso Teodoto si era esercitata, come vien detto nel § 44, una δίκη ἄνευ παραγραφῆς (su questa espressione cfr. *infra*, in questo cap., p. 151 ss.).

97 Tenendo conto, infatti, del significato fondamentale di *apo* come preverbo, che viene qui in considerazione, e cioè di «allontanamento» (cfr. E. Schwyzer – A. Debrunner, *Griechische Grammatik*, II^3, *Syntax und syntaktische Kritik*, München 1960, 444 ss.), ἀπογιγνώσκειν indica, in sostanza, un giudizio, sia esso o meno espresso in una deliberazione, che «allontana» l'azione da taluno (secondo la costruzione normale con il genitivo della persona e l'accusativo della cosa) o «allontana» dall'azione, nella costruzione qui adottata dal logografo: significati questi che, astrattamente, possono molto bene adattarsi ad una sentenza che sancisca la mera improcedibilità della *dike.*

Indubbiamente si tratta qui di un caso, in cui non si può giungere ad una valutazione della terminologia usata dall'oratore nel senso dell'ipotesi qui svolta, la quale non lasci residui di dubbio. A mio avviso, per quanto si è venuto dicendo, una tale valutazione è indubbiamente, più che possibile, probabile: e, in ogni modo, questo caso ben si inquadra, d'altra parte, con tale valore, fra gli altri che si sono enucleati ed in cui la terminologia adoperata per indicare la sentenza pronunciata alla fine del processo paragrafico è chiaramente allusiva della portata sostanziale di tale sentenza.

A conchiusione di questa rassegna di testi va dunque constatato come il risultato cui si era pervenuti in relazione all'esame delle c.d. perorazioni definitive rimanga confermato da quanto si è qui avuto occasione di rilevare. Il quadro delle risultanze che si ricavano dalle fonti si viene sempre più delineando nel senso che, alla fine del processo paragrafico, si desse una pronuncia che, comunque configurata dal punto di vista formale, portasse nell'uno o nell'altro senso, ad una definizione della controversia dal punto di vista sostanziale.

6. *Il carattere definitivo del processo paragrafico in [Demostene],* 'or.' *[33]. 29, e 37.1.*

Alle attestazioni contenute nelle pagine che precedono si possono aggiungere altri luoghi delle fonti da cui si può dedurre, con qualche sicurezza, il carattere definitivo della sentenza del processo paragrafico anche nei confronti della decisione sfavorevole al convenuto. Va anzitutto esaminato, a questo riguardo, [Demostene], *or*. [33]. 29:

Ἄξιον τοίνυν καὶ τοῦτ' ἐνθυμηθῆναι, ὦ ἄνδρες δικασταί, ὅτι οὐκ ἄν ποτε ἔξαρνος ἐγενόμην, εἰ ἠγγυήμην· πολὺ γὰρ ὁ λόγος ἦν μοι ἰσχυρότερος ὁμολογοῦντι τὴν ἐγγύην ἐπὶ τὰς συνθήκας ἰέναι, καθ' ἃς ἡ ἐπιτροπὴ ἐγένετο. ὅτι μὲν γὰρ τρισὶν ἐπετράπη διαιτηταῖς, μεμαρτύρηται ὑμῖν· ὁπότε δὲ μὴ ἔγνωσται ὑπὸ τῶν τριῶν, τί βουλόμενος ἠρνούμην ἂν τὴν ἐγγύην; μὴ γὰρ γενομένης τῆς γνώσεως κατὰ τὰς συνθήκας, οὐδ' ἂν ἐγὼ τῆς ἐγγύης ὑπόδικος ἦν. ὥστε οὐκ ἄν ποτε, ὦ ἄνδρες δικασταί, παραλιπὼν τὴν οὖσάν μοι ἀπολογίαν, εἰ ἠγγυησάμην, ἐπὶ τὸ ἀρνεῖσθαι ἦλθον.

Il passo verrà discusso più avanti per quanto concerne il problema della ragione per cui il convenuto prospetti come impossibile di difendersi, al livello del processo paragrafico, e faccia valere la mancata assunzione della garenzia e il mancato verificarsi del *casus fideiussionis*: spero di poter rendere probabile l'ipotesi che la spiegazione di ciò vada trovata nella circostanza che egli aveva specificato, nella sua *paragrafe*, la causa del μὴ εἶναι συβόλαιον nel senso dell'assenza dell'*engye* nei propri confronti.

Qui rileva un differente profilo: premesso che, per le ragioni di cui si è detto, il convenuto non potesse far valere, nel processo paragrafico, la difesa relativa al mancato verificarsi del *casus fideiussionis*, perché non la poteva far valere, in caso di soccombenza, in quell'eventuale ulteriore fase in cui si sarebbe dovuto decidere del c.d. merito della causa? Ciò non si può spiegare nell'ambito dell'opinione tradizionale per cui l'opposizione della *paragrafe* produce la bipartizione del processo in due fasi separate, dedicate l'una alla discussione sulla procedibilità dell'azione, l'altra alla trattazione del c.d. merito della causa. In questa seconda fase, infatti, il convenuto avrebbe potuto proporre l'argomentazione relativa al mancato verificarsi del *casus fideiussionis*, ammesso che la difesa relativa alla circostanza di non aver assunto l'*engye* potesse esser considerata come preclusa, ciò che del resto potrebbe apparire improbabile nell'ambito di un'opinione che collega alla sentenza nel processo paragrafico soltanto effetti procedurali.[98]

Né vi sarebbe stato un possibile pregiudizio di fatto, in questa seconda fase del processo, riguardo alla difesa di cui il convenuto non si fosse potuto avvalere in sede di *paragrafe*, qualsiasi fosse la causa di quest'ultimo fatto.[99] Rimarrebbe quindi – nell'ambito dell'ipotesi qui criticata – ad escludere la definitività del processo paragrafico (in cui invece l'argomentazione dell'avversario di Apaturio perfettamente s'inquadra) l'unica possibilità di ritenere, da questo punto di vista, infondato il ragionamento dello Pseudodemostene per quanto concerne la sua rispondenza all'effettiva struttura dei fenomeni processuali presi in considerazione, e proposto soltanto per impressionare i giudici eliastici, fidando che questi non s'accorgessero – nella concatenazione degli argomenti detti – come a tale ragionamento si sarebbe potuto replicare nel senso che, se rinunciava per il momento a far valere il *casus fideiussionis*, il convenuto avrebbe potuto sempre proporre tale difesa in sede di discussione del c.d. merito della causa.

Questa valutazione del passo è, senza dubbio, astrattamente possibile: affermare, però, che debba essere in concreto seguita appare, a mio parere, piuttosto difficile. Pur riconoscendo che un sotterfugio di questo genere, a parte la sua efficienza, potrebbe senza dubbio rientrare nella normale prassi degli oratori attici, io vorrei fare a tale proposito un'osservazione che ha senza dubbio una portata più generale che il singolo problema interpretativo che qui si pone. In base a considerazioni del

98 Su questo profilo, dal punto di vista dell'opinione tradizionale, cfr. la presa di posizione di Wolff 1966, 144, che, anch'egli, per motivi in parte diversi, sembra propenso ad ammettere la possibilità di ripetere tali difese, ciò che, del resto, verrebbe anche imposto – una volta che si sia superato l'ostacolo della consumazione dell'azione (cfr. *supra* in questo cap., p. 64 nt. 92) – dalla considerazione del carattere meramente preclusorio del giudicato nel sistema processuale attico. D'altra parte – e non varrebbe neppure la pena di ricordarlo – queste considerazioni valgono soltanto nei limiti in cui il profilo strettamente tecnico-giuridico, com'esso poi era sentito nell'esperienza giuridica greca, potesse aver maggiore o minore influenza al livello delle diverse istanze in cui si snodava il processo in Atene.

99 E, infatti, sia che la difesa relativa al mancato verificarsi del *casus fideiussionis* non fosse stata versata dal convenuto nella *paragrafe* per un'opzione esercitata da quest'ultimo (com'è mia opinione), sia che, come ritiene Wolff 1966, 29, ciò fosse dovuto alla circostanza che essa non potesse essere dedotta nella *paragrafe* stessa, in entrambi questi casi il riconoscimento, da parte dei giudici, della sussistenza del negozio con cui il convenuto avrebbe assunta la garenzia non poteva pregiudicare – in linea di fatto – la difesa relativa al mancato avverarsi delle condizioni nelle quali la garenzia doveva funzionare.

genere di quelle su esposte, non risulterebbe difficile di eliminare praticamente la possibilità di basarsi comunque sugli spunti offerti dal *corpus* degli oratori attici per ricostruire le linee direttrici della prassi legale ateniese del IV sec. a.C. Ogni allusione all'effettiva struttura ed alla normazione positiva concernente i singoli fenomeni e momenti giuridici potrebbe legittimamente esser revocata in dubbio. E' proprio dal punto di vista metodologico che si impone qui una cautela, che certamente non va disgiunta dalla consapevolezza del carattere ipotetico di qualsiasi opinione sugli istituti del diritto attico che si vengano a ricostruire su tali basi. Quando, cioè, manchi qualsiasi appiglio, soprattutto dal punto di vista dell'interna coerenza del discorso, oltre che da quello del controllo *ab externo*, per dubitare dell'effettiva corrispondenza di determinate argomentazioni alle regole legali e pragmatiche in vigore in Atene, non può non propendersi – con valutazione da fare caso per caso – per la fondatezza, invece che per l'infondatezza, del ragionamento preso in considerazione.

Nel caso qui in esame di [Demostene], *or.* [33]. 29, non v'è alcun indizio nel contesto dell'orazione che possa far dubitare del fondamento necessario per l'argomentazione svolta dal logografo, e cioè l'impossibilità di riproporre in diversa sede la difesa sulla mancata verificazione del *casus fideiussionis*: anzi, e lo si è visto, se spunti vi sono, essi corrono precisamente nel senso della sussistenza di tale fondamento, in quanto alludenti al carattere definitivo del processo per il convenuto.[100] E, d'altro canto, come si vedrà alla fine della discussione che si viene qui svolgendo, non diversa è la situazione per quanto riguarda argomenti di dubbio o di conferma che possano venire *ab externo*. Onde il § 29 in questione si inserisce, con pieno valore, in un quadro probatorio che attesta il carattere definitivo per il convenuto[101] del processo paragrafico.[102]

A conchiusioni pressoché analoghe, anche se forse con qualche maggiore ipoteticità, può portare l'analisi di Demostene, *or.* 37. 1:

Δεδωκότων, ὦ ἄνδρες δικασταί, τῶν νόμων παραγράψασθαι περὶ ὧν ἄν τις ἀφεὶς καὶ ἀπαλλάξας δικάζηται, γεγενημένων ἀμφοτέρων μοι τούτων πρὸς Πανταίνετον τουτονί, παρεγραψάμην, ὡς ἠκούσατ' ἀρτίως, μὴ εἰσαγώγιμον εἶναι τὴν δίκην, οὐκ οἰόμενος δεῖν ἀφεῖσθαι τοῦ δικαίου τούτου, οὐδ', ἐπειδὰν ἐξελέγξω πρὸς ἅπασι τοῖς ἄλλοις καὶ ἀφεικότα τοῦτον ἐμαυτὸν καὶ ἀπηλλαγμένον, ἐγγενέσθαι τούτῳ μὴ φάσκειν ἀληθῆ με λέγειν, καὶ ποιεῖσθαι τεκμήριον ὡς, εἴπερ ἐπράχθη τι τοιοῦτον, παρεγραψάμην ἂν αὐτόν, ἀλλ' ἐπὶ ταύτης τῆς σκήψεως εἰσελθὼν ἀμφότερ' ὑμῖν ἐπιδεῖξαι, καὶ ὡς οὐδὲν ἠδίκηκα τοῦτον καὶ ὡς παρὰ τὸν νόμον μοι δικάζεται.

---

[100] Su di ciò cfr. soprattutto [Demostene], *or.* [33]. 31 e 34, di cui si è già detto *supra*, in questo cap., p. 52 ss.

[101] E quindi la possibilità di pronunciare la condanna del convenuto, possibilità che altrove – si è visto – è chiaramente espressa.

[102] Sulla rilevanza del passo in relazione alla teoria del Paoli sull'inscindibilità del processo e sulla doppia votazione in sede di giudizio paragrafico, cfr. *infra* in questo cap., p. 77 ss.

Il passo pone, con tutta evidenza, problemi non facilmente risolvibili nell'ambito della tematica relativa alla struttura del processo paragrafico. Il nocciolo del ragionamento di Nicobulo – io ho sollevato la *paragrafe*, perché non mi si potesse opporre (nell'*euthydikia* evidentemente e dopo che fosse stata provata l'esistenza della transazione) che, se quest'ultima fosse effettivamente avvenuta, io ne avrei fatto oggetto di *paragrafe* – presupporrebbe, come logico fondamento, la possibilità di far valere nelle forme dell'*euthydikia* fatti che rendessero improcedibile l'azione e conseguentemente legittimassero ad opporre la *paragrafe* stessa. Ciononostante, e benché esso fosse stato valutato positivamente in tal senso in uno spunto, pur se rapido, preciso,[103] esso non è stato considerato da questo punto di vista da quella dottrina che, con maggior o minor ampiezza, si è occupata di tale problema.

D'altro lato, nel nostro § 1, sembra affermarsi – nell'inciso finale καὶ ὡς οὐδέν δικάζεται – che nel processo paragrafico possano venir trattate, sullo stesso livello, le questioni riguardanti l'improcedibilità dell'azione e quelle relative al c.d. merito della causa;[104] mentre, infine, è innegabile – ed è questo il punto che qui maggiormente interessa – che tutto il ragionamento del logografo sembra fondarsi su determinate conseguenze che l'opzione del *modus procedendi* prescelto potesse avere in confronto a quello dell'*euthydikia.* Altrimenti non avrebbe senso l'obbiezione che Nicobulo si raffigura, ed alla quale ha praticamente risposto opponendo la *paragrafe*, e cioè che, sussistendo effettivamente la transazione, egli sarebbe dovuto ricorrere all'eccezione d'improcedibilità dell'azione.

Tali questioni si presentano così strettamente connesse fra loro nella struttura del passo, che è necessario trattarle insieme in una valutazione complessiva dello stesso, anche se talune travalicano lo specifico punto dell'indagine qui perseguito. E ciò, soprattutto, perché è necessario di dare una valutazione complessiva dell'attendibilità del passo in tutte le direzioni che si sono già accennate.

Per quanto concerne il problema se fosse possibile versare nell'*agon* giudiziario i fatti che davano luogo ad improcedibilità dell'azione indipendentemente dall'adibizione del mezzo tecnico della *paragrafe*, la notizia che apparentemente sarebbe fornita dal nostro passo non può che essere disattesa: mostrerò più innanzi come tutto il sistema degli atti introduttivi del giudizio nella prassi giudiziaria attica del IV sec. a.C.[105] sia chiaramente indicativo nel senso che – a parte la questione dei

[103] Platner 1824, 139, ne ricavava, per l'appunto, la possibilità di far valere in *euthydikia* le difese che davano luogo all'improcedibilità dell'azione.

[104] Ciò che trova, del resto, conforto nell'argomentazione del successivo § 2, che si riallaccia immediatamente all'inciso di cui si è detto nel testo, e che attiene al c.d. merito della causa, conchiudendosi con un accenno al σῴζειν del convenuto, di cui si è già detto *supra*, in questo cap., p. 55 s.

[105] La situazione si presenta, naturalmente, diversa per quanto concerne il V sec. a.C., ed anche i primi anni del IV, in quanto – in base ai risultati che si possono ottenere dall'analisi della scarsa documentazione a nostra disposizione – non era possibile in quest'epoca portare direttamente dinanzi al tribunale eliastico la questione sulla procedibilità dell'azione – o più in genere sull'ammissibilità del mezzo giudiziario prescelto –

poteri decisori del magistrato – l'improcedibilità dell'azione potesse esser fatta valere, nei processi privati,[106] soltanto nelle forme della *paragrafe*. Tutti i casi in cui è questione di δίκη οὐκ εἰσαγώγιμος si svolgono poi, a conferma di ciò, nelle forme del procedimento paragrafico, in quanto nei discorsi relativi a processi svoltisi nelle forme dell'*euthydikia*, e nelle allusioni a processi così strutturati, non è dato di vedere che le parti ponessero – come immediatamente rilevanti ai fini dell'*agon* giudiziario – questioni sulla procedibilità dell'azione o sull'ammissibilità del mezzo processuale adibito. D'altro canto l'unico accenno alla possibilità di far valere in *euthydikia* le difese sulla procedibilità dell'azione[107] si può cogliere, in effetti, nel passo qui in esame.

Esso può, del resto, spiegarsi anche senza ricorrere all'ipotesi, che potrebbe apparire eccessiva, di una completa falsificazione ad opera dell'oratore: indubbiamente anche nell'*euthydikia* chi, in fattispecie come codeste, non avesse ricorso alla *paragrafe* avrebbe potuto far riferimento a fatti che dessero luogo all'improcedibilità dell'azione e che, per ciò, non avrebbero potuto, da un rigoroso punto di vista tecnico-giuridico, esser tenuti in considerazione dai giurati. Ciò fa parte di quel particolare atteggiarsi della logografia giudiziaria ateniese, per cui il convincimento del giudice, intorno al *thema decidendum* del processo, viene raggiunto attraverso argomentazioni che, più o meno connesse con esso, non vi rientrano invece ad una rigorosa stregua di valutazione, di cui gli stessi oratori erano, più o meno, consci e di cui si servivano praticamente come *'topoi'* per dar forza ai propri argomenti o, più spesso, toglierne a quelli dell'avversario. Ora, in un'eventuale *euthydikia* scelta al posto della *paragrafe*, Nicobulo non avrebbe fatto a meno – e Demostene per lui – di usare dell'argomento di convincimento dei giudici che potesse derivare dall'ἄφεσις καὶ ἀπαλλαγή, anche se questo fatto non rientrasse direttamente nell'*agon* processuale posto in essere nell'*euthydikia* stessa;[108] e ciò, a mio avviso, può bastare per fornire una sufficiente giustificazione, dal punto di vista della prassi ateniese, alla particolare impostazione del § 1 qui discusso.

Rimangono gli altri due punti, di cui il secondo è quello che interessa direttamente ai fini della discussione qui svolta. Dicevo che la fine del § 1 – e

---

mediante la sua inserzione nell'*agon* processuale, determinato dalla contrapposizione degli atti di parte che fissavano il *thema decidendum* del processo.

[106] Nulla di simile alla *paragraphe* si può riscontrare nei processi pubblici, per i quali, d'altronde, non si trovano tracce che, nella normale risposta del convenuto all'accusa (e cioè l'*antigraphe*) potessero dedursi allegazioni concernenti l'inammissibilità del mezzo processuale adoperato.

[107] Inteso ciò nel senso, per così dire, tecnico di difese versate nell'atto difensivo del convenuto, a favore del quale potessero *stricto iure* dirigere il loro voto i giudici eliastici.

[108] Ed una riprova immediata la abbiamo nella stessa *or.* 37 di Demostene, dove, ai §§ 33-38, l'oratore svolge un'ampia argomentazione relativa a un capo della *paragrafe* che era stato addirittura stralciato dall'atto difensivo di parte ad opera del magistrato presidente del tribunale. Per un caso in cui ciò sembra esser effettivamente accaduto, si veda l'*or.* 17 di Isocrate.

l'impressione potrebbe esser rafforzata dal § 2 – andrebbe, a prima vista, interpretata nel senso che il dibattimento vertesse anche sul c.d. merito della causa in questo che era un processo paragrafico.[109] Ma, anche qui, soccorrono talune considerazioni, le quali mostrano come questa illazione sia, nel caso concreto, ingiustificata: a parte il richiamo alla prassi, la cui portata si è già sottoposta a valutazione,[110] e per cui le orazioni difensive dei processi paragrafici si estendono, talora ampiamente, a toccare punti al di fuori di quelli fissati dalla *paragrafe*, è nello stesso contesto dell'*or.* 37 di Demostene che il § 21 fissa chiaramente – e lo si vedrà meglio più innanzi[111] – i limitati effetti per cui avviene la difesa relativa ai fatti costitutivi dell'*enklema* attore, ed in modo tale da escludere che essa sia fatta in base a necessità defensionali del tipo di quelle postulate dall'ipotesi del Paoli intorno alla doppia votazione, prima sulla procedibilità dell'azione e poi sul c.d. merito della causa.

Rimane così l'ultimo aspetto del passo: quello cioè relativo alle conseguenze che avrebbe potuto avere la scelta operata da Nicobulo fra *euthydikia* e *paragrafe*, conseguenze che stanno necessariamente alla base dell'obbiezione che il convenuto si prospetta. La forza probatoria del passo, in sé considerato, è però – bisogna riconoscerlo – non eccessivamente affidante, e per il contesto in cui s'inserisce ed in cui – si è visto – Demostene sfiora ripetutamente la falsificazione del dato normativo o pragmatico relativo alla struttura del processo paragrafico, e per il carattere tutto dell'argomentazione.[112] Esso andava, però, egualmente ricordato nella nostra rassegna di testi, dato che, indubbiamente, l'interpretazione che ne propongo lo spiega – da questo punto di vista – con minor difficoltà di quelle che s'incontrano nel situarlo nel quadro offerto dalle altre ipotesi sulla struttura del processo paragrafico.

---

[109] E' da notare che Demostene, *or.* 37. 1-2, non era stato preso in considerazione, da questo punto di vista, da Paoli 1933b, 104 ss. (cfr. del resto *Passi d'autore*, p. 216). Wolff 1966, 51 s., si limita a constatare la preoccupazione del convenuto di evitare che la «Unterlassung der Paragraphe … könnte ihm als Zeichen eines schlechten Gewissens ausgelegt werden», ciò in cui io concordo, con la specificazione però che la cattiva coscienza di Nicobulo si sarebbe, in questo modo, potuta arguire soltanto per quanto concerne la circostanza della transazione.

[110] Cfr. *supra*, in questo cap., p. 39 ss.

[111] *Infra*, in questo cap., p. 92 ss.

[112] Ed in questo senso si potrebbe anche addurre il parallelo con Iseo, *or.* 3. 62, dove – per mettere in dubbio la fondatezza della pretesa di File all'eredità di Pirro, come figlia legittima di costui – si fa leva sulla circostanza che essa aveva preferito, almeno in un primo momento, di servirsi della λῆξις κλήρου, invece che procedere all'*embateusis* (che era il modo tipico con cui il discendente legittimo s'immetteva nella disponibilità del patrimonio avito): specie questa dove l'uso dell'uno o dell'altro mezzo non poteva portare a particolari vantaggi o svantaggi per l'erede (anzi il secondo evitava la noia della procedura dell'*epidikasia*). Ma, anche per qualche differenza fra le due specie, questo parallelo non può risultare decisivo in senso contrario all'interpretazione prospettata come preferibile nel testo.

7. Le argomentazioni del Paoli sull'inscindibilità del processo paragrafico e sulla doppia votazione.

E' necessario, a questo punto dell'indagine, prender in considerazione quelle argomentazioni di carattere generale e quelle riprove di natura testuale, che sono state portate dal Paoli a favore della propria ipotesi sulla struttura del processo paragrafico, perché anch'esse s'inquadrano nella cornice di una teoria che ammette, in modo tutt'affatto generico, la possibilità di una sentenza definitiva a sfavore del convenuto al termine del processo paragrafico.[113]

Gli svolgimenti di carattere generale hanno, in definitiva, scarsa rilevanza, sia per quanto concerne la definitività del giudizio paragrafico, in cui io posso concordare con il Paoli, come si vedrà più innanzi,[114] sia soprattutto per quanto concerne il profilo specifico dell'opinione di questo autore, e cioè l'eventualità di una doppia votazione al termine del dibattimento sulla *paragrafe*. Una prima considerazione, avanzata dal Paoli, si risolve praticamente in un dilemma. Nel caso che si tratti di eccezione che concerna «non già la forma o i requisiti che costituiscono il fondamento giuridico dell'azione, ma il perdurare del vincolo giuridico», e cioè le eccezioni di pagamento, di transazione, di giudicato, si può prospettare una duplice alternativa: o il convenuto potrebbe sollevare l'eccezione anche in sede di giudizio ordinario, ma allora sarebbe inutile il giudizio paragrafico precedente; od il convenuto non lo potrebbe, ma allora si dovrebbe considerare inutile il successivo giudizio ordinario, dopo il rigetto della *paragrafe*, perché, opponendo il fatto estintivo, il convenuto praticamente ammette i fatti costitutivi, e, toltagli la difesa sul primo, sarebbe inutile una difesa sui secondi.[115]

E' da scartare, anzitutto, la prima alternativa, e cioè quella della proponibilità delle difese riguardanti la procedibilità dell'azione in sede di *euthydikia*, la quale non corrisponde all'effettiva struttura del processo paragrafico nell'esperienza giuridica attica.[116] Quanto alla seconda, a ben vedere, essa, da un lato, prova troppo a favore dell'ipotesi del Paoli, perché, ad un certo limite, non si comprenderebbe allora né la possibilità di due diverse votazioni, né le difese sul merito della causa, le quali costituiscono notoriamente il punto di partenza dell'ipotesi dell'atticista di Firenze.

Dall'altro essa riposa su una difettosa analisi dei presupposti del ragionamento: la scelta fra le varie difese non avviene soltanto in base a considerazioni di stretta coerenza logica nella linea difensiva prescelta, soprattutto se condizionata da una

[113] A parte l'eventuale valutazione in senso critico rispetto al punto specifico della possibilità di una doppia votazione al termine del dibattimento in cui s'era discusso della *paragrafe*.

[114] *Infra*, in questo cap., p. 107 ss.

[115] Paoli 1933b, 104 s.

[116] D'altro canto, ad ammettere questo punto di vista, è impossibile dare una spiegazione soddisfacente, come già si è detto, al sorgere o al mantenersi del procedimento paragrafico, soprattutto se questo avesse avuto le caratteristiche che gli attribuisce il Paoli.

correlazione univoca con un certo *modus procedendi*. Possono prevalere, anzitutto, considerazioni che attengano alla possibilità di convincere i giudici della bontà della propria tesi difensiva, e quindi soprattutto all'onere della prova. D'altro canto, come accennavo, il dover premettere una difesa basata su un fatto estintivo a quella basata sull'assenza di un fatto costitutivo della pretesa attrice, in quanto dipendesse – nella concreta struttura del processo attico – dall'impossibilità di far valere in *euthydikia* determinati fatti estintivi dell'azione, non poteva esser considerata come un'ammissione in via definitiva della fondatezza della pretesa attrice venuto meno il fatto estintivo dedotto nell'eccezione d'improcedibilità, soprattutto quando – vera la dottrina tradizionale sulla bipartizione del processo in seguito all'opposizione della *paragrafe* – fosse istituzionalmente prevista, per il convenuto, un'ulteriore fase del giudizio per difendersi su di esso.[117]

Miglior fortuna non ha l'altro argomento avanzato dal Paoli: gli Ateniesi non avrebbero tollerato, neppure nei processi capitali, il prolungamento del dibattimento per oltre un giorno, onde non sarebbe facile ammettere che essi permettessero, in ordine alla *paragrafe*, il frazionamento «in due sedute successive ed indipendenti» della «pronuncia su di una controversia unica ritornandovi sopra due volte, in due tempi distinti e davanti a collegi di giudici diversamente formati»[118]. E' evidente il carattere astratto di tale considerazione, in cui lo storico moderno viene a sostituirsi alla sensibilità dei contemporanei per stabilire se di un unico o di diversi procedimenti[119] si trattasse:[120] e, sotto questo profilo, tenendo sempre conto della configurazione che dà la dottrina dominante alla bipartizione del processo in seguito all'opposizione della *paragrafe*, il paragone con i processi capitali non calza, proprio perché avviene tra fenomeni non omogenei.[121]

---

117 D'altro canto bisogna rendersi conto che l'obbiezione, così come formulata dal Paoli, il quale si riferisce alle eccezioni di pagamento, di transazione, di giudicato, non tiene, per l'appunto, sufficiente conto della natura di talune di queste eccezioni (l'eccezione di pagamento, fra l'altro, non esiste). Chi transige, transige, è vero, *de re dubia*, ma proprio per questo il rifarsi a una transazione non costituisce – dal punto di vista da cui si pone il Paoli – un indizio inequivoco nel senso dell'ammissione dei fatti costitutivi dell'azione. D'altro canto, per altre eccezioni sostanziali non ricordate dal Paoli, come ad es. la prescrizione, si possono far valere punti di vista molto analoghi a quello accennato per la transazione (cfr., in un certo qual modo, in questo ordine di idee la motivazione politico-legislativa per il riconoscimento della prescrizione che si trova in Demostene, *or*. 36. 26-27).

118 Paoli 1933b, 105.

119 E che si tratti di procedimenti diversi è, ad es., la valutazione data a questo profilo del processo paragrafico dall'opinione tradizionale.

120 D'altra parte va ricordato, anche se il raffronto avviene con un fenomeno non del tutto omogeneo, che, nel caso della *diamartyria* che facesse valere l'improcedibilità dell'azione o l'inaggiudicabilità dell'eredità, la c.d. questione pregiudiziale veniva decisa in un processo separato da quello sul merito della causa.

121 Quest'aspetto dell'ipotesi costruttiva del Paoli è stato sottoposto a critica anche da Cohen 1973, 145 ss., ma senza cogliere sempre nel segno. Le sue obbiezioni, basate sulla pre-

Successivamente il nostro autore vuol far leva sulla circostanza che la bipartizione dinanzi al tribunale eliastico mal si accorderebbe con la circostanza che, potendosi l'eccezione sollevare anche nei giudizi arbitrali pubblici, che precedevano l'esperimento giudiziale, «l'arbitro, come apprendiamo da Demostene, presi in esame gli argomenti, le prove e le eventuali *paragrafai*, pronunziava sulla controversia in un'unica sentenza»[122]. Il fondamento testuale di questa opinione è del tutto illusorio, perché i passi citati, pur ritornando in essi il termine *paragrafe* hanno attinenza a tutt'altro istituto.[123] D'altro canto – pur non sussistendo fonti che possano esser direttamente prese in considerazione al riguardo – è del tutto verisimile che, nelle strutture del processo attico che conosciamo, l'arbitro pubblico delibasse la causa così come era stata impostata dagli atti difensivi delle parti, che, a loro volta, condizionavano la pronuncia e del tribunale eliastico e, coerentemente a quel che dicevo, anche dell'arbitro pubblico. Onde, a seguire l'opinione tradizionale, nel processo paragrafico l'arbitro pubblico avrebbe da decidere soltanto la questione sulla procedibilità dell'azione.[124]

Rimane l'ultimo punto che riguarda le δίκαι ἔμμηνοι: qui il Paoli fa valere il profilo della speditezza dei giudizi, quale caratteristica essenziale di tale tipo di processi,[125] onde l'impossibilità o l'inopportunità di una doppia udienza per decidere

---

senza dell'arbitrato pubblico nelle azioni private che non fossero *emmenoi*, sulla doppia votazione negli *agones timetoi*, sulla circostanza che «official investigation was divided into examinations at the beginning and end of the term of office, *dokimasia* and *euthynai*» (p. 150), palesano un'evidente *ignoratio elenchi* nei confronti dell'opinione del Paoli, che si riferiva all'inscindibilità del dibattimento dinanzi al tribunale eliastico e contro la soluzione di continuità fra le varie udienze. E se l'inscindibilità, come l'intendeva il compianto atticista fiorentino, non può considerarsi una caratteristica necessaria delle strutture processuali attiche, altrettanto e più arbitraria è l'affermazione dello studioso americano «that the Athenian juridical system was *based* on a plurality of hearings», se riferita – come si vorrebbe in una critica precisa dell'opinione del Paoli – all'unità del dibattimento dinanzi al tribunale eliastico (e non sfuggono alla stessa critica gli ulteriori esempi portati dal Cohen sulle *prodikasiai* nelle azioni di omicidio, e sul *probouleuma* nelle decisioni, non giudiziarie, dell'*ekklesia*).

[122] Paoli 1933b, 105 s.

[123] Il Paoli si richiamava a Demostene, *or*. 21. 84 e [47]. 45.

[124] E' quindi la struttura del procedimento dinanzi all'arbitro pubblico che dipende da quella del dibattimento dinanzi al tribunale eliastico, e che è condizionata dalla configurazione degli atti introduttivi del giudizio, come quelli che fissano l'*agon* processuale: non che viceversa, come vorrebbe il Paoli, si possa desumere dalla struttura del procedimento dinanzi all'arbitro pubblico, per il quale nulla sappiamo – almeno per quanto concerne la configurazione che assumeva nei processi in cui era stata sollevata una *paragrafe* – lo spunto per la ricostruzione della struttura del dibattimento dinanzi al tribunale eliastico.

[125] Cohen 1973, 12 ss., sostiene, di contro all'opinione unanime della dottrina precedente, che la «mensilità» delle azioni commerciali, come delle altre δίκαι ἔμμηνοι conosciute dall'ordinamento attico, non si riferisca alla necessità di conchiudere – entro un mese – il processo, ma alla circostanza che il magistrato competente per tali azioni riceveva una volta al mese le *lexeis* delle stesse, anche se l'a. perviene ad ammettere che «the smooth

di quella che, dal punto di vista sostanziale, rimaneva un'unica controversia.[126] Anche qui, in fondo, una notazione di carattere astratto: la bipartizione può apparire inutile,[127] può dar luogo ad una procedura macchinosa, può gravare di un eccessivo lavoro il tribunale dei tesmoteti che dovesse lavorare a ritmo accelerato in relazione alla scadenza mensile delle azioni. Ciò non toglie che la bipartizione potesse, però, praticamente attuarsi,[128] onde da queste considerazioni non viene alcuno spunto di qualche rilievo contro l'opinione tradizionale.[129]

V'ha un ulteriore profilo, presentato dal Paoli come rilevante nel contesto della sua argomentazione,[130] e che rappresenta, per così dire, un termine di passaggio alla considerazione dei dati testuali proposti da questo studioso a sostegno della sua particolare ipotesi sulla struttura del processo paragrafico. A riprova dello spunto tratto dalle difese sul c.d.merito della causa, contenute nei discorsi paragrafici, egli notava come in questi fosse possibile rilevare, in una cosciente contrapposizione, «il passaggio dalla questione pregiudiciale alla questione principale»[131]. Le espressioni in cui egli coglieva questa contrapposizione erano quelle in cui a *paragrafe* si opponeva αὐτὸ τὸ πρᾶγμα, a παραγράφεσθαι, ἀπολογεῖσθαι;[132] mentre altre locuzioni

---

working of the court demanded that one month's cases be completed before the next cycle began» (p. 40).

[126] Paoli 1933b, 106 s.: su un piano diverso si pone, a questo proposito, la notazione per la quale «che per una stessa controversia commerciale si tornasse due volte davanti ad un Tribunale emporico, non è mai attestato dalle fonti, né come cosa in atto, né come cosa possibile», notazione che rileva nelle fonti un fatto, ancorché negativo, ma che sicuramente non può essere chiamata ad attestare la fondatezza dell'obbiezione di carattere astratto di cui si è detto nel testo. Si ricordi a questo proposito come Gernet 1939 in Gernet 1964, 118 nt. 4, nonché, Gernet 1954, 206 nt. 1, ammetta l'inscindibilità del processo paragrafico nelle *dikai emporikai*, senza però prospettare una qualche base testuale per questa differenziazione.

[127] Soprattutto tenendo conto dell'eccezione tipica di queste azioni, e cioè quella che si basa sull'inesistenza del vincolo contrattuale.

[128] Anche senza arrivare agli estremi di ammettere, con Wolff 1966, 84 s., la possibilità che il dibattito sul c.d. merito della causa potesse essere discusso, rimanendo tempo sufficiente, nella stessa udienza in cui la *paragrafe* era stata respinta (ciò che viene posto in relazione alla circostanza che la proposizione dell'eccezione di improcedibilità non produce la cessazione della pendenza della lite e non rende quindi necessario un nuovo *diken lanchanein*; per una critica di questa opinione v. però, *supra*, cap. I, p. 18 nt. 39.

[129] Si noti come tutti questi argomenti, del resto, varrebbero, se fondati, ad escludere la bipartizione del processo in seguito all'opposizione della *paragrafe*: nessuno di essi serve, però, a riprova dell'ulteriore specificazione propria dell'ipotesi del Paoli, e cioè che alla fine del dibattimento, da considerarsi unitario, si prevedesse la possibilità di una doppia votazione, sulla procedibilità e sul merito della causa.

[130] Paoli 1933b, 109 s.: anche questo profilo, come l'a. sottolinea (p. 111), è connesso con lo scopo per cui la differenziazione terminologica fra questioni paragrafiche e svolgimenti sul merito della causa è fatta dagli oratori.

[131] Paoli 1933b, 110.

[132] A cui si accompagna, ristretta al caso particolare dell'amnistia, la contrapposizione fra παρὰ τὰς συνθήκας δικάζεσθαι e περὶ τῶν ἐγκλημάτων ψεύδεσθαι. Paoli 1933b, 109

rilevanti a questo proposito venivano individuate in quelle che contrapponevano «legalità ... o illegalità» a «verità o mendacio»[133], i νόμοι al δίκαιον, la κρίσις al κατὰ τοὺς νόμους δικάζεσθαι.[134]

E' innegabile, da un lato, che nei discorsi paragrafici si incontrano molti luoghi in cui avviene questa contrapposizione più o meno marcata fra questioni che riguardano l'oggetto della *paragrafe* sollevata dal convenuto e questioni che riguardano, invece, la fondatezza dell'*enklema* attore; e, dall'altro non si può, però, tacere che gli esempi portati dal Paoli sono raramente appropriati, e che è impossibile riconoscere un valore tecnico alle contrapposizioni terminologiche dall'a. colte.[135] Ma è altret-

---

nt. 3, cita, solo per una svista materiale, a riprova di essa [Demostene], *or*. 33. 3 e 4, che invece si riferiscono alla contrapposizione seguente.

[133] E cioè l'espressione παρὰ o κατὰ τοὺς νόμους ad un'altra che il Paoli non specifica.

[134] *Dikazesthai* è una svista per *dikazein*: qui la contrapposizione, come rende evidente la traduzione del secondo *colon*: «pronunziare in conformità delle leggi», è fra due diversi modi di indicare l'attività decisoria del giudice, ciò che è espresso dall'attivo del verbo e non dal medio (che indica invece l'attività della parte nel processo).

[135] Non è necessario a questo proposito procedere ad un'esposizione esauriente dell'effettiva portata, nei discorsi paragrafici, dei termini e delle espressioni in cui il Paoli vuol vedere un contrapporsi fra la questione sulla procedibilità dell'azione e quelle attinenti al c.d. merito della causa. Che i logografi attici distinguessero in tal senso e, conseguentemente, adoperassero – per indicare l'uno o l'altro di questi aspetti – quelle terminologie che, per la loro naturale carica semantica, potessero apparir loro più convenienti o tornar più istintive, non v'ha dubbio. Qui vorrei sottolineare soltanto come le terminologie indicate dal Paoli non assurgano mai, nella migliore delle ipotesi, ad un valore tecnico nella contrapposizione e come, soprattutto, gli esempi addotti dallo stesso siano raramente appropriati. Comincerò con la coppia di termini opposti, cui sembra ricondurre peso maggiore, e cioè *paragrafe* e αὐτὸ τὸ πρᾶγμα. Gli esempi apportati dal Paoli sono tutti privi di concludenza ai fini del discorso che l'a. voleva perseguire. In Lisia, *or*. 23. 1, περὶ τουτουὶ τοῦ πράγματος non può certamente, come vorrebbe il Paoli, essere inteso in contrapposizione con la seconda parte del paragrafo, e venir conseguentemente valutato come un'allusione al merito della causa in contrapposizione alla regolarità del δίκην λανχάνειν di cui è parola in tale seconda parte. La prima parte del § 1 serve a giustificare, nel complesso, la brevità dell'orazione e a dare un tono di estrema sicurezza al discorso che segue. Il *pragma* è quindi, a mio avviso, l'oggetto della presente controversia, e cioè la questione sulla procedibilità dell'azione in relazione allo *status civitatis* di Pancleone. Dell'*or*. 18 di Isocrate il Paoli cita a sostegno della propria opinione i §§ 1 e 22: in quest'ultimo paragrafo il contrapposto è tra il fatto addebitato a Filone (περὶ μὲν τοῦ πράγματος) e le *synthekai*, invocando le quali egli riuscì assolto. La contrapposizione è già diversa da quella voluta dal Paoli e si riferisce ad un caso verificatosi prima dell'introduzione del procedimento paragrafico, che non può valere come attestazione per quest'ultimo. Nel § 1, poi, l'antitesi corre non tanto tra *paragrafe* e αὐτοῦ τοῦ πράγματος, quanto fra quest'ultimo – inteso come il complesso delle questioni in causa – ed il *nomos* di Archino, che aveva introdotto il particolare *modus procedendi* di cui era questione; se la contrapposizione fosse intesa nel modo voluto dal Paoli, dal ragionamento stesso di Isocrate dovrebbe, infatti, risultare che, se non si fosse trattato della prima *paragrafe* portata dinanzi ai tribunali eliastici, il convenuto non si sarebbe neppure difeso sul punto dell'amnistia e della sua applicabilità al caso concreto, ciò che sarebbe eviden-

temente assurdo. Nel § 37, poi, in εἰ μὲν ἐγὼ τούτων τῶν πραγμάτων αἴτιος ἦν, il nostro termine si riferisce, senza dubbio, alle accuse in senso sostanziale di Callimaco, ma non si riscontra la contrapposizione voluta dal Paoli, mentre negli altri paragrafi in cui ritorna il termine stesso esso non ha riferimento alla questione che qui interessa (cfr. Isocrate, *or*. 18. 7, 9, 14, 24, 39, 42, 56, 62). Rimane – fra i passi citati dal Paoli – Demostene, *or*. 38. 19: in Ἀκούω τοίνυν αὐτοὺς τὰ μὲν περὶ τῶν πραγμάτων αὐτῶν καὶ τῶν νόμων δίκαια φεύξεσθαι si prospetta, dal punto di vista terminologico, una antitesi fra *nomoi* e *pragmata*, che però, anche in relazione al contesto in cui l'inciso è inserito, si riferisce immediatamente alla contrapposizione tra fatto e diritto, come del resto l'intendeva da ultimo anche Gernet 1954, 257 («j'entends dire que, sur les faits eux-mêmes et sur le droit, ils éluderont la discussion»). Non possono poi esser riferiti alla nostra problematica i §§ 11, 14, 24, 25 della stessa orazione, dove il termine ritorna, né il § 22, dov'è a registrare l'uso, un po' fuori dall'ordinario, di πρᾶγμα δίκαιον per indicare una regola di diritto. Sugli altri discorsi del *corpus Demosthenicum* il Paoli non ferma l'attenzione, ma – per amore di completezza – vanno rapidamente analizzati da questo punto di vista. Demostene, *or*. 36. 2, 30, 44, 49, 51, 53, non hanno attinenza alla problematica qui discussa, mentre nei §§ 54 e 55 della stessa orazione *pragma*, nel suo generico significato di «affare», va riferito al c.d. merito della causa – senza nessuna contrapposizione con l'aspetto della procedibilità dell'azione – proprio perché Demostene svolge, in quei paragrafi, un'argomentazione che vuole dimostrare l'infondatezza dell'*enklema* attore indipendentemente dall'eccezione di transazione sollevata dal suo cliente. Irrilevanti anche Demostene, *or*. 37. 10, 13, 14, 25, 39, 47, 48, 51, 53, 60. Nel § 60 ritorna la stessa espressione di Demostene, *or*. 38. 22: *pragma dikaion* sempre in relazione alla transazione. Essa viene palesemente fraintesa da Wolf 1956, 351 che l'interpreta nel senso che il cittadino coinvolto in un processo «braucht in "rechtmässigen" Angelegenheiten (pragmata) seine Sache nicht aufzugeben»: senso codesto che non riesco a vedere come lo studioso sia riuscito a ricavare dai nostri due testi. Ma nella stessa orazione vanno invece segnalati due paragrafi, trascurati dal Paoli, e che invece si inseriscono di pieno diritto nella discussione qui svolta. Si tratta anzitutto di Demostene, *or*. 37. 21, dove in μή τις οἴηται τοῖς περὶ τῶν πραγμάτων αὐτῶν δικαίοις ἁλισκόμενον, effettivamente *pragma* è adoperato per indicare il merito della causa in contrapposto alla prima parte del paragrafo stesso, dove si contiene la ricapitolazione dell'argomentazione relativa alla procedibilità dell'azione: ma si tratta di un passo che, per avventura, testimonia proprio nel senso della esclusione del merito della causa stesso dal *thema decidendum* del processo paragrafico (su ciò cfr. *infra*, in questo cap., p. 92 ss.). Nel § 3, invece, in καὶ προσέχειν ὅλῳ τῷ πράγματι τὸν νοῦν, πρᾶγμα pur qualificato da *olos*, si riferisce, se non esclusivamente alla *paragrafe* di cui è parola immediatamente prima (δεήσομαι δὲ καὶ μέτρια καὶ δίκαι' ὑμῶν ἁπάντων, ἀκοῦσαί τέ μου περὶ ὧν παρεγραψάμην εὐνοϊκῶς), almeno all'affare nella sua interezza, e cioè comprensivo della questione sulla procedibilità dell'azione e del c.d. merito della causa, onde *pragma* non è in antitesi a *paragrafe*, anzi la ricomprende.

I discorsi paragrafici pseudo-demostenici non offrono migliori appigli all'ipotesi del Paoli. A parte [Demostene], *or*. 33. 9 e 12, che non rilevano ai fini della discussione qui svolta, le altre orazioni contengono spunti che mostrano come gli ateniesi si raffigurassero tendenzialmente in modo diverso la portata semantica di *pragma* in contesti rilevanti al nostro fine. In [Demostene], *or*. 32, a parte i §§ 11, 24, 30 e 32, è molto significativo il § 3, in cui *pragma* indica il complesso dell'affare, nonché il § 13, in cui esso si riferisce all'oggetto della sentenza, che non poteva – anche secondo l'opinione di Paoli – non ricomprendere anche la decisione preliminare sulla procedibilità dell'azione (a prescindere dalla rilevanza che sulla concludenza di questi rilievi può avere il coincidere – in questo processo – dei fatti che riguardano il c.d. merito della causa con quelli relativi all'eccezione di improcedibilità dell'azione, basata sull'assenza di qualsiasi *symbolaion* fra attore e convenuto). Se, ancora, [Demostene], *or.* 34. 6, 8, 22, 47, rimangono al di fuori della tematica qui discussa, ha incidenza in essa, invece, il § 4, in cui nella contrapposizione καὶ ἐξ αὐτοῦ τοῦ πράγματος δείξειν εἰσαγώγιμον τὴν δίκην οὖσαν il nostro termine non può assumere altro significato che quello di situazione di fatto, da cui scaturisce, come effetto giuridico, la procedibilità dell'azione. E, per finire, l'*or.* [35] pseudodemostenica: i §§ 18, 26, 41 non rilevano ai nostri fini. Nel § 5 εὐνοϊκῶς ἀκοῦσαί μου περὶ τοῦ πράγματος τουτουί è generico, e non può non riferirsi a tutto l'affare, merito e procedibilità dell'azione ivi ricompresi (tenendo sempre conto della particolare natura dell'eccezione in queste azioni commerciali). Più importante il § 49. Nel corso di un'argomentazione incentrata sul dilemma: dov'io posso rivolgermi per ottener giustizia in un'azione commerciale, se non ai giudici che di queste azioni giudicano, l'oratore conchiude: ἀλλ' οὐκ ἔστιν οὕτω δεινὸς ἄνθρωπος οὐδεὶς ὅστις ἂν περὶ τοιούτων πραγμάτων ἔχοι τι δίκαιον εἰπεῖν; e qui i *toiauta pragmata* si riferiscono senza dubbio ad un aspetto strettamente connesso con quello della procedibilità dell'azione. Per conchiudere va infine ricordato Demostene, *or.* 45. 51 (ἐγὼ δ', ὦ ἄνδρες Ἀθηναῖοι, νομίζω πάντας ὑμᾶς εἰδέναι, ὅτι οὐχ ἧττον τὰ πεπραγμέν' εἰώθατε σκοπεῖν ἢ τὰς ὑπὲρ τούτων παραγραφάς), dove, pur al di fuori di un discorso paragrafico ma in relazione ad una precedente *paragrafe*, appare nel modo più evidente la contrapposizione fra i *pepragmena* come fatti attinenti al c.d. merito della causa e la *paragrafe* stessa (su di esso cfr. *infra*, in questo cap., p. 98 ss.), anche se il Paoli ometta di prenderlo in considerazione.

Da questa rassegna mi sembra emergere la constatazione che non si può riscontrare, nell'uso terminologico degli oratori attici, una specifica contrapposizione tra *paragrafe* ed αὐτὸ τὸ πρᾶγμα nel senso voluto dal Paoli: talora, ma assai raramente, questa si rinviene; più spesso, anche in contesti in cui rientrano aspetti relativi alla procedibilità dell'azione, *pragma* assume significati diversi da quello che alluda solo al merito della causa. Questo risultato trova corrispondenza in una rapida analisi delle altre antitesi prospettate dal Paoli. Per quanto concerne il significato che assumerebbe *apologeisthai* nel senso di difesa sul merito, esso non trova certamente fondamento in [Demostene], *or.* 34. 4 e 42. Nel § 4, infatti, non è questione della contrapposizione fra i due diversi aspetti nel corso dello stesso procedimento, ma si contrappongono due diversi *modus procedendi*, l' ἀπολογεῖσθαι ... εὐθυδικίαν εἰσιόντα ed il κατηγορεῖν τοῦ διώκοντος, nel quale ultimo – secondo la prospettiva del logografo – si sostanzierebbe il procedimento paragrafico. Nulla, quindi, di quanto vi voleva trovare il Paoli: quanto poi al § 42 οὐκ οἶδ' ὅπως ἂν ἄλλως ἄμεινον ἀπελογήσατο si riferisce a quanto detto nei precedenti §§ 40-41, in cui è principalmente questione del pagamento effettuato nelle mani di Lampide al Bosforo, circostanza questa che Formione aveva dedotto a sostegno della sua eccezione che opponeva a Crisippo l'assenza – attuale – del *symbolaion*: la contrapposizione con la seconda parte del passo, in cui si riprende, da altro punto di vista, il discorso sulla procedibilità dell'azione, è quindi soltanto apparente. Ma se si va ad indagare sull'uso della terminologia in questione nei discorsi paragrafici al di fuori di questi due passi ricordati dal Paoli (ed in cui, del resto, non v'ha mai un'antitesi letterale con *paragrafesthai*), quanto precedentemente detto si conferma. A parte Isocrate, *or.* 18. 22, (che si riferisce ad un momento anteriore alla legge di Archino), e 40 (irrilevante), ed a parte Demostene, *or.* 37. 45, anch'esso irrilevante, rimangono taluni luoghi dell'orazione [33] del *corpus Demosthenicum*. Irrilevanti i §§ 32, 33, già nel § 29 il logografo usa *apologia* in relazione a una difesa che avrebbe potuto ugualmente far valere mediante la *paragrafe*: nel § 22, poi,

lo stesso termine è con tutta chiarezza adoperato per indicare una difesa del convenuto, la quale riguarda quella mancata assunzione della garenzia, che era a base della sua *paragrafe*.
Un'altra contrapposizione che il Paoli crede di poter cogliere nelle fonti è quella fra *nomoi* e *dikaion*, i primi relativi all'improcedibilità, il secondo al c.d. merito della causa. Ancora una volta i passi apportati dal compianto atticista non riescono a dare sufficiente sostegno alla sua opinione, e troppi altri – soprattutto contrari – sono stati lasciati fuori di attenzione. Isocrate, *or.* 18. 68, presenta una contrapposizione fra *dikaia* e *sympheronta* (e quindi al di fuori, con tutta evidenza, della dicotomia proposta dal Paoli), in una richiesta di sentenza favorevole da parte del convenuto (ὧν χρὴ μεμνημένους ἅμα τά τε δίκαια καὶ τὰ συμφέροντα ψηφίζεσθαι), la quale non poteva non ricomprendere in sé anche il *petitum*, prioritario in ogni caso, rivolto all'accoglimento della *paragrafe* (e cfr., del resto, l'inizio del § 65). Più grave il fraintendimento del § 20 della stessa orazione, dove in Ἆρα μικρῷ τῷ δικαιῷ πιστεύων τὴν παραγραφὴν ἐποιησάμην è proprio al fondamento della paragrafe che *dikaion* si riferisce. Demostene, *or.* 38. 17, pure citato dal Paoli, non si riferisce al contrapposto terminologico di cui qui è parola, ma ad altro di cui dirò subito appresso, mentre nel § 19 della stessa orazione non v'è antitesi fra *nomoi* e *dikaia*, ma – in relazione fra l'altro, come si è già detto in questa nota, a difese paragrafiche – si parla di τῶν νόμων δίκαια, di cui l'ultimo termine assume il significato, che anche altrove gli è proprio, di argomentazioni giuridicamente rilevanti (e che quindi riguardano le leggi). D'altra parte in molti discorsi paragrafici si formulano, sia da parte dell'attore che da parte del convenuto, delle richieste ai giudici di pronunciare τὰ δίκαια o simili. Quando, a parte Isocrate, *or.* 18. 68, si leggano Lisia, *or.* 23. 16 (οἶδ' ὅτι τά τε δίκαια καὶ τἀληθῆ ψηφιεῖσθε, ἃ καὶ ἐγὼ ὑμῶν δέομαι); Demostene, *or.* [33]. 38 (Εἴρηταί μοι τὰ δίκαια, ὅσα ἐδυνάμην. ὑμεῖς οὖν κατὰ τοὺς νόμους γιγνώσκετε τὰ δίκαια); 36. 1 (ἵν' εἰδότες καὶ μεμαθηκότες ὀρθῶς τὰ δίκαια παρ' ἡμῶν, ἂν ᾖ δίκαια καὶ εὔορκα, ταῦτα ψηφίσησθε); 37. 3 (su cui v. *supra* in questa nota); 38. 2 (δεήσομαι δὲ καὶ δίκαια καὶ μέτρι' ὑμῶν ἁπάντων ... εἶτ', ἐὰν ἀδικεῖσθαι δοκῶ καὶ μὴ προσήκοντος ἐγκλήματος φεύγειν δίκην, βοηθῆσαί μοι τὰ δίκαια), è evidente che la richiesta di ottenere τὰ δίκαια non può che riferirsi – anche a seguire l'opinione del Paoli sulla doppia eventuale votazione alla fine del procedimento paragrafico, di cui la prima verterebbe appunto sulla procedibilità dell'azione – se non ad entrambi gli aspetti in ordine ai quali il convenuto si difendeva. D'altro canto vi sono altri luoghi dove si può agevolmente cogliere un preciso riferimento di *dikaios* al profilo processuale della questione dibattuta: così nella parte finale di [Demostene], *or.* 35. 45 (ἔπειτα, ὦ Λάκριτε, σοὶ μὲν τοῦτο δίκαιον δοκεῖ εἶναι, ἐμοὶ δὲ διὰ τί οὐκ ἔσται; οὐχ ἅπασιν ἡμῖν οἱ αὐτοὶ νόμοι γεγραμμένοι εἰσὶν καὶ τὸ αὐτὸ δίκαιον περὶ τῶν ἐμπορικῶν δικῶν), un paragrafo tutto incentrato su un'argomentazione relativa alla δίκη οὐκ εἰσαγώγιμος. Così, ancora più chiaramente forse, in Demostene *or.* 37. 34 (ἐμοὶ μὲν γάρ, ἕως ἂν ἔχω τὸν νόμον αὐτὸν δεικνύναι, οὐδ' ὁτιοῦν διαφέρει· οὐ γὰρ τὸ γιγνώσκειν καὶ συνιέναι τὰ δίκαι' ὑμῶν ἐξαλεῖψαι δυνήσεται), dove i *dikaia* a cui s'allude si riferiscono al capo della *paragrafe* presentata da Nicobulo e stralciata dai tesmoteti. E così, ancora, in Demostene, *or.* 37. 59; 38. 22, 27, dove la terminologia in questione è sempre riportata all'oggetto dell'eccezione. Ciò mostra, se ve ne fosse stato bisogno, l'inanità del tentativo del Paoli, già di per sé insufficientemente fondato sul valore espressivo dei termini presi in considerazione, di intendere in Demostene, *or.* 36. 1, *dikaia* come «conforme ad equità (cioè in merito alla questione principale)», ed *euorka* come «[conforme] al giuramento (... quindi sulla *paragrafe*)» (op. cit., 111). Le due terminologie che così il Paoli contrappone non hanno, sia considerate isolatamente sia in contrapposto, il valore che lo studioso fiorenti-

tanto evidente che questa constatazione – ed il Paoli stesso in sostanza lo riconosceva – si può inquadrare in qualsiasi sistema si segua, fra quelli proposti e fra quelli che si possono immaginare, intorno alla struttura del processo paragrafico. Una parola più convincente intorno alla questione qui dibattuta, proprio avendo riguardo all'eventualità di una doppia votazione al termine del dibattimento in cui era stata discussa l'eccezione d'improcedibilità dell'azione, si potrà trovare soltanto nell'esame dei passi che, in qualche modo, possano venir connessi con essa o comunque lo siano stati.

8. *Prove testuali a favore della doppia votazione al termine del procedimento paragrafico.*

Si debbono ora prendere in esame le fonti da cui Paoli crede di poter dedurre che gli svolgimenti contenuti nei discorsi paragrafici e relativi al c.d. merito della causa vengano fatti, già nella prospettazione del logografo, in relazione ad una votazione eventuale sulla condanna o sull'assoluzione del convenuto, una volta che sia stata giudicata – e respinta – l'eccezione d'improcedibilità.

Nulla si può ricavare da [Demostene], *or.* 32. 13,[136] quando questo passo sia rettamente inteso nel suo contesto e soprattutto in relazione al tipo di *paragrafe* che il convenuto Demone aveva sollevato nel caso in questione:

---

no voleva per forza attribuir loro. E ciò è naturale, perché procedibilità e merito della causa son entrambi decisivi secondo i *nomoi*, ed entrambi possono essere sentiti come afferenti al *dikaion*.

Meno lungo discorso richiede l'ultima antitesi proposta dal Paoli e che intendo discutere in questa sede: e cioè quella fra *krisis* e *dikazein*. Essa non si trova mai attestata nelle fonti: Isocrate, *or.* 18. 22, di cui si è già detto in questa nota, parla soltanto di una *krisis* che non avvenne a carico di Filone di Celo, che aveva invocato a sua difesa le *synthekai*, in periodo anteriore alla legge di Archino: il passo rimane quindi irrilevante ai fini della contrapposizione prospettata dal Paoli. Del resto, a precisa smentita del valore di *krisis* così presupposto, basti vedere il § 42 della medesima orazione, dov'è parola di una *krisis* che riguarda l'amnistia, e cioè il fondamento della *paragrafe* (περὶ τῶν συνθηκῶν εἶναι τὴν κρίσιν). La rimanente documentazione dei discorsi paragrafici non apporta altri elementi notevoli: tale infatti non si può giudicare il *dikazein* di Demostene, *or.* 38. 27, come riferito all'attività decisoria dei giudici relativa alle difese paragrafiche. Il verbo, infatti, indica l'attività di decisione dei giudici in quanto tali, qualsiasi si sia l'oggetto e la portata della loro sentenza, come è del resto fatto palese dall'uso di esso al di fuori dei processi paragrafici.

Non è da prendere in considerazione, in questa rassegna che intendeva rimanere sul piano della terminologia, la contrapposizione fra quelle espressioni che, soprattutto come *adikein* e *adikeisthai*, si riferiscono all'interesse sostanziale leso e le altre che, come παρὰ τοὺς νόμους δικάζεσθαι, possono – nella concreta contrapposizione, ma non necessariamente in astratto – riferirsi al fatto che l'attore intenta una δίκη οὐκ εἰσαγώγιμος, anche se, sul piano sostanziale, è indubbio che tali antitesi venissero proposte.

[136] Cfr. Paoli 1933b, 111: si allinea su questo punto Biscardi 1961a, 880 e nt. 1, il quale, anche di recente, continua a credere alla rilevanza del passo (in *Iura*, 19, 1968, 131), ma senza apportare alcun nuovo elemento. L'opinione del Paoli è seguita anche da Steinwen-

Τὸ μὲν οὖν πρᾶγμ' ὑπὲρ οὗ τὴν ψῆφον οἴσετε, ὡς εἰπεῖν ἐν κεφαλαίῳ, τοιοῦτόν ἐστιν. βούλομαι δὲ τοὺς μάρτυρας ὧν λέγω πρῶτον ὑμῖν παρασχόμενος, μετὰ ταῦτ' ἤδη καὶ τἄλλα διδάσκειν.

Nei §§ 4-12, che precedono, il logografo ha, praticamente, svolto la narrazione dei fatti di causa, sin dalle frodi compiute – secondo il punto di vista del παραγραψάμενος, s'intende – da Zenotemide ed Egestrato in Siracusa per finire all'arrivo in Atene del vascello, con il carico di frumento in contestazione. Per poter far conto sul passo a sostegno della propria opinione, per cui si desse, nel processo paragrafico, un'eventuale sentenza sulla c.d. *euthydikia*, il Paoli deve intendere questa narrazione – cui il § 13 fa, all'inizio, immediato riferimento – come attinente non alla *paragrafe*, bensì al merito della causa.

Qui sta, però, l'errore. Il convenuto basava, infatti, la sua eccezione d'improcedibilità sulla circostanza che fra lui e Zenotemide, l'attore, non esistesse un *symbolaion*, inteso questo termine in un significato molto ampio, e cioè non solo quale assenza di un rapporto obbligatorio intercorrente fra le parti, che si fondasse su un contratto, ma anche di qualsiasi rapporto obbligatorio pur derivante da atto illecito, quale era quello che poteva nascere dall'*exagoge* compiuta da Demone nei confronti di Zenotemide. Ma, sia sotto il primo che sotto il secondo di questi profili, la ricostruzione dei fatti di causa era necessaria, proprio perché si potesse giudicare di quell'inesistenza di un *symbolaion*, ciò che costituiva il fondamento della *paragrafe*

ter 1934, 385 e da Gernet 1939, in Gernet 1964, 118 nt. 4, nell'ambito, però, delle rispettive mediazioni fra l'opinione dello studioso fiorentino e quella sulla bipartizione del processo in seguito alla proposizione della *paragrafe*. Nettamente contrario a questa valutazione del § 13 è Wolff 1966, 82, il quale propone di intendere il passo nel senso «dass das Votum über die Paragraphe natürlich auch für den materiellen Streit Bedeutung haben, ja dem Prozess, falls im Sinne der Paragraphe ausfallend, in der Tat ein Ende setzen würde – wenigstens wenn Zenothemis, wie wahrscheinlich, nur im Hafengericht Parteifähigkeit besaß», concludendo nel senso che la lettura del passo portava necessariamente a ritenere che la «Sachdarstellung» precedente servisse soltanto ai fini della *paragrafe*. L'interpretazione fornita dal Wolff si basa, disgraziatamente, su un dato di fatto, e cioè non esser Zenotemide un meteco, che è positivamente smentito dalle fonti, perché [Demostene], *or*. 32. 29, prova che Zenotemide stesso aveva capacità processuale dinanzi al tribunale del polemarco, competente appunto per i meteci e le altre categorie di stranieri privilegiati. Quanto al suo valore in astratto, vorrei far rilevare che il critico del Paoli s'è lasciato, in definitiva, contagiare dall'errore di prospettiva che aveva commesso l'autore criticato: nel nostro § 13 non è infatti in alcun modo parola di un carattere, formalmente o sostanzialmente definitivo, del giudizio, ma ci si limita soltanto, come si dirà nel testo, a collegare il voto dei giudici eliastici con i fatti di cui è stata data contezza ai giudici, fatti che, per la particolare struttura che aveva la *paragrafe* nel nostro caso, avevano tutti attinenza alla questione della procedibilità dell'azione.

Dal canto suo il Paoli, *loc. cit.*, seguito anche su questo punto dal Biscardi 1961a, 880 e nt. 1, vuol poi far leva, allo stesso modo che per il § 13, già ricordato, su Demostene, *or*. 36. 1, pur riconoscendo che non si tratta di «così evidente, ugual considerazione»: l'interpretazione del testo è però palesemente arbitraria, come ho cercato di mostrare *supra*, in questo cap., p. 77 nt. 135.

del convenuto.[137] Onde, come già dicevo,[138] non si può dire che alcuno degli svolgimenti presentati da Demone debba attribuirsi, più che alla *paragrafe*, alla c.d. *euthydikia*. Qualsiasi valore probatorio del passo, nel senso voluto dal Paoli, viene così meno.[139]

---

[137] Ciò era soprattutto necessario per giudicare se l'*exagoge* compiuta da Demone dovesse o meno ritenersi illecita, in quanto compiuta da un non proprietario, o meglio nei confronti di un avente causa dall'effettivo proprietario del frumento, quale si presentava Zenotemide. La miglior difesa, la più istintiva direi, da parte di Demone era di cercare di dimostrare di esser lui il proprietario del frumento stesso, ciò che avrebbe eliminato qualsiasi ombra di illiceità sull'*exagoge* compiuta da Demone stesso.

[138] Cfr. *supra*, in questo cap., p. 61.

[139] Lo stesso punto di vista può esser fatto valere per qualche altra affermazione che dovesse suonare in senso analogo a quella di [Demostene], *or*. 32. 13, e che sia sempre contenuta in discorsi paragrafici che difendano o combattano un'eccezione avverso un'azione commerciale, eccezione volta a far valere l'assenza di quel *symbolaion* (Ἀθήνηθεν ἢ Ἀθήναζε), che dell'azione stessa doveva, a termini di legge, esser il fondamento. Ciò può spiegare, ad es., [Demostene], *or*. 33. 35, dove si accostano – come oggetto della prova da parte del convenuto che ha sollevato l'eccezione di improcedibilità – l'irritualità e l'infondatezza dell'azione (Ὅτι μὲν οὖν ἐγὼ μὲν ὀρθῶς τὴν παραγραφὴν πεποίημαι, Ἀπατούριος δὲ τὰ ψευδῆ ἐγκέκληκε καὶ παρὰ τοὺς νόμους τὴν λῆξιν πεποίηται, ἐκ πολλῶν οἶμαι ἐπιδεδεῖχθαι τοῦτο ὑμῖν, ὦ ἄνδρες δικασταί), a parte la considerazione che questi due profili non sono indicati come quelli su cui debba direttamente portare la sentenza dei giudici. Questi motivi, d'altra parte, erano presenti al logografo già sin dall'inizio dell'arringa, come può vedersi dal § 2 (καὶ εἰσελθόντες εἰς ὑμᾶς ἐξήλεγξαν τοὺς δικαζομένους ἀδίκως ἐγκαλοῦντας καὶ ἐπὶ τῇ προφάσει τοῦ ἐμπορεύεσθαι συκοφαντοῦντας) e dal § 4 (Ὡς τοίνυν παρὰ τοὺς νόμους τούτους εἴληχέ μοι τὴν δίκην Ἀπατούριος καὶ τὰ ψευδῆ ἐγκέκληκεν): su questi passi cfr. anche *infra*, in questo cap., p. 92 nt. 155. Indubbiamente nel generico τὰ ψευδῆ ἐνκαλεῖν possono rientrare anche fatti non dedotti nella *paragrafe*, ma vi rientra anche la circostanza su cui l'eccezione si basa, e cioè il non aver assunto il convenuto la garenzia per Parmenonte. Vi è qui, come nelle altre eccezioni contro le azioni commerciali, un almeno parziale coincidere tra fatti che sono a sostegno della *paragrafe* e fatti attinenti invece al c.d. merito della causa, coincidenza che può spiegare del tutto agevolmente espressioni come quella che si è vista. Lo stesso può dirsi per [Demostene], *or*. 34. 3, dove Paoli 1933b, 110 s., sottolinea la sproporzione fra gli svolgimenti relativi all'eccezione, brevissimi, mentre poi l'attore si limiterebbe a svolgere il suo *enklema*. Egli stesso – va riconosciuto – ammette che, al proposito, oltre alla generale obbiezione basata sulla tecnica del «convincimento globale» del giudice, si potrebbe osservare che il logografo desiderava trascinare l'argomentazione nel campo in cui si sentiva più sicuro, e che qui si abbia «una conseguenza di quanto abbiamo anteriormente rilevato che l'eccezione paragrafica non sempre riguarda la questione di diritto, ma può riferirsi anche al merito, per cui la narrazione del fatto serve al tempo stesso a chiarire la questione paragrafica e la principale». Non val la pena di sottolineare come, in questa presa di posizione, influisca negativamente la definizione della *paragrafe* come eccezione di diritto, di cui già si è detto (cfr. *supra*, cap. I, p. 32 ss.): essa impediva al Paoli di centrare in pieno – pur avvertendolo imprecisamente – il punto qui rilevante, ossia che tutta la trattazione di Crisippo è volta a confutare il fondamento dell'eccezione di Formione, e cioè d'aver fatto venir meno il *symbolaion*, su cui doveva basarsi l'azione commerciale, mediante il pagamento effettuato nelle mani di Lampide al

Ben altra portata ha Isocrate, *or.* 18. 40-41:

Ἂν δ' ἄρα μεμνῆται τῶν ἐπὶ τῆς ὀλιγαρχίας γεγενημένων, ἀξιοῦτε αὐτὸν μὴ 'κείνων κατηγορεῖν, ὑπὲρ ὧν οὐδεὶς ἀπολογήσεται, ἀλλ' ὡς ἐγὼ τὰ χρήματα εἴληφα διδάσκειν, περὶ οὗπερ ὑμᾶς δεῖ ψηφίζεσθαι, μηδ' ὡς αὐτὸς δεινὰ πέπονθεν ἀποφαίνειν, ἀλλ' ὡς ἐγὼ πεποίηκα ἐξελέγχειν, παρ' οὗπερ ἀξιοῖ τἀπολωλότα κομίζεσθαι· ἐπεὶ κακῶς γ' αὐτὸν πράττοντα ἐπιδεῖξαι καὶ πρὸς ἄλλον ὁντινοῦν ἀγωνιζόμενος τῶν πολιτῶν δύναται. Καίτοι χρὴ μέγα παρ' ὑμῖν δύνασθαι τῶν κατηγοριῶν, οὐχ αἷς ἔξεστι χρῆσθαι καὶ πρὸς τοὺς μηδὲν ἡμαρτηκότας, ἀλλ' ἃς οὐχ οἷόν τ' εἰπεῖν ἀλλ' ἢ κατὰ τῶν ἠδικηκότων. Πρὸς μὲν οὖν τούτους τοὺς λόγους καὶ ταῦτ' ἴσως ἀρκέσει καὶ τάχ' ἀντειπεῖν ἐξέσται.

Bosforo. D'altro canto l'affermazione περὶ μὲν οὖν τῆς παραγραφῆς βραχύς ἐστιν ὁ λόγος va intesa non come quella che contrappone il c.d. merito della causa alla questione sulla procedibilità dell'azione: nei §§ 3-5 (il βραχὺς λόγος), infatti, si discute sull'ammissibilità di una simile *paragrafe*, questione ad un certo limite oziosa, perché ormai risolta in senso positivo dai tesmoteti (onde le relative argomentazioni debbono, da un certo punto di vista, esser riguardate come di contorno), e successivamente si viene a trattare del fondamento in fatto della stessa.

Considerazioni analoghe vanno, poi, fatte anche per [Demostene], *or.* 35. 5: κἂν ἐξελέγξω αὐτὸν ἀδικοῦντα ἡμᾶς τε τοὺς δανείσαντας καὶ ὑμᾶς οὐδὲν ἧττον, βοηθεῖτε ἡμῖν τὰ δίκαια: un generico *adikein* del convenuto può ricomprendere, anche qui, il fondamento della *paragrafe*, ossia la circostanza che Lacrito probabilmente specificava nel suo atto introduttivo del giudizio, quella cioè di non esser erede del fratello Artemone e di non poter quindi venir tenuto responsabile per i debiti contratti da costui; quanto poi all'espressione βοηθεῖν τὰ δίκαια, si è già visto – *supra*, in questo cap., p. 77 nt. 135, p. 79 s. – che essa non può in alcun modo esser ritenuta – in sé – come necessariamente allusiva ad una sentenza di merito. Diverse le considerazioni che si possono fare per il § 43 della stessa orazione (κελεύσατε αὐτὸν διδάξαι ὑμᾶς, ἢ ὡς τὰ χρήματα οὐκ ἔλαβον παρ' ἡμῶν, ἢ ὡς λαβόντες ἀποδεδώκασιν, ἢ ὅτι τὰς ναυτικὰς συγγραφὰς οὐ δεῖ κυρίας εἶναι, ἢ ὡς δεῖ ἄλλο τι χρήσασθαι τοῖς χρήμασιν ἢ ἐφ' οἷς ἔλαβον κατὰ τὴν συγγραφήν). Qui bisogna tener conto del contesto, da cui risulta che, svolgendo un'argomentazione sulla persona di Lacrito, come sofista ed allievo di Isocrate, il logografo vuole affermare che, nonostante tali qualità, egli non riuscirebbe a persuadere i giudici di alcuno dei fatti ricordati. Questi – ai fini di una siffatta argomentazione – non debbono esser necessariamente rilevanti per la causa in discussione, e non venivano probabilmente contestati da Lacrito, il quale, come si è detto, si limitava a negare la propria legittimazione passiva. Quanto all'opinione di Wolff 1966, 78, che in questo paragrafo l'attore, fondandosi sui vantaggi che gli sarebbero stati offerti dal processo sulla c.d. *euthydikia*, non presentasse – rivestita di forme retoriche – altro che l'istanza di respingere la *paragrafe* per permettere il processo sul merito della causa, non posso nascondere che essa mi sembra assai scarsamente probabile avendo riguardo all'esegesi del passo, e fondata, d'altra parte, su una particolare valutazione dei rapporti tra processo paragrafico ed *euthydikia*, in ordine alla ripartizione dell'onere della prova, che non corrisponde, a mio parere, alle risultanze oggettive delle fonti.

Bisogna, anzitutto, accertare, da un punto di vista esegetico, il significato del passo,[140] anche perché ne è stata recentemente contestata la rilevanza sotto questo profilo.[141] Il tentativo di porre fuori causa il testo da siffatto punto di vista non mi sembra riuscito. Si è osservato, infatti, che questo svolgimento non avrebbe nulla a che fare con una «zu erwartende Abstimmung derselben Richter über die Hauptsache», in quanto esso si trova in un contesto in cui il convenuto oppone a Callimaco che, anche ove gli oligarchi avessero cagionato dei danni all'attore, non egli, il παραγραψάμενος, era stato colui che li aveva cagionati. «Sein Verlangen» – prosegue il Wolff – «der Kläger solle dartun, er, der Sprecher habe das Geld genommen, denn das sei das Abstimmungsthema für die Richter, ist an dieser Stelle ein blosses rhetorisches Mittel, emphatisch daran zu erinnern, dass nicht allgemein das zur Zeit der Gewaltherrschaft geschehene Unrecht, sondern ausschliesslich die persönliche Rolle des Beklagten zur Debatte stehe, d.h. eben ein Anspruch, der nun einmal infolge der Amnestie nicht mehr geltend gemacht werden dürfe», ciò che, d'altra parte, risulterebbe particolarmente chiaro quando si tenesse presente l'intero § 40, in cui «der Ton liegt auf dem ἐγώ».

---

[140] Paoli 1933b, 111, si limita, praticamente, a citare il passo, richiamando a confronto, nella nt. 1, il § 16, che è irrilevante a questo proposito, dato che parla genericamente – a proposito dei giudici – di uno γνῶναι τὰ δίκαια, che indubbiamente si riferisce, nel contesto, al merito della causa, ma che non indica ciò come oggetto specifico ed attuale dell'attività decisionale dei giudici eliastici, bensì di un ipotetico giudizio degli eliasti, non ricorrendo talune delle caratteristiche del caso concreto. La valutazione del Paoli è, anche qui, puntualmente ripresa da Biscardi 1961a, 880 e nt. 1, nonché in Biscardi 1968, 131, senza apportare – pur dopo le critiche del Wolff – alcun elemento nuovo. Cfr. anche Steinwenter 1934, 385, sempre nell'ambito della sua particolare valutazione della struttura del processo paragrafico. Forse maggiore importanza, anche se il luogo non è stato considerato dal Paoli, potrebbe avere, come confronto generico, il § 67: ἣν (scil. χάριν) ὑμᾶς νῦν ἀπαιτοῦμεν, οὐ πλέον ἔχειν τοῦ δικαίου ζητοῦντες, ἀλλ' ἀποφαίνοντες μὲν ὡς οὐδὲν ἀδικοῦμεν, ... τοῖς ὅρκοις καὶ ταῖς συνθήκαις ἐμμένοντες. La ricostruzione del testo offerta, che è quella di G.E. Benseler – F. Blass, *Isocrates, Orationes*, II², Lipsiae 1910, XLIV e 220, è soltanto indicativa, ma non credo che, tenuto conto della lezione manoscritta, si possa giungere a considerazioni diverse, in ordine al punto che qui interessa, partendo da qualsiasi altro possibile emendamento. E' vero che qui si sottolinea soltanto la prova dell'οὐδὲν ἀδικεῖν come quella offerta ai giurati, ma è altresì vero che, in un modo o nell'altro, ciò che conta è il τοῖς ὅρκοις καὶ ταῖς συνθήκαις ἐμμένοντες (qual è la lezione manoscritta, preceduta nel *ms. Vaticanus gr.* 65, da una lacuna di 8-10 lettere: cfr. Benseler – Blass 1910, XLIV, e Mathieu – Bremond, 1972, 34 nt. 2): anzi, nella ricostruzione riportata, l'osservanza delle *synthekai* è l'oggetto specifico dell'istanza del convenuto. In ogni caso, questo passo non ha molto maggior importanza degli altri generici richiami, comunque configurati, alla prova sulla c.d. *euthydikia*, proprio perché, a differenza del § 40, non pone l'accento sui lati sostanziali della fattispecie come su quelli in ordine ai quali i giudici eliastici dovranno pronunciarsi.

[141] E precisamente da Wolff 1966, 82 s.. Francamente incomprensibile mi risulta la critica di Lämmli 1938, 162 s., per cui il passo non rappresenterebbe, incondizionatamente, una prova, «da das περὶ οὗπερ ὑμᾶς δεῖ ψηφίζεσθαι innerhalb der Antithese verständlich ist».

In questo modo non si fa certo giustizia al valore del nostro passo, in sé considerato. Vi è qui, infatti, e lo stesso Wolff in sostanza l'ammette, quella che, espressa con una terminologia moderna, è una chiara declinatoria della legittimazione passiva: se anche il fatto della βλάβη sussistesse – nei suoi estremi oggettivi –, esso non potrebbe venir riferito, dal punto di vista soggettivo, all'attuale convenuto. Che questa difesa non sia altro che un mezzo retorico per ricordare ai giudici che si tratta di una pretesa estinta dall'amnistia, è affermazione che rimane campata in aria. Qui ci si imbatte in una vera e propria difesa che attiene non al fondamento della *paragrafe*, e cioè l'amnistia,[142] bensì fa parte di quelle ragioni che – com'è l'insussistenza del diritto fatto valere, sotto il profilo dell'assenza della legittimazione passiva – dovrebbero esser riservate, almeno in questo caso, al c.d. merito della causa. Che questa sia l'esatta valutazione del passo è confermato, d'altro canto, da un'ulteriore osservazione: e cioè che, fosse stata la βλάβη causata dal παραγραψάμενος o da un'altra persona, la relativa pretesa sarebbe sempre stata coperta dall'amnistia: onde, anche da questo punto di vista, non si vede come, con il richiamo al difetto di legittimazione passiva, Isocrate avrebbe voluto e potuto rammentare ai giudici, al modo che vuole il Wolff, l'estinzione della pretesa in seguito all'amnistia.[143]

A questo proposito il Wolff si rifa, ed esattamente, anche all'esigenza di collocare i §§ 40-41 nel più ampio contesto in cui essi si trovano nell'orazione isocratea. Facendo ciò mi sembra, però, che la valutazione del passo da me data sopra non ne rimanga contraddetta, anzi ne esca rafforzata. Egli vede tale contesto nei §§ 37-41,

---

142 Si ricordi come, da un punto di vista astratto, la difesa sul fondamento della *paragrafe*, nei casi in cui, come in questo, si fa valere un fatto estintivo della pretesa sostanziale, prescinda dalla fondatezza di quest'ultima, anzi sia tanto più giustificata, sul piano concreto, quanto la pretesa stessa sia più solidamente fondata (onde la preoccupazione di chi fa valere questa sorta di eccezioni di convincere i giudici sulle proprie buone ragioni indipendentemente dall'efficacia della *paragrafe*): circostanza, questa, che ribadisce i dubbi sull'interpretazione, fornita dal Wolff, per cui questo preciso richiamo all'attività decisionale dei giudici eliastici in ordine al c.d. merito della causa debba intendersi nel senso che il convenuto non volesse ricordar loro che l'applicazione dell'amnistia.

143 Che la difesa di Isocrate sia coscientemente incentrata sul difetto di legittimazione passiva del suo cliente, convenuto da Callimaco, è chiaramente mostrato dal § 41, dove insiste nel richiedere prove che possano essere positivamente valutate a danno dell'attuale convenuto, e non prove generiche, che potrebbero essere adoperate contro tutti. Ora è vero che ci troviamo qui di fronte ad affermazioni, che provengono non da un giurista educato ad una costruzione sistematica del diritto, e che non possono non risentire, dal punto di vista della precisione terminologica e dell'acribia concettuale, del carattere irriflesso dell'esperienza giuridica greca, che ho già spesso sottolineato; ma non per questo possiamo imputare ad Isocrate una «gaucherie» tale, quale vuole imputargliela il Wolff, e cioè di non saper neppure esprimere in forma intellegibile, al di là della costruzione giuridica, le sue istanze ai giudici eliastici, che sarebbero indubbiamente stati, più che imbarazzati, del tutto incapaci di riconoscere, nei paragrafi qui discussi, la richiesta di applicazione dell'amnistia che vi vuole vedere l'opinione che cerco di criticare.

«in denen der Beklagte – gleichfalls lediglich zur Stärkung des die ganze Rede tragenden Arguments aus den συνθῆκαι über die Amnestie – betont, dass selbst gesetzt den Fall, die oligarchischen Machthaber hätten dem Kläger wirklich Unrecht zugefügt, man das schliesslich nicht ihm, dem Beklagten, zur Last legen könnte»[144]. L'individuazione del contesto, così compiuta dal Wolff, può, in sostanza, condividersi, anche se, prendendo in esame il filo logico del discorso a partire dal § 35, dove viene abbandonato il tema delle *synthekai* per affrontare in prolessi gli argomenti che potrebbe portare Callimaco, l'andamento del pensiero di Isocrate possa talora apparire ondeggiante tra il profilo dell'amnistia e quello del c.d. merito della causa[145]: ma in questo modo si riconferma che l'argomento di carattere procedurale, e cioè tendente a declinare la legittimazione passiva all'azione, si situa in un contesto che ha anche prevalente carattere sostanziale. Come da ciò si ricavi che il convenuto volesse – in questo modo – richiamare l'attenzione dei giudici sull'applicazione dell'amnistia, e quindi sull'accoglimento della *paragrafe*, intesa come istanza pregiudiziale a quella relativa al c.d. merito della causa (e da decidersi in separato processo), rimane per me un mistero.

Il valore del passo, come quello in cui l'oratore afferma che la sentenza verterà sul fatto costitutivo dell'*enklema* attore, non può quindi essere scartato in tal modo: e, naturalmente, nell'ambito di un'opinione – che il Paoli del resto condivideva con la dottrina tradizionale – per cui, nel caso fosse stata sollevata una *paragrafe*, vi dovessero essere votazioni separate per la questione sull'ammissibilità dell'azione e

---

[144] Wolff 1966, 83: a questo squarcio dell'illustre grecista di Friburgo si riallaccia immediatamente quanto riportato *supra*, in questo §, p. 85.

[145] Nel § 35 Isocrate comincia a prospettarsi – per l'appunto – le ragioni che avrebbe potuto portare Callimaco, ed esclude, con elegante tratto difensivo, le possibili obbiezioni circa l'applicazione dell'amnistia. Tutti gli altri argomenti che rimangono, volti anche ad eccitare la compassione dei giurati nei confronti dell'attore e la loro collera nei confronti del convenuto, non possono che riguardare il merito della causa, e sono di carattere più o meno generico (come risulta anche dal nocciolo dell'argomentazione dei §§ 40-41). Fra essi, però, al § 35, appare anche un richiamo all'*epobelia* (εἰ τῶν χρημάτων ὧν ἐπὶ τῆς ὀλιγαρχίας ἀφῃρέθη, τούτων ἐν δημοκρατίᾳ τὴν ἐπωβελίαν ὀφλήσει), la cui applicazione all'azione intentata da Callimaco dipende, però, dalla legge di Archino, che introduceva la *paragrafe* a sostegno dell'amnistia. Le considerazioni di carattere, per così dire sostanziale, e quelle relative all'amnistia si mescolano, in certo qual modo, sino al § 39, dove si chiude definitivamente il discorso sulla multa processuale, dopo che nel § 37 – sempre in relazione ad esso – l'attore aveva, come argomento difensivo, avanzato la considerazione che egli sarebbe stato disposto a non far applicare l'amnistia nei propri confronti, quando fosse apparsa evidente la sua colpevolezza sul c.d. merito della causa. Nei §§ 40-41, invece, si riprende esclusivamente il discorso relativo alla prova dei fatti costitutivi dell'azione di Callimaco: anche esso, indubbiamente, potrebbe essere inteso, al limite, come quello che si riferisca soltanto ad argomentazioni di contorno, ciò che è impedito, però, dalla specificazione περὶ οὗπερ ὑμᾶς δεῖ ψηφίζεσθαι, su cui il Wolff omette di prender posizione, nonostante ne sia evidente l'importanza.

per il merito della causa, non poteva darsi altro valore al testo se non quello che gli dava il compianto atticista fiorentino.

Altri passi così espressivi in questo senso non si riscontrano a mia conoscenza nella documentazione di cui disponiamo. L'unico che vi si possa, in certo qual modo, avvicinare è Demostene, *or*. 36. 60:[146]

τὰ μὲν οὖν πόλλ' ὧν Ἀπολλόδωρος ἐρεῖ, νομίζετ' εἶναι λόγον καὶ συκοφαντίας, κελεύετε δ' αὐτὸν ἐπιδεῖξαι, ἢ ὡς οὐ διέθετο ταῦθ' ὁ πατήρ, ἢ ὡς ἔστιν τις ἄλλη μίσθωσις πλὴν ἧς ἡμεῖς δείκνυμεν, ἢ ὡς οὐκ ἀφῆκεν αὐτὸν διαλογισάμενος τῶν ἐγκλημάτων ἁπάντων, ἃ ἔγνω <θ'> ὁ κηδεστὴς ὁ τούτου καὶ οὗτος αὐτὸς συνεχώρησεν, ἢ ὡς διδόασιν οἱ νόμοι δικάζεσθαι τῶν οὕτω πραχθέντων, ἢ τῶν τοιούτων τι δεικνύναι.

Il passo, che non è stato preso sinora in considerazione dalla dottrina che ha dibattuto i problemi della configurazione dei giudizi paragrafici,[147] si viene a situare in un contesto, che già conosciamo,[148] e che, sotto un certo profilo, rafforza la sua *vis persuasiva* nel senso dell'ipotesi del Paoli sulla struttura del processo in seguito all'opposizione della *paragrafe*: Demostene ha svolto, nei §§ 58 e 59, una di quelle che ho chiamato «perorazioni definitive», e che cioè prospettano non soltanto in termini procedurali, sibbene anche in termini sostanziali – e qui, a dir il vero, con accenti tragici –, le conseguenze di una sentenza sfavorevole al convenuto che ha sollevato l'eccezione d'improcedibilità. L'argomentazione serrata del § 60, che tende a rinchiudere Apollodoro nei precisi confini dei fatti di causa,[149] si ricollega

---

[146] Su qualche altro passo che avrebbe potuto esser apparentemente richiamato a questo riguardo, ma che invece non vi rileva, cfr. *supra*, in questo §, nt. 139. Una ricapitolazione analoga a quella del § 60 è in Demostene, *or*. 38. 27: ma qui gli attori sono sfidati a produrre la prova di non aver transatto o di poter esercitare l'azione nonostante la transazione ed il decorso del termine di prescrizione. Se si segue l'opinione tradizionale, che scorge un duplice fondamento della *paragrafe* dei figli di Aristecmo, e cioè l'ἄφεσις καὶ ἀπαλλαγή e l'avvenuta prescrizione, la ricapitolazione si manterrebbe strettamente entro i limiti del *thema decidendum* del processo paragrafico, ricostruito in base all'opinione della bipartizione dello stesso. Ma anche se questa ipotesi debba escludersi in base alle risultanze oggettive del discorso demostenico, il passo non assumerebbe molta importanza, in se stesso considerato, ai fini della determinazione della struttura del processo paragrafico. A parte le considerazioni generali, che verranno fatte su Demostene, *or*. 36. 60, si deve tener conto, a questo proposito, che l'accostamento della prescrizione alla transazione doveva riuscir spontaneo per Demostene (che aveva fra l'altro già sfruttato questo profilo), anche se tale fatto – quale che ne sia stata la ragione – non fosse stato dedotto nella *paragrafe*, dato che si tratta sempre di difesa da far valere nella forma del procedimento paragrafico.

[147] Esso non viene citato, per quanto mi risulta, né da Paoli 1933b, *Passi d'autore* (p. 216), né da Wolff 1966, *Quellenregister* (p. 152).

[148] Su ciò cfr. *supra*, in questo cap., p. 47.

[149] Demostene cerca, indubbiamente, di insinuare nei giudici la convinzione che Apollodoro non è in grado di portare delle prove comunque afferenti ai fatti di causa, e che si perderà quindi in considerazioni generiche ed in attacchi diretti alla persona di Formione. D'altra parte bisogna però constatare che dalla stessa *or*. 45, scritta da Demostene per Apollodo-

quindi spontaneamente con i §§ 58-59, acquistando maggior importanza il fatto che, tra le prove che Demostene invita i giudici a richiedere perentoriamente all'attore, vi siano quelle relative al testamento di Pasione, padre di Apollodoro, ed alla locazione della banca e della fabbrica di scudi, intercorsa fra Pasione stesso e l'attuale convenuto Formione; fatti questi che nulla hanno a che vedere con l'eccezione d'improcedibilità, che si fonda su due ἀφέσεις καὶ ἀπαλλαγαί, intercorse fra Apollodoro e Formione, le parti in causa, bensì attengono al merito del processo. La sentenza sfavorevole a Formione viene descritta dal punto di vista sostanziale; ad oggetto della prova attrice sono indicati fatti che attengono al merito della causa, oltre a quelli che hanno rilevanza per la *paragrafe*.[150]

Indubbiamente in Demostene, *or*. 36. 60, manca qualcosa che, invece, si è riscontrato in Isocrate, *or*. 18. 40, come elemento di grande importanza: e cioè l'esplicita attestazione che i fatti extra-paragrafici, di cui nel nostro § 60 si fa menzione, sono quelli su cui deve vertere la decisione dei giudici eliastici. D'altra parte può farsi anche qualche osservazione che valga in analogo senso. E' probabile[151] che l'azione di Apollodoro contro Formione si restringesse, come *causa petendi* dedotta nell'*enklema* attore, alla restituzione del capitale d'esercizio della banca che Apollodoro stesso sosteneva essere stato fornito nella *misthosis* effettuata dal padre Pasione a Formione: in tal modo si sarebbe dimostrato che Demostene, nel § 60 in esame, non si limitava ad invitare i giudici a chiedere all'attore la prova su fatti direttamente

ro, non si riesce certo a ricavare l'impressione che lo stesso potesse disporre di copia di prove a sostegno della propria azione: ma su ciò cfr. M. Talamanca, *L'oggetto dell'azione di Apollodoro contro Formione*, in Scritti A. Raselli, II, Milano 1971, 1509 ss.

150 Anche qui va notato, indipendentemente da qualsiasi discussione su una cosciente impostazione in tal senso da parte di Demostene, come il logografo distingua, dal punto di vista dell'ἄφεσις καὶ ἀπαλλαγή, il profilo di fatto, esistenza della transazione, da quello di diritto, possibilità di esercitare l'azione dopo avvenuta la transazione. D'altra parte va sottolineato come, delle due ἀφέσεις καὶ ἀπαλλαγαί, che Demostene ricorda come precedentemente avvenute tra Formione ed Apollodoro (cfr. Demostene, *or*. 36. 10-11, 15-17), l'oratore menzioni qui soltanto la seconda. Dato che non può darsi alla seconda transazione un particolare significato – essa, infatti, pur se generale, era stata originata dalle pretese sollevate da Apollodoro non circa l'eredità paterna (che, in definitiva, è qui in discussione), ma circa l'eredità della madre Archippe, che aveva sposato Formione in base al testamento di Pasione –, mi sembra probabile che Demostene insista su questa transazione proprio perché, per essa, può fare appiglio alla circostanza dell'intervento del suocero di Apollodoro come arbitro nel giudizio arbitrale precedente alla transazione stessa. Che dell'altra transazione non si sia poi fatto ricordo va indubbiamente spiegato in base alla concisione ed alla serratezza del discorso, che erano necessarie nella perorazione finale. Da ciò credo di poter ricavare come l'impostazione del discorso da parte dell'oratore rimanga, anzitutto, ispirata alle necessità dell'argomentazione retorica, prima che a quelle di una corretta impostazione tecnico-giuridica (per le quali, come ho più volte ripetuto, mancavano i fondamenti primi), nonostante lo spunto in senso contrario che si potrebbe cogliere nella contrapposizione fra valutazione giuridica e fatto, che ho qui sottolineato.

151 Su ciò cfr. Talamanca 1971.

connessi con il *thema decidendum* del processo, ma vi mescolasse insieme circostanze che, se potevano servire a dare un quadro generale della controversia, non erano a stretto rigore oggetto di decisione, neppure alla stregua dell'ipotesi del Paoli, per cui questione pregiudiziale di procedibilità dell'azione e merito della causa venivano decise nella stessa udienza, con due successive votazioni. Per ciò che concerne il detto capitale d'esercizio, l'accertamento della falsità o meno del testamento di Pasione, prodotto da Formione, non aveva infatti alcuna rilevanza diretta. Onde potrebbe pensarsi che anche l'accenno alla *misthosis*, che invece riguarda direttamente la c.d. *euthydikia* del processo fra Apollodoro e Formione, fosse avvenuto alla stregua di un argomento di contorno, e non come fatto che rientrasse nel *thema decidendum* del processo.

Spiegazione, questa, indubbiamente possibile, ma che, altrettanto indubbiamente, potrebbe apparire un poco sforzata, se non sostenuta da una convincente dimostrazione, su base testuale, del carattere esclusivamente procedurale della pronuncia che venisse emessa al termine del dibattito sulla *paragrafe*; prova di carattere testuale che, invece, come meglio si vedrà innanzi, non riesce a reperirsi,[152] mentre, al contrario, il nostro testo si inquadra senza sforzo accanto ad Isocrate, *or.* 18. 40, ed all'altra documentazione precedentemente analizzata, che parla nel senso di una sentenza definitiva di carattere sostanziale anche a carico del convenuto al termine dell'udienza in cui si è discusso della *paragrafe*.

9. *Coscienti contrapposizioni, negli oratori attici, tra procedibilità dell'azione e merito della causa.*

Ho lasciato per ultimo, nella rassegna delle argomentazioni del Paoli, un punto, forse di secondario interesse, il quale però fornisce un naturale ponte di passaggio per l'approccio delle argomentazioni, a dir il vero non troppo abbondanti, su cui l'opinione tradizionale della bipartizione del processo in seguito all'opposizione della *paragrafe* si è, un tempo ed ora, basata.

Ad un dato momento l'atticista fiorentino voleva ricavare da due passi di Isocrate e dal *corpus Demosthenicum*, e precisamente da [Demostene], *or.* 32. 1, ed Isocrate, *or.* 18. 1, come i logografi coscientemente distinguessero la c.d. «questione pregiudiciale», e cioè quella sulla procedibilità dell'azione, dal c.d. merito della causa, affermando di voler, *in primis* (ciò che del resto non sarebbe che secondo logica), trattare della medesima: dal che – anche se il Paoli espressamente non lo dice – si dovrebbe desumere che successivamente anche il merito della causa venisse trattato sullo stesso piano e per gli stessi scopi che l'eccezione d'inammissibilità dell'azione.[153]

[152] Su ciò cfr. *infra*, in questo cap., p. 102 ss.

[153] Paoli 1933b, 108: cfr., del resto, i rilievi terminologici di p. 109 s., già discussi *supra*, in questo cap., p. 77 nt. 135.

Ora, è da notare che i passi in questione non dicono in alcun modo quanto vuol loro far dire il Paoli, ché anzi non pongono neppure una cosciente contrapposizione tra *paragrafe* e merito della causa.[154] Ma questo argomento richiama l'attenzione su un punto che ritengo di grande importanza, e cioè quello relativo alla distinzione, che varie volte è fatta dai logografi, tra l'infondatezza sostanziale e l'illegittimità procedurale dell'azione contro cui è stata sollevata la *paragrafe*, distinzione che va d'altronde inquadrata nel contesto argomentativo perseguito nel caso concreto.

Non rilevano, in questa sede, gli accenni più o meno precisi contenuti nelle παραγραφαὶ ὑπέρ τινος, in cui, da una parte, si sottolinea che l'attore propone un *enklema* infondato o che il convenuto non ha commesso alcun *adikein*, e che, dall'altra, la proposizione dell'azione è illegittima dal punto di vista procedurale. In sé considerati essi mostrano soltanto che il logografo si rendeva conto della distinzione che intercorreva fra questi due profili, cui, del resto, corrispondeva per il convenuto una diversa forma di presentare le proprie difese, o in *euthydikia* o in *paragrafe*. Ma è soltanto il contesto che può illuminare lo scopo di una tale affermazione o la prospettiva in cui essa era stata fatta. E, da questo punto di vista, molti dei passi

[154] Sia nel passo di Isocrate che in quello dello Pseudodemostene l'angolo visuale da cui si pone il logografo è, infatti, diverso da quello che crede il Paoli. In Isocrate, *or*. 18. 1, di cui ho già detto *supra*, in questo cap., p. 77 nt. 135, per quanto concerne il valore della terminologia αὐτὸ τὸ πρᾶγμα, l'oratore concentra la sua attenzione sulla novità del mezzo giudiziario adoperato, nonché sul diverso ordine con cui le parti prendono la parola nel processo, e sembra del tutto preso da questa tematica. Ove si ponga mente a questa caratteristica, non si potrà non rilevare che l'impostazione del discorso è, nel nostro § 1, ben diversa da quella che vi ha creduto di poter scorgere il Paoli. Non è che Isocrate voglia dire che tratterà anzitutto dell'eccezione, e poi del merito: l'attenzione del logografo è qui rivolta alle particolarità procedurali del giudizio, e soprattutto, come ho già detto, all'innovazione consistente nel fatto che il δίκην φεύγων dovesse prendere la parola prima del διώκων: non c'è nessuna contrapposizione fra merito della causa e questione pregiudiziale, anzi l'oggetto dell'ἀμφισβητεῖν fra le parti è chiaramente individuato nel *nomos*, da cui Isocrate dichiara di partire. Neppure [Demostene], *or*. 32. 1, è indicativo nel senso voluto dal Paoli: anche qui ciò che intende fare il logografo è di richiamare l'attenzione dei giudici sulle norme che regolano l'introducibilità della lite nel tribunale emporico dei tesmoteti, onde ricavarne la conseguenza, espressa nel § 2, che l'azione intentata da Zenotemide era irricevibile. Mi sembra che non ci si distacchi qui dallo schema che si è già colto in Isocrate, *or*. 18. 1: anzitutto illuminare i giudici sulla normazione relativa all'affare portato alla loro cognizione, e successivamente trattare dei fatti di causa, che vanno valutati alla stregua di tale normazione: l'antitesi, ove se ne voglia cogliere una, è tra«fatto» e «diritto», non fra questione pregiudiziale e merito della causa. Non va d'altro canto dimenticato che, come già più volte avvertito, nell'*or*. [32] del *corpus Demosthenicum* non è praticamente possibile distinguere tra profili attinenti al c.d. merito della causa e profili concernenti la procedibilità dell'azione, perché con la *paragrafe* Demone negava la sussistenza di qualsiasi *symbolaion*, e di qualsivoglia natura, fra sé e Zenotemide.

che presentano la nostra distinzione appaiono più o meno privi d'importanza ai fini del problema qui discusso.[155]

Altri passi, invece, sono – a mio parere – molto importanti, anche se a livelli diversi, per un'esatta ricostruzione della struttura del processo paragrafico. I due di essi, che emergono per la chiarezza e l'incontrovertibilità delle attestazioni che se ne possono ricavare, sono già stati segnalati, a questo proposito, pur se con rapida notazione dal Wolff.[156] Si tratta di Isocrate, *or*. 18. 4:

Ἀποδείξω δὲ Καλλίμαχον οὐ μόνον παρὰ τὰς συνθήκας δικαζόμενον ἀλλὰ καὶ περὶ τῶν ἐγκλημάτων ψευδόμενον, καὶ προσέτι δίαιταν ἡμῖν γεγενημένην περὶ αὐτῶν. Βούλομαι δ' ἐξ ἀρχῆς ὑμῖν διηγήσασθαι τὰ πραχθέντα· ἂν γὰρ τοῦτο μάθητε ὡς οὐδὲν ὑπ' ἐμοῦ κακὸν πέπονθεν, ἡγοῦμαι ταῖς τε συνθήκαις ὑμᾶς ἥδιον βοηθήσειν καὶ τούτῳ μᾶλλον ὀργιεῖσθαι.

e Demostene, *or*. 37. 21:

Οὐκοῦν ὡς μὲν ἀφῆκέ με πάντων, ὅτ' ἐγιγνόμην τῶν ἀνδραπόδων πρατήρ, ἐπέδειξα· ὅτι δ' οὐκ ἐῶσιν οἱ νόμοι τούτων εἶναι δίκας, ἀκηκόατ' ἀρτίως ἀναγιγνωσκομένου τοῦ νόμου. ἵνα δ', ὦ ἄνδρες Ἀθηναῖοι, μή τις οἴηται τοῖς περὶ τῶν πραγμάτων αὐτῶν δικαίοις ἁλισκόμενόν μ' ἐπὶ τοῦτ' ἀποχωρεῖν, καὶ καθ' ἕκαστον ὧν ἐγκαλεῖ βούλομαι δεῖξαι αὐτὸν ψευδόμενον.

E' opportuno valutare questi passi nel loro contesto e nelle loro implicazioni, per determinarne esattamente la portata ai fini della questione qui discussa, e per poter mostrare come sarebbe privo di fondamento qualche tentativo – che si può anche facilmente immaginare – per porre in dubbio le notizie che se ne possono trarre sulla struttura del processo paragrafico.

---

[155] I passi che, da questo punto di vista, potrebbero apparire più importanti sono senza dubbio quelli in cui, più o meno direttamente, si promette ai giudici la prova dell'infondatezza, in merito, dell'azione, e della sua improcedibilità sotto il profilo procedurale: cfr., ad es., Demostene, *or*. [33]. 3, 4, 35; 36. 3; 37. 1-3 (su cui anche *supra*, in questo cap., p. 83 nt. 139), 39; 38. 2, 17, nonché Isocrate, *or*. 18. 19. Ma anche questi passi hanno una portata poco rilevante, in quanto in essi, e nell'immediato contesto, manca qualsiasi specificazione dello scopo per cui si facesse una tale promessa: e per i passi dell'orazione contro Apaturio cfr. anche le considerazioni fatte *supra*, in questo cap., p. 39 nt. 18. Altre volte, poi, come in [Demostene], *or*. 32. 2, la contrapposizione tra la procedibilità dell'azione e il c.d. merito della causa è meno immediatamente percepibile sul piano del significato letterale del passo. Per [Demostene], *or*. 34. 42; 35. 5, cfr. *supra*, in questo cap., p. 83 nt. 139, e per Demostene, *or*. 36. 2, *infra*, in questo cap., p. 118 ss.

[156] Wolff 1966, 21 s., 48: un rapido cenno ad Isocrate, *or*. 18. 4, in Cohen 1973, p. 153 nt. 119. I passi erano rimasti al di fuori dell'attenzione della letteratura precedente, dato che soltanto Paoli 1933b, 109 e nt. 3, si limitava a ricordare quello di Isocrate unicamente per la contrapposizione che vi coglieva tra il παρὰ τὰς συνθήκας δικάζεσθαι e il περὶ τῶν ἐγκλημάτων ψεύδεσθαι, senza rendersi apparentemente conto che lo stesso si sarebbe potuto portare come prova in senso contrario all'ipotesi da lui sostenuta. Ma ciò ben s'inquadra nella caratteristica comune a tale letteratura – a parte, s'intende, l'ultimo autore ricordato – di dare per scontata la soluzione del problema relativo alla struttura del processo in seguito all'opposizione della *paragrafe*.

Nei §§ 1-3 dell'orazione contro Callimaco, Isocrate ha trattato, come si è già accennato,[157] del *nomos* di Archino, una novità nel periodo in cui l'orazione è stata pronunciata, soprattutto sotto il profilo delle particolarità procedurali, che culminò nell'*epobelia* e nella circostanza che sia il convenuto ad assumere per primo la parola: il § 4 rappresenta la transizione, con cui si passa alla *narratio*, che attiene anche ai fatti costitutivi dell'azione ed all'improcedibilità di questa in ordine all'esperimento della δίαιτα ἐπὶ ῥητοῖς, la quale non poteva però – in quell'epoca – esser oggetto di *paragrafe*;[158] *narratio* che viene rafforzata, a proposito dei punti controversi, da prove testimoniali a favore del παραγραψάμενος e contro le tesi difensive di Callimaco.[159] Ed è proprio *in limine* di questa *narratio* che Isocrate pone la precisazione che si è sopra riportata, e che, qualsiasi ne sia il motivo,[160] tende a delimitare la portata degli svolgimenti che verranno fatti al di fuori delle considerazioni sul δικάζεσθαι παρὰ τὰς συνθήκας.[161]

Anche se la posizione del § 21 dell'orazione demostenica contro Panteneto si presenta in modo differente nel contesto del discorso, le conchiusioni che da esso si debbono trarre in ordine alla questione qui discussa non sono diverse. Demostene ha svolto, nei §§ 4-16, un'ampia *narratio* dei fatti di causa intervenuti fra Evergo e Nicobulo, da una parte, e Panteneto, dall'altra, pervenendo, infine, nel § 16, a toccare il punto dell'ἄφεσις καὶ ἀπαλλαγή, che costituisce il fondamento della sua *paragrafe*: *narratio*, anche qui, appoggiata dalle varie testimonianze relative ai punti controversi.[162] Nei §§ 17-20 egli tratta poi del fondamento dell'eccezione

---

[157] Cfr. *supra*, in questo §, nt. 154.

[158] E, infatti, in una fase precedente della controversia, per far valere l'improcedibilità derivante da questo arbitrato, l'attuale convenuto si era servito di una *diamartyria*, come informa Isocrate, *or*. 18. 11-12.

[159] Cfr. Isocrate, *or*. 18. 8, 10: questa caratteristica – della prova cioè anche su fatti che escono dall'oggetto in senso stretto della *paragrafe* – era già stata sottolineata da Blass 1892, 125.

[160] Isocrate sembra preoccuparsi che questi svolgimenti, al di fuori dell'oggetto della *paragrafe* in senso stretto, possano essere valutati dai giudici come tentativi di deviare la di scussione dalla *paragrafe* intesa come l'oggetto in senso stretto del processo, e conseguentemente li riconduce puntualmente a quest'ultimo.

[161] In relazione al § 4, qui discusso, assume un particolare valore e una precisa collocazione Isocrate, *or*. 18. 1 (su cui cfr. *supra*, in questo §, nt. 154), in cui l'oggetto del processo viene identificato con il *nomos* di Archino. Indubbiamente, in sé considerato, il testo potrebbe esser passibile anche di un'interpretazione diversa: l'ἀμφισβητεῖν riguarderebbe sì il *nomos*, ma non esclusivamente questo, onde, ad es., il passo non sarebbe, considerato da solo, decisivo contro l'ipotesi di U.E. Paoli, anche se non possa negarsi che l'impressione che esso suscita ad un primo e non prevenuto approccio è proprio di limitare al *nomos*, e quindi alla questione suscitata dall'opposizione dell'eccezione, l'oggetto della decisione dei giudici. Questa impressione, come avvertivo, viene poi decisamente confermata dal § 4, onde, considerati unitariamente, i due passi si confermano l'un l'altro nelle conclusioni che se ne possono trarre.

[162] Cfr. le testimonianze fatte leggere al § 8 ed al § 13, che non hanno nulla a che fare con l'ἄφεσις καὶ ἀπαλλαγή, su cui si fonda l'eccezione di improcedibilità di Nicobulo (che

d'improcedibilità, proposta da Nicobulo, sia sotto il profilo della fondatezza in fatto della stessa, sia sotto quello dell'ammissibilità in diritto. A questo punto s'inserisce il § 21: in sostanza lo scopo è lo stesso annunziato in Isocrate, *or*. 18. 4, anche se la forma è diversa.[163] La trattazione dei profili riservati all'*euthydikia* viene prospettata come quella che avviene soltanto per fugare un dubbio dei giudici, e cioè che il dilungarsi del convenuto sulle questioni relative al merito della causa potesse esser preso – o tendenziosamente additato – come un'implicita confessione d'insicurezza per quanto concerne il fondamento della *paragrafe* che egli aveva opposto.

E Demostene, *or*. 37. 21, trova, da tale punto di vista, un preciso riscontro nel § 17 della stessa orazione:[164]

Τὰ μὲν δὴ γεγενημένα, καὶ περὶ ὧν οἴσετε τὴν ψῆφον, καὶ δι' ἃ τὴν δίκην συκοφαντούμενος παρεγραψάμην μὴ εἰσαγώγιμον εἶναι, ταῦτ' ἐστιν, ὦ ἄνδρες δικασταί. παρασχόμενος δὲ μάρτυρας οἳ παρῆσαν ἡνίκ' ἀφιέμην ὑπὸ τούτου καὶ ἀπηλλαττόμην, ὡς οὐκ εἰσαγώγιμος ἐκ τῶν νόμων ἐστὶν ἡ δίκη, μετὰ ταῦτ' ἐπιδείξω.

I γεγενημένα, su cui i giudici debbono esprimere il loro voto, sono i fatti esposti ed asseverati dalle testimonianze, nei §§ 4-16, e cioè anche fatti che non si riferiscono all'ἄφεσις καὶ ἀπαλλαγή, oggetto dell'eccezione d'improcedibilità: potrebbe quindi sembrare che il voto dei giudici eliastici dovesse vertere anche su materia estranea alla *paragrafe*. Ma questa illazione è già contraddetta dalla struttura del § 17, unitariamente considerato: i γεγενημένα, oggetto dell'attività decisoria dei giurati, sono ulteriormente qualificati da καὶ δι'ἃ τὴν δίκην κτλ., che restringe immediatamente la rilevanza di essi, ai fini della decisione nel processo paragrafico, nei confini dell'eccezione d'improcedibilità. Le due qualificazioni, dunque, si integrano: i fatti esposti nella *narratio* sono oggetto della decisione dei giudici eliastici, in quanto sono il fondamento della *paragrafe*. Ciò coincide in pieno con l'impostazione, che si è vista, del § 21: quando dalla discussione sulla eccezione

---

coprirebbe, del resto, tutte le pretese che nascessero dai fatti costitutivi vantati da Panteneto, la cui fondatezza quelle testimonianze sono volte a contestare).

[163] Si noti, anzitutto, che lo svolgimento di Demostene, *or*. 37. 23-32, concreta non soltanto una *narratio*, anche se accompagnata dalla lettura delle testimonianze relative (ciò che avviene per i fatti di causa, anche estranei all'oggetto della *paragrafe*, nei §§ 4-16), ma una vera e propria *probatio*, che viene giustificata agli occhi dei giudici nel modo che si è visto, mentre una tale giustificazione non si è sentita necessaria per la *narratio*, accompagnata dalle testimonianze, precedentemente svolta, di cui si è detto: si noti, invece, che una tale *narratio* ha richiamato la giustificazione di Isocrate, *or*. 18. 4. Nei due casi, però, lo scopo della giustificazione rimane lo stesso: poter svolgere tali argomentazioni in relazione al convincimento globale dei giudici, cui si è più volte alluso, e, contemporaneamente, renderli edotti dello scopo di questi svolgimenti, ad evitare che essi possano essere valutati come mancanza di argomenti su quello che viene praticamente indicato quale *thema decidendum* del processo.

[164] L'importanza del passo, da questo punto di vista, è sfuggita anche a Wolff 1966, 47 s., che lo cita ad altro proposito.

d'improcedibilità si passa alla discussione sulla fondatezza dell'*enklema*, l'oratore avverte immediatamente che quest'ultima riguarda solo indirettamente l'oggetto della decisione dei giudici, mentre nel § 17 egli annuncia la trattazione di quello che è il fulcro della controversia.

Il problema da esaminare è quello della valutazione dei passi che si sono visti in ordine alla questione qui dibattuta. Il Wolff, si è detto, vi vede una conferma del suo modo di intendere gli svolgimenti sul c.d. merito della causa nei discorsi paragrafici, e cioè come quelli diretti al convincimento dei giudici in ordine alla sentenza sulla procedibilità, o improcedibilità, dell'azione, che era l'unico provvedimento che si potesse prendere nel processo che seguiva all'opposizione della *paragrafe*. Mi sembra che sia impossibile tentare di conciliare le precisazioni di Demostene, *or*. 37. 21, ed Isocrate, *or*. 18. 4, con una struttura del processo paragrafico com'è postulata dall'ipotesi del Paoli: in questa, infatti, le argomentazioni relative al c.d. merito della causa rimarrebbero di per sé pienamente giustificate dalla circostanza che, se l'eccezione di improcedibilità fosse stata respinta, il tribunale eliastico avrebbe dovuto procedere ad una seconda votazione sul merito della causa. In una tale struttura una preoccupazione del genere di quella manifestata da Isocrate e da Demostene nei paragrafi qui discussi, non avrebbe neppur avuto la possibilità di esser pensata dai due logografi.[165] I due passi mi sembrano, quindi, deporre in modo decisivo contro l'ipotesi che, nel corso del processo paragrafico, si potesse eventualmente avere una separata votazione sul merito della causa, la quale avrebbe importato la necessità che

[165] Dal punto di vista dell'opinione del Paoli si potrebbe pensare, come una possibile obbiezione a quanto detto nel testo, a prospettare le precisazioni di Isocrate, *or*. 18. 4, e Demostene, *or*. 37. 21, come quelle volte a rimuovere nei giudici qualsiasi ombra di dubbio in relazione alla prima votazione sulla procedibilità dell'azione, perché i giudici vengano ulteriormente persuasi a votare a favore del convenuto in relazione a questa. L'obbiezione, però, sarebbe, a mio avviso, sprovvista di qualsiasi fondamento, giacché è evidente che quello addotto nei due passi è, nella prospettazione del logografo, l'unico motivo in ordine al quale si profila la funzione degli svolgimenti relativi al c.d. merito della causa, ciò che urta irrimediabilmente contro l'ipotesi di un'eventuale ulteriore votazione su tale merito dopo il rigetto della *paragrafe*. D'altronde, va ulteriormente notato che, proprio in relazione alla struttura del processo paragrafico ipotizzata dal Paoli, una giustificazione nel senso detto in questa nota si sarebbe dovuta formulare in modo ben diverso, e facilmente immaginabile. Né può neppure avanzarsi, come altra difficoltà, l'osservazione che, se quanto detto fosse vero, una giustificazione come quella dei passi qui ricordati si dovrebbe trovare anche altrove: si tenga conto, infatti, che i discorsi paragrafici relativi ad azioni commerciali ([Demostene], *or*. 32, 33, 34, 35) si riferiscono tutti ad eccezioni di improcedibilità dell'azione basate sul μὴ εἶναι συμβόλαιον, che tendenzialmente andavano a coprire tutti i fatti di causa. Per quanto poi attiene alle orazioni 36 e 38 di Demostene, la prima contiene relativamente pochi spunti concernenti il merito della causa, e, a parte la *narratio*, essi si vanno a concentrare tutti nella *refutatio* dei (possibili) argomenti di Apollodoro, per cui non era quindi necessaria una speciale giustificazione. Nell'*or*. 38, infine, l'intrecciarsi delle posizioni difensive attinenti alla procedibilità e al merito della causa dipende da motivi che rendevano del tutto sconsigliabile l'insistere su questo punto particolare.

attore e convenuto, oltre alla c.d. questione pregiudiziale sulla procedibilità dell'azione, trattassero anche della c.d. questione principale; ed essi attestano, conseguentemente, che alla coscienza degli operatori pratici del diritto dell'Atene del IV sec. a.C. era presente, per i processi paragrafici, una distinzione tra fatti ed argomenti che attenevano direttamente al *thema decidendum* del giudizio, ed altri fatti ed argomenti, che invece ne erano, più o meno, sentiti come estranei. Che ciò debba poi significare che la sentenza emessa nel processo paragrafico avesse effetto soltanto in ordine alla procedibilità dell'azione sarebbe diverso discorso.

10. *Segue. Analisi di Demostene,* or. *36. 23-24, e 45. 49, 51.*

I risultati che si sono raggiunti attraverso l'esegesi di Demostene, *or.* 37. 21, ed Isocrate, *or.* 18. 4, trovano più o meno diretta conferma in alcuni passi tratti dalle due orazioni demosteniche che si riferiscono alla famosa vicenda giudiziaria tra Apollodoro e Formione, E' da prendere, anzitutto, in considerazione Demostene, *or.* 36. 23-24:[166]

Ἃ τοίνυν ἤδη περὶ αὐτοῦ τοῦ μὴ εἰσαγώγιμον εἶναι τὴν δίκην δεῖ σκοπεῖν ὑμᾶς, ταῦτ' ἀναμνήσθητ' ἐκ τῶν εἰρημένων. ἡμεῖς γάρ, ὦ ἄνδρες Ἀθηναῖοι, γεγενημένου μὲν διαλογισμοῦ καὶ ἀφέσεως τῆς τραπέζης καὶ τοῦ ἀσπιδοπηγείου τῆς μισθώσεως, γεγενημένης δὲ διαίτης καὶ πάλιν πάντων ἀφέσεως, οὐκ ἐώντων τῶν νόμων δίκας ὧν ἂν ἀφῇ τις ἅπαξ λαγχάνειν, συκοφαντοῦντος τούτου καὶ παρὰ τοὺς νόμους δικαζομένου παρεγραψάμεθ' ἐκ τῶν νόμων μὴ εἶναι τὴν δίκην εἰσαγώγιμον. ἵν' οὖν εἰδῆθ' ὑπὲρ οὗ τὴν ψῆφον οἴσετε, τόν τε νόμον ὑμῖν τοῦτον ἀναγνώσεται καὶ τὰς μαρτυρίας ἐφεξῆς τῶν παρόντων, ὅτ' ἀφίει τῆς μισθώσεως καὶ τῶν ἄλλων ἁπάντων ἐγκλημάτων Ἀπολλόδωρος.

L'opinione del Wolff sulla portata di questi passi mi sembra, in sostanza, da condividere; ma, per giungere a questo risultato bisogna valutarli un po' più approfonditamente nel loro contesto, per svuotare di significato l'obbiezione – ovvia a chi li voglia mettere a confronto con l'ipotesi di un'eventuale duplice sentenza al termine del processo paragrafico – per cui l'identificazione, come oggetto della cognizione dei giudici, della questione di procedibilità non esclude, di per sé, la possibilità di una seconda, ed eventuale, votazione sul merito della causa.

---

[166] I passi non sono stati tenuti presenti nella precedente letteratura, e neppure da Paoli 1933b, *Passi d'autore* (p. 216). Essi sono invece presi in considerazione, ma non come contesto unitario, dal Wolff: questo autore ritiene – in un primo luogo – che il § 24, in cui egli ferma l'attenzione sull'inciso ἵν' οὖν – ἀναγνώσεται, provi «dass am Ende der Verhandlung nur eine Abstimmung über die Einführbarkeit der *dike* stand, die das Verfahren auch einstweilen abschloss, wenn ihr Ergebnis die Zurückweisung des Einwands war» (Wolff 1966, 18); mentre, per il § 23, egli sostiene che l'inciso ἅ τοίνυν – εἰρημένων dimostri lo scopo delle precedenti allusioni ai fatti di causa anche esorbitanti la *paragrafe* in senso stretto, e cioè in appoggio all'eccezione d'improcedibilità (Wolff 1966, 56). Che il § 24 attestasse che la sentenza nei giudizi paragrafici fosse ristretta alla procedibilità dell'azione era stato, molto rapidamente, notato anche da Lämmli 1938, 163.

Perché i paragrafi in discussione possano aver dunque peso contro la ricostruzione fornita dal Paoli bisogna accertare che in qualche modo essi prospettino tale questione come l'unica sulla quale verta il giudizio del tribunale eliastico. Dal punto di vista letterale, anche se in essi si prospetti come oggetto della sentenza dei giurati soltanto l'esser εἰσαγώγιμος o meno la *dike*, è pur vero che non si riesce a coglierví l'esplicita affermazione che si tratti dell'unico oggetto della decisione di costoro, onde, sotto questo profilo, l'accennata obbiezione rimane praticamente proponibile. Ma, quando essi vengano approfonditi, mi sembra che una loro valutazione nel senso della compatibilità con l'ipotesi del Paoli si appalesi francamente inverisimile. Soprattutto rilevante, da questo punto di vista, è la circostanza che si tratta dell'unico luogo dell'orazione per Formione, dove si individui l'oggetto della cognizione dei giurati: e viene indicato nella questione di procedibilità. In tutti gli altri svolgimenti, che possono riguardare il merito della causa, e che si prospettano in genere come *refutatio* delle argomentazioni di Apollodoro, una tale precisazione non è mai fatta. Da questo punto di vista acquista particolare valore l'inizio del § 23, dove, rifacendosi alla precedente *narratio* nei §§ 18-22, Demostene individua chiaramente, come è già stato esattamente visto dal Wolff, la rilevanza di quanto precede, e che ha attinenza anche o principalmente al c.d. merito della causa, soltanto ai fini della cognizione sulla *paragrafe*.

Ma una siffatta valutazione di Demostene, *or*. 36. 23-24, mi sembra che sia resa ancora più sicura, ove si prendano in considerazione taluni svolgimenti dell'altra orazione che l'oratore ha composto in relazione all'affare di Formione e di Apollodoro, e cioè quella che quest'ultimo ha pronunciata contro Stefano, nel processo di falsa testimonianza intentato contro costui per la deposizione resa nel corso del giudizio in cui è stata pronunciata l'*or*. 36 di Demostene. Apollodoro, dopo aver svolto la sua *probatio*, terminata nel § 42, è passato, nel § 43, alla *refutatio* delle difese di Stefano, e, dopo aver discusso, nei §§ 43-46, la tesi del convenuto sulla portata della testimonianza incriminata come falsa, prende in considerazione i tentativi che egli s'immagina saranno fatti per riproporre in questo processo i fatti che riguardano esclusivamente quello precedente, e soprattutto la mala fede di Apollodoro nell'intentare l'azione.

A questo proposito l'attore assume, con una certa disinvoltura, un duplice atteggiamento: nel § 47 egli si richiama alla falsificazione (che sostiene di aver provata) dell'atto di locazione della banca fra Pasione e Formione, su cui quest'ultimo si era basato nel precedente processo; mentre, dopo aver sottolineato di non potere, per ragioni di tempo, dimostrare la falsità di tutte le altre macchinazioni dei suoi avversari, nel § 48 egli fa un energico richiamo ai giudici perché non permettano a Stefano di divagare dall'oggetto del presente processo, e, nel § 49, così continua:

ἐγὼ γὰρ ἀξιῶ, οὓς μὲν ἀφείλοντό μ' ἐλέγχους περὶ τῶν ἐγκλημάτων, οὓς προσῆκον ἦν ῥηθῆναι, μὴ ζητεῖν αὐτοὺς νῦν, αἷς δ' ἀφείλοντο μαρτυρίαις, ὡς εἰσὶν ἀληθεῖς, δεικνύναι. εἰ δ' ὅταν μὲν τὴν δίκην εἰσίω, τὰς μαρτυρίας μ' ἐλέγχειν ἀξιώσουσιν, ὅταν δὲ ταύταις ἐπεξίω, περὶ τῶν ἐξ ἀρχῆς ἐγκλημάτων λέγειν με κελεύσουσιν, οὔτε δίκαι' οὔθ' ὑμῖν συμφέροντ' ἐροῦσιν.

E, dopo aver ribadito e concluso questa argomentazione nel § 50, senza che in esso si trovi nulla che possa interessare dal punto di vista qui trattato, nel § 51 Demostene passa a trattare di un altro argomento difensivo di Stefano, e cioè che la sua testimonianza non avrebbe avuto alcuna influenza sulla sconfitta subita da Apollodoro nel precedente processo:

Οἴομαι τοίνυν αὐτὸν οὐδὲν οὐδαμῇ δίκαιον ἔχοντα λέγειν ἥξειν καὶ ἐπὶ τοῦτο, ὡς ἄτοπον ποιῶ, παραγραφὴν ἡττημένος, τοὺς διαθήκην μαρτυρήσαντας διώκων, καὶ τοὺς δικαστὰς τοὺς τότε φήσειν διὰ τοὺς ἀφεῖναι μεμαρτυρηκότας ἀποψηφίσασθαι μᾶλλον ἢ διὰ τοὺς διαθήκην μαρτυρήσαντας. ἐγὼ δ', ὦ ἄνδρες Ἀθηναῖοι, νομίζω πάντας ὑμᾶς εἰδέναι, ὅτι οὐχ ἧττον τὰ πεπραγμέν' εἰώθατε σκοπεῖν ἢ τὰς ὑπὲρ τούτων παραγραφάς· περὶ δὴ τῶν πραγμάτων αὐτῶν τὰ ψευδῆ καταμαρτυρήσαντες οὗτοί μου ἀσθενεῖς τοὺς περὶ τῆς παραγραφῆς ἐποίησαν λόγους.

Questi due passi non hanno, sinora, avuto tutta l'attenzione che essi si meritavano nell'ambito della documentazione relativa alla struttura del processo paragrafico.[167] Bisogna, anzitutto, sottolineare come la difesa di Demostene si svolga qui sempre sul filo del paradosso e, entro certi limiti, della contraddizione: essa deve esser valutata tenendo conto dell'estrema difficoltà in cui si trovava l'oratore – e che traluce da tutto il discorso – di dar un serio fondamento alla pretesa di Apollodoro, e dell'esser la stessa diretta più a persuadere i giudici sul piano di argomenti posti con maestria retorica, ma certamente quasi mai accettabili sul piano di una razionale valutazione delle prove e di svolgimenti che presuppongano un coerente fondamento giuridico sul piano normativo. Ciò che, indubbiamente, deve esser tenuto sempre

[167] Essi non sono stati presi in considerazione dalla letteratura tradizionale sulla *paragrafe*, né ai fini di un'eventuale confutazione, da Paoli 1933b, *Passi d'autore* (p. 216). Il § 51 è, invece, valutato da Bonner – Smith 1938, 89, in scrupolosa aderenza all'opinione tradizionale della spiegazione degli svolgimenti sul merito della causa in relazione alla bipartizione del processo in seguito all'opposizione della *paragrafe*. Wolff 1966, 23 nt. 13, contesta la valutazione degli studiosi americani, sostenendo che Demostene volesse alludere soltanto ad una valutazione globale dei mezzi di prova da parte dei giudici eliastici, onde le attestazioni di Stefano favorevoli a Formione su di un punto li avrebbero ben disposti a favore di Formione stesso anche per quanto concerne gli altri punti. Ma questa presa di posizione, indubbiamente esatta, non mi sembra possa far giudicare inesatta quella criticata dal Wolff. Si è che entrambe si basano, da angoli visuali un poco differenti, su quella caratteristica del processo attico che ho già designato come la tecnica del «convincimento globale» del giudice, anzi si può dire che, mentre la notazione del Wolff esprime il fondamento psicologico di questo convincimento globale, quella del Bonner e della Smith ne esprima il concreto attuarsi pratico. Va, infine, ricordato come Lämmli 1938, 163, accennasse brevemente alla possibilità di utilizzare il passo contro l'ipotesi di U.E. Paoli, e, da ultimo, esso venisse fuggevolmente citato in tal senso da Cohen 1973, 152 s.

presente, ai fini di saggiare l'attendibilità delle costruzioni che si possono ricavare dal contesto in discussione.

Che Demostene non arretri dinanzi all'*inconcinnitas*, se non alla palese contraddizione, ho già accennato rispetto al differente trattamento fra gli svolgimenti attinenti alla μίσθωσις, che egli accetta, e gli altri che egli ricusa (§§ 47-48). Un'altra contraddizione si può cogliere, anche se latente, fra il § 49 ed il § 51: nell'uno, come mostrerò più ampiamente subito appresso, si pone, in riferimento al precedente processo, una distinzione fra argomenti che riguardano la procedibilità dell'azione e quelli che riguardano il c.d. merito; e sono questi ultimi che egli vuole tener fuori – nei limiti che però si sono detti – dal presente processo. Nel § 51, invece, posto dinanzi alla constatazione che, fra l'altro, la *martyria* di Stefano non riguardava propriamente la *paragrafe*, egli sostiene, con molta disinvoltura, che anche le testimonianze relative ai πεπραγμήνα lo hanno danneggiato, in quanto i giudici eliastici si basavano, nelle loro decisioni, su una valutazione globale delle argomentazioni e delle prove svolte dalle parti.

Precisato ciò in ordine al valore che si può dare agli spunti da trarre da questi passi, bisogna, anzitutto, rendersi più dappresso conto della portata del § 19. Qui Demostene, ai fini di esercitare l'*actio finium regundorum* fra gli argomenti di cui si può discutere e quelli di cui non si può discutere nell'attuale δίκη ψευδομαρτυρίων, prospetta una contrapposizione fra gli svolgimenti che si sarebbero dovuti avere e quelli che si sono effettivamente avuti nel corso del processo paragrafico tra Formione e Apollodoro. Essa corre fra gli ἔλεγχοι περὶ τῶν ἐγκλημάτων e le μαρτυρίαι, che hanno impedito ad Apollodoro di svolgere, nel precedente processo, gli ἔλεγχοι ricordati: e sono queste testimonianze, non quegli argomenti, che debbono essere presi in considerazione nell'attuale processo.

Gli ἔλεγχοι, come si desume facilmente dal contesto dell'argomentazione svolta in questo momento da Demostene, si riferiscono alla fondatezza dell'azione intentata, a suo tempo, da Apollodoro contro Formione, ossia al merito della causa: ma che cosa sono le μαρτυρίαι? Esse sono le testimonianze, mediante le quali Formione ha vinto il precedente processo, e che, indirettamente o direttamente, avevano riguardo alla *paragrafe*. Appare quindi chiaro che, alla base della contrapposizione fra ἔλεγχοι e μαρτυρίαι, sta quella fra la struttura che il processo ha assunto in seguito all'opposizione della *paragrafe* da parte di Formione (a sostenere la quale erano chiamate le testimonianze), e quella che avrebbe potuto avere se Formione stesso non avesse, dolosamente e con l'appoggio di Stefano,[168] impresso al giudizio un andamento artificialmente contrario al buon diritto di Apollodoro.

[168] In Demostene, *or*. 45. 5, anche senza dirlo espressamente, Apollodoro presenta in effetti Stefano come il complice sin dall'inizio dei raggiri processuali che escogita Formione. Qui, e nel seguente § 6, l'accento poggia principalmente sulla *paragrafe*, come mezzo attraverso il quale il convenuto avrebbe, in modo sleale, portato Apollodoro alla sconfitta: ciò che, del resto, trova riscontro nelle affermazioni del § 49. Ciò permette di situare nella giusta luce l'affermazione del § 5: καὶ πρῶτον μὲν παρεγράψατο τὴν δίκην [ἣν

Individuata questa contrapposizione, è facile scorgere le conseguenze nella prospettazione di Demostene: Apollodoro, a seguito della *paragrafe*, è stato privato della possibilità di discutere in favore dei propri ἔλεγχοι περὶ τῶν ἐγκλημάτων, è stato ridotto a discutere delle μαρτυρίαι, con cui Formione appoggiava i propri raggiri processuali.[169] Nei limiti in cui il passo possa esser preso in considerazione

---

ἔφευγεν Φορμίων] μὴ εἰσαγώγιμον εἶναι· ἔπειτα μάρτυρας, ὡς ἀφῆκ' αὐτὸν τῶν ἐγκλημάτων, παρέσχετο ψευδεῖς, καὶ μισθώσεώς τινος ἐσκευωρημένης καὶ διαθήκης οὐδεπώποτε γενομένης. Si potrebbe, infatti, esser tentati di porre questo inciso in relazione con l'ipotesi del Paoli sulla doppia votazione nel processo paragrafico. Ma la *calliditas* di Formione sta, per Apollodoro, nell'essersi servito del mezzo, in sé sleale o slealmente adoperato, della *paragrafe*, e non nell'aver predisposti dei mezzi menzogneri di difesa sul merito della causa: d'altro canto già da questo momento Demostene doveva introdurre il discorso sull'oggetto dell'attuale processo, la testimonianza di Stefano, che verteva appunto su una circostanza estranea alla questione della procedibilità della *dike*, qual era il testamento di Pasione.

169 Vi è un punto che bisogna prendere in considerazione a questo proposito per la precisa determinazione della portata di Demostene, *or*. 45. 49. Il § 6 della stessa orazione ci informa che, nel processo contro Formione, i giurati, mossi dalla abile, e disonesta per Apollodoro, difesa di Formione, impedirono a costui di esporre le proprie difese: ... καὶ ταῦτ' ἀναγνοὺς καὶ τἄλλ' ὡς αὐτῷ συμφέρειν ἡγεῖτο ψευσάμενος, οὕτω διέθηκε τοὺς δικαστάς, ὥστε φωνὴν μηδ' ἡντινοῦν ἐθέλειν ἀκούειν ἡμῶν κτλ. Bisogna anzitutto avvertire che questa notizia è discussa, nella sua fondatezza, dalla dottrina moderna. Taluni autori, infatti, si limitano ad ignorarla: cfr., ad es., Dareste 1875, I, 145; Bonner – Smith 1938, 89; M.I. Finley, *Studies in Land and Credit in Ancient Athens, 500-200 B.C. The 'Horos'-Inscriptions*, New Brunswick – New Jersey, s.a. (ma 1951), 74; Meyer-Laurin 1965, 11 e nt. 43; R. Bogaert, *Banques et banquiers dans les cités grecques*, Leyde 1968, 77; ma altri contestano la veridicità della stessa. Questa opinione trova le sue radici in Schaefer 1858, 109 s., il quale esprimeva il dubbio se effettivamente ad Apollodoro fosse stato impedito di parlare, o se i giudici avessero prestato scarso ascolto alle sue argomentazioni (ma v. F. Blass, *Die attische Beredsamkeit*, I^2, Leipzig 1885, 348, dove si limita a dire di un rigetto quasi unanime dell'azione di Apollodoro), ed è stata espressa col maggior vigore da Lipsius 1915, III, 918 e nt. 65, il quale ritiene trattarsi di una «rednerische Übertreibung», riscuotendo l'approvazione di Wolff 1966, 57 nt.74 a (ma nel testo l'a. inclina invece per la genuinità della notizia, e la nota, come mostra la numerazione, è stata successivamente aggiunta, forse in correzione di bozze). Sono, invece, favorevoli all'autenticità della notizia Blass 1893, 465; Gernet 1954, 204, questo ultimo più decisamente del primo, ma entrambi senza dar conto del sospetto avanzato sulla veridicità dell'informazione. A me sembra che non vi siano sufficienti motivi per negar fede all'attestazione di Demostene, almeno nei limiti in cui essa rivela un'insofferenza da parte dei giudici, che avranno interrotto più volte Apollodoro (e sicuramente non lo sono stati a sentire, anche se egli parlava), benché quest'ultimo, come credo, avrà potuto terminare la sua arringa (e su questo punto le espressioni usate da Demostene sono, a dir il vero, piuttosto ambigue). Non vedo, infatti, perché l'oratore sarebbe dovuto andare ad inventare una circostanza, la cui verità o falsità, anche tenendo conto della relativa vicinanza dei due processi e dell'indubbia notorietà del primo, poteva facilmente esser nota ai giudici, e conseguentemente predisporli sfavorevolmente nei confronti del proprio cliente. D'altra parte non è questo il solo accenno che abbiamo circa le

come genuina attestazione della struttura del processo paragrafico, limiti che dipendono, come ho già notato, dal carattere estremamente sofistico dell'argomentazione svolta, mi sembra dunque che esso testimoni in favore di una configurazione del processo, in seguito all'opposizione dell'eccezione d'improcedibilità, per cui la cognizione sulla fondatezza della domanda attrice, al di là dell'oggetto della *paragrafe* in senso stretto, era, in linea di principio ed almeno in teoria, esclusa.[170]

Questo risultato mi sembra confermato dal § 51. Qui è detto a tutte lettere che la testimonianza di Stefano, in quanto verteva direttamente sul merito, aveva avuto soltanto un'influenza indiretta sulla soccombenza di Apollodoro, παραγραφὴν ἡττήμενος, in base alla circostanza che i giudici eliastici non usavano prender in considerazione soltanto le *paragrafai*, ma anche i πεπραγμήνα, in ordine ai quali, considerati nel loro complesso, le eccezioni venivano avanzate.

L'attestazione è molto precisa, e può destare un certo stupore che essa non sia stata sufficientemente valutata. Si potrebbe, è vero, cercare di distinguere sottilmente per togliere peso al testo contro l'ipotesi dell'inscindibilità del processo attico: un παραγραφὴν ἡττᾶσθαι si può, senza dubbio, configurare anche nell'ambito dell'opinione del Paoli, in quanto l'attore sia rimasto soccombente nella prima e non nella seconda votazione. Onde la difesa di Stefano e la relativa confutazione di Apollodoro si potrebbero ricostruire, in conformità dell'opinione del Paoli, nel senso che l'attuale convenuto opponesse la non incidenza della propria testimonianza, proprio perché Apollodoro era stato respinto già sulla prima votazione concernente

manifestazioni di insofferenza, non che delle assemblee deliberanti, anche dei collegi giudicanti nell'Atene del V e del IV sec. a. C.

Acclarato ciò in relazione al peso da dare al § 6 della prima orazione contro Stefano, va detto della possibilità di mettere in relazione con detto paragrafo gli svolgimenti del § 49, nel senso che Apollodoro rimproverasse, in quest'ultimo, a Stefano di aver mal disposto i giudici con la sua falsa testimonianza (in concorso con le altre non meno false), o di aver quindi impedito all'attore di allora di svolgere le proprie difese. Questa interpretazione, anche se potrebbe adattarsi alle affermazioni – più generiche da questo punto di vista – della prima parte del § 49, non si accorda con le risultanze testuali della seconda parte dello stesso. Qui, infatti, Demostene mostra chiaramente di contrapporre μαρτυρίαι ed ἔλεγχοι come oggetto della discussione nel precedente processo paragrafico tra Apollodoro e Formione. E' con la semplice proposizione della *paragrafe* – e delle μαρτυρίαι che la debbono appoggiare (e fra le quali rientra, almeno nella prospettazione di Apollodoro, anche quella di Stefano) – che Formione ha conseguito, nel precedente processo, il suo scopo, quello di non far discutere gli ἔλεγχοι dell'attore: l'effetto che in concreto hanno prodotto le macchinazioni di Formione e le false testimonianze da questo procuratesi (fra cui quella di Stefano), e di cui è traccia nel § 6, non viene qui in considerazione.

170 A questo risultato non è contrario il successivo § 51, che anzi, come si vedrà immediatamente appresso nel testo, lo comprova, mostrando come Apollodoro si sforzi di far rientrare la testimonianza di Stefano, che di per sé non vi rientrava, fra quelle rilevanti ai fini della decisione sulla questione della procedibilità dell'azione.

l'improcedibilità dell'azione, e non sulla seconda, sul merito della causa, a cui si riferiva la testimonianza incriminata, avente ad oggetto il testamento di Pasione.[171]

Una tale interpretazione, seppur forse astrattamente possibile,[172] sembra del tutto inverisimile, allorché si prenda in considerazione il testo in concreto. Anzitutto un'argomentazione come quella che si attribuirebbe così a Stefano, sarebbe difficilmente immaginabile in un contesto in cui, dopo la votazione sulla questione dell'improcedibilità, si potesse eventualmente passare ad una votazione sul merito della causa. Una considerazione come quella avanzata da Demostene, sul fatto che i giudici decidevano sulla procedibilità dell'azione non in base ad una precisa valutazione, rigorosamente delimitata da un punto di vista tecnico-giuridico, dei fatti attinenti alla *paragrafe*, ma valutando complessivamente tutti i fatti di causa, si riferissero questi più o meno direttamente alla questione pregiudiziale, mi sembra dover far concludere per la restrizione della cognizione del tribunale, nel processo paragrafico, alla sola questione della procedibilità dell'azione sotto un diverso punto di vista: e, cioè, sotto quello che sarebbe stato difficile,[173] che una tale prassi si fosse instaurata, se, nel contesto dello stesso processo, fossero previste due diverse votazioni, l'una appunto sulla questione pregiudiziale, l'altra sul merito della causa.[174]

Anche per quanto riguarda l'affare di Apollodoro contro Formione, dunque, le testimonianze delle fonti sono concordi, quando si tratti d'individuare il *thema decidendum* del processo paragrafico, nel tendere a coglierlo nella sola questione sulla procedibilità dell'azione: onde si tratta di un altro giudizio paragrafico, oltre a quelli in cui sono state pronunciate Isocrate, *or.* 18, e Demostene, *or.* 37, per cui tale restrizione viene attestata.

---

171 A parte la questione se, da un rigoroso punto di vista, la falsificazione del testamento di Pasione rientrasse tra i fatti costitutivi dell'azione proposta da Apollodoro: su ciò cfr. Talamanca 1971.

172 Vorrei soltanto osservare – anche se mi rendo conto che il rilievo non è in assoluto decisivo – che se Apollodoro si fosse voluto riferire, nel § 51, alla votazione sulla questione di procedibilità che si contrapponesse, in una struttura del processo paragrafico ricostruita secondo lo schema dell'inscindibilità del processo, ad una successiva ed eventuale votazione sul c.d. merito della causa, egli non avrebbe detto παραγραφὴν ἡττήμενος, senza l'uso dell'articolo, ma τὴν παραγραφὴν ἡττήμενος. L'espressione usata, invece, meglio si riferisce ad una contrapposizione tra la proposizione della *paragrafe* e l'εὐθυδικίᾳ εἰσιέναι, che non consenta di ricomprendere nella prima la cognizione del merito della causa riservata invece al secondo.

173 Anche tenendo conto di quel fattore che, a sua volta, ha particolarmente condizionato il sorgere della prassi attestata da Apollodoro, e cioè l'atecnicità dell'esperienza giuridica greca, che trova uno dei suoi aspetti più caratteristici nella completa laicità dei tribunali eliastici.

174 Cfr. sostanzialmente Lämmli 1938, 163, il quale molto rapidamente notava che, se vera l'ipotesi del Paoli, sarebbe stato molto difficile che i giudici potessero essere indotti ad anticipare, nella votazione sulla pregiudizialità dell'azione, il giudizio sul c.d. merito della causa.

11. *Le altre prove a favore della bipartizione del processo in seguito alla opposizione della paragrafe.*

La dottrina che segue l'opinione tradizionale sulla struttura del processo paragrafico, ristretto alla sola decisione sulla procedibilità dell'azione, non si basa, invece, generalmente sui passi che si sono esaminati nei due ultimi paragrafi. Vorrei, a questo proposito, notare che, soprattutto nella letteratura meno recente, nonostante la presenza di qualche voce discorde,[175] l'apparato dimostrativo era, a questo proposito, del tutto ridotto, e non prendeva in considerazione – come troppo spesso, forse, ho fatto notare – testi che potrebbero esser considerati rilevanti nell'un senso o nell'altro.[176] E' come se la soluzione del problema della struttura del giudizio paragrafico fosse data per scontata in quella certa direzione, che è rimasta del tutto dominante sino all'indagine del Paoli.

D'altro canto un appunto di tal genere si può, entro certi limiti, rivolgere anche all'ultima ricerca sull'argomento, quella di H.J. Wolff, che pure rappresenta, sotto

---

[175] Su cui cfr. *supra*, cap. I, p. 11 nt. 29.

[176] Nella dottrina più antica si vedano le prese di posizione di Heffter 1822, 296 s., che si limita a far affidamento su Demostene, *or*. 36. 2 e [34]. 45, e di Platner 1824, 171, che si incentra su [Demostene], *or*. 32. 22-23, ed Isocrate, *or*. 18. 2. Ancor più breve l'accenno di Schömann, in Meier – Schömann 1883-1887, 851 nt. 237, il quale si limitava al rinvio a [Demostene], *or*. 32. 22-23, mentre J.H. Lipsius, nell'integrazione della nota ricordava anche [Demostene], *or*. 35. 45 e il rinvio di A.W. Heffter a Demostene, *or*. 36. 2 (cfr. Lipsius 1915, III, 856 nt. 35, che riproduce, praticamente, tale nota, omettendo però il rinvio al § 2 dell'orazione contro Apollodoro e il ricordo di Heffter). Glotz, s.v. *Paragraphè*, 320 nt. 1, si fondava su Demostene, *or*. [32]. 22-23; [34]. 45; [35]. 45; 36. 2, e dava cioè, principalmente, peso alle attestazioni che dicono di una sentenza che avrebbe per oggetto l'esser *eisagogimos* o meno la *dike*. Si muoveva in parte negli stessi limiti la breve confutazione dell'opinione del Paoli contenuta in Lämmli 1938, in quanto egli si rifaceva ad Isocrate, *or*. 18. 2 (cui riavvicinava Polluce, *onom*. 8.58) e Demostene, *or*. 36. 2: al di fuori dei passi citati egli metteva in luce l'importanza di Demostene, *or*. 36. 24 e 45. 51, di cui si è detto nel paragrafo precedente. Essi non vengono neppure egrediti da taluni più recenti critici del Paoli. Cohen 1973, 145 ss., oltre alla critica di talune delle argomentazioni di carattere generale proposte dal Paoli (ma senza prender in considerazione gli spunti testuali forniti da questo autore), si rifà ad Isocrate, *or*. 18. 2, 4, a Demostene, *or*. 45. 51, nonché all'*or*. 23 di Lisia (*infra*, in questo §, p. 106 ss.), e ad Arpocrazione, *lex. dec. orat.* s.v. *diamartyria* (Dindorf, p. 94, 1. 1, p. 95, 1.9). Si tratta – è indubbio – di uno degli apparati probatori più ricchi, ma – va sottolineato – i passi in questione, quand'anche rilevanti, sono trattati in modo tanto sommario da render del tutto non convincente il discorso. Dal canto suo Beyer 1968, p. 20 e nt. 1, 28 s., si fonda principalmente su Demostene, *or*. 36. 2 e su quei passi che attestano una pronuncia sulla circostanza che l'azione fosse procedibile o meno ([Demostene], *or*. 32. 25 [*rectius* 22 o 23], 34. 4, 35. 45), ma anch'egli in modo del tutto sommario. D'altro lato, nelle loro ipotesi mediatrici fra l'opinione tradizionale e quella sostenuta dal Paoli, Steinwenter 1934, 385, e Gernet 1939, in Gernet 1964, 118 nt. 4, nonché Gernet 1954, 206 nt. 1, per trovare casi di bipartizione del processo in seguito all'opposizione della *paragrafe*, si basano il secondo su Demostene, *or*. 36. 2, ed il primo, oltre che su questo passo, cui avvicina [Demostene], *or*. 35. 2, anche sull'*or*. 23 di Lisia.

molti aspetti, un deciso progresso rispetto alla letteratura precedente sull'argomento. E questo tanto più colpisce in quanto, con l'indagine del Paoli, il centro di gravità della ricerca si era per l'appunto spostato sulla struttura del processo paragrafico. Anche il Wolff, invece, a parte la confutazione degli argomenti positivi del Paoli,[177] si limita ad una constatazione di carattere logico di dubbia efficacia,[178] e, dal punto di vista testuale, esaurisce la propria dimostrazione nel porre in luce come alcuni passi del *corpus Demosthenicum* mostrino che la sentenza del processo paragrafico vertesse sul punto se la *dike* fosse o meno *eisagogimos.*[179]

Ma la circostanza che taluni passi affermino che la cognizione dei giudici debba vertere sulla procedibilità dell'azione non è argomento valido contro l'ipotesi ricostruttiva del Paoli, il quale, proponendo l'inscindibilità come carattere dominante del processo attico, che trova la sua esplicazione anche nei giudizi paragrafici strutturati su due successive votazioni, l'una sull'ammissibilità della *dike* e l'altra eventuale sul

---

[177] Per questa pure si può dire che il Wolff abbia, soprattutto, approfondito il punto della valutazione delle difese sul merito della causa, contenute nei discorsi paragrafici, a dimostrarne la connessione esclusiva con la richiesta di accoglimento o di rigetto della *paragrafe.*

[178] Il Wolff osserva che la struttura del processo paragrafico, ipotizzata dal Paoli, farebbe sì che questo «Rechtsinstitut erwiese sich als nicht mehr denn ein nicht gerade sehr sinnvoller Mechanismus, der, in ziemlich willkürlicher Weise hier und da eingeschaltet, keinerlei Schlussfolgerungen auf Rechtsvorstellungen prinzipieller Art gestattete, die die Ausgestaltung des attischen Prozessrechts beeinflusst hätten» (Wolff 1966, 17 s.). Può effettivamente darsi che, sotto un profilo diverso e più immediatamente connaturale all'esperienza giuridica attica di quelle «Rechtsvorstellungen prinzipieller Art», su cui il Wolff fa troppo affidamento, l'opinione del Paoli si presenti, in pratica, di difficile giustificazione. D'altra parte, come lo stesso Wolff 1966, 13, aveva già precedentemente notato, dal punto di vista di quest'ultimo, l'indagine del Paoli soffriva soprattutto in relazione alla mancata individuazione di un nesso, per così chiamarlo, dogmatico fra i vari casi di *paragrafe*; ma ciò non può esser in alcun modo portato a critica della ricostruzione proposta dall'atticista di Firenze per la struttura del processo paragrafico, senza dare una precisa motivazione di quella connessione che, ad una prima vista, sembra mancante. Dal punto di vista metodologico, poi, l'obiezione così formulata dal Wolff rappresenta quello che, per me, rimane il punto più debole dell'ipotesi complessiva avanzata da questo studioso, e cioè di credere all'esistenza e all'influsso, nel sistema giuridico attico sostanziale e processuale, di «Rechtsvorstellungen prinzipieller Art», che possono svilupparsi ed operare soltanto dove esista un'elaborazione dottrinale del dato normativo e pragmatico da parte di una giurisprudenza che cominci a padroneggiare lo strumentario tecnico-giuridico per ciò necessario. Presupposto questo, della cui assenza in Atene non credo che nessuno richieda più d'esser convinto.

[179] Wolff 1966, 18 e nt. 3: si tratta, a parte il frammento di Iperide, P. Oxy. 2464, di passi già circolanti nella dottrina meno recente (cfr. *supra*, in questo §, nt. 176), e cioè di [Demostene], *or.* 32. 22-23, e di un passo citato come 33. 45, che, a mio avviso, è errore di stampa per 35. 45, già addotto, a tal fine, da Lipsius 1915, III, 856 nt. 35 (e non di [Demostene], *or.* 34. 45, citato invece, a questo proposito, da Heffter 1822, 297). Del resto, in connessione con il § 45 della Lacritea, poteva esser citato anche il § 46, dove si ripete l'accenno alla sentenza sulla procedibilità dell'azione.

c.d. merito della causa, ammetteva esplicitamente la necessità, in ogni processo paragrafico, di una votazione sulla δίκη εἰσαγώγιμος.[180] I passi che rilevano sono quelli da cui si possa trarre la conchiusione che il *thema decidendum*, sottoposto alla cognizione del tribunale eliastico, e la relativa sentenza vertessero – in qualche modo – soltanto sulla questione della procedibilità dell'azione: ma non tutti i passi del *corpus Demosthenicum*, addotti dalla precedente dottrina o dal Wolff, possono rettamente interpretarsi in tal senso.[181]

Rimangono gli altri testi addotti dalla dottrina tradizionale, e va infine considerata, a tal fine, l'*or.* 23 di Lisia nel suo complesso. Nulla si può ricavare da Isocrate, *or.* 18. 2.[182] E' indubbiamente possibile una interpretazione del passo nel senso voluto dall'opinione ancora dominante, e cioè che il magistrato presidente del tribunale adito dovesse, in un primo processo introdurre la questione relativa all'amnistia, e solo successivamente ed eventualmente, in un secondo processo od in una seconda fase del processo, quella relativa al fondamento della domanda attrice. Ma non è, sicuramente, l'unica interpretazione possibile. Se anche quella proposta dal Paoli sembra forzare un poco il significato altrimenti noto dei termini usati da Isocrate,[183]

---

[180] Ed è proprio la sentenza sul c.d. merito della causa a rimanere, invece, meramente eventuale.

[181] Quelli che possono essere così interpretati si sono discussi nei due paragrafi precedenti: [Demostene], *or.* 32. 22-23, si situa, in una col § 24, in un contesto che ha per me la più grande importanza per la ricostruzione, nei termini più verisimili, della struttura del processo paragrafico, e verrà, quindi, discusso nel paragrafo seguente. Per quanto riguarda [Demostene], *or.* 35. 45-46, tali passi non provano nel modo più assoluto che il logografo si prospettasse la sentenza sulla procedibilità dell'azione come l'unica che potesse esser emanata al termine del dibattito sulla *paragrafe*, ciò che va notato anche per Iperide, P. Oxy. 2464. Per quanto riguarda [Demostene], *or.* 34. 45, cfr. poi, in ogni modo, *supra*, in questo cap., p. 65 ss. (dove si mostra che il testo, semmai, può essere addotto a riprova dell'uso, nei confronti della sentenza emessa nel giudizio paragrafico, della terminologia corrente per significare l'assoluzione in senso sostanziale nell'*euthydikia*).

[182] Ad esso si richiamano, come si è visto, Platner 1824, 171; Lämmli 1938, 163, che vi avvicina, si è detto, Polluce, *onom.* 8. 58 (su cui cfr. *supra*, in questo cap., p. 103 nt. 176); e Cohen 1973, 145 ss. Va rilevato, d'altro canto, che Wolff 1966, 85, 145 s., pur dando una valutazione del passo, in accordo con la dottrina tradizionale, nel senso della bipartizione del processo a seguito dell'opposizione della *paragrafe*, non lo usi a dimostrazione di tale ipotesi di struttura. Egli, anzi, tende a trarre da esso la prova dell'esistenza di un'«inscindibilità» di portata ridotta, nel senso che, pur trattandosi – almeno in linea di principio – della questione di procedibilità e del merito della causa in due udienze distinte, si desse un unico δίκην λαγχάνειν, evitandosi all'attore di dover riproporre l'azione dopo il rigetto della *paragrafe* (su ciò cfr. anche *supra*, in questo cap., p. 64 nt. 92).

[183] Paoli 1933b, 107 s., mentre da una parte riconosce che, se tutta la tradizione testuale in materia di giudizi paragrafici si riducesse al nostro testo, «il dubbio su quanto la dottrina dominante afferma non potrebbe neanche venir in mente», perviene invece ad una diversa valutazione del passo, inquadrandolo nelle altre attestazioni delle fonti relative alla struttura del processo paragrafico. Tale interpretazione, che egli stesso considera «non così evidente, ma corretta», è nel senso che «il magistrato, al quale competeva di *eisagein* la causa, qualora il convenuto avesse elevato *paragrafe*, dovesse sottoporre al voto dei

a me sembra che egualmente ammissibile sia un'interpretazione, di cui si può trovare già lo spunto in dottrina,[184] e per cui, in seguito all'opposizione della *paragrafe*, il magistrato dovesse, invertendo l'ordine tradizionale,[185] introdurre e cioè far leggere ai giurati per prima la *paragrafe* stessa, con la conseguenza – che viene esplicitamente tratta nel § 2 in questione – che era il convenuto παραγραψάμενος a dover parlare per primo. Ed a conforto di tale interpretazione[186] può esser fatta valere la considerazione che – nel contesto – quanto apparentemente importava all'oratore era di giustificare la circostanza, di estrema novità senza dubbio, per cui φεύγων τὴν δίκην πρότερος λέγω τοῦ διώκοντος.

Di Demostene, *or.* 36. 2, dirò appresso.[187] Vorrei adesso sottolineare, ai fini del problema qui dibattuto, l'importanza dell'*or.* 23 di Lisia considerata nel suo com-

---

giudici anzitutto l'accoglimento o la reiezione della *paragrafe*, poi in un secondo momento, ma nella stessa seduta, e sempre che la pregiudiziale non fosse stata risolta a favore del convenuto, il giudizio sul contenuto dell'*enklema* (l'istanza dell'attore)». Essa è seguita da Biscardi 1961a, 879, nonché in Biscardi 1968, 130, (ma senza nuovi argomenti), il quale sottolinea come si tratterebbe dell'unico (!) passo decisamente contrario, a stare alle apparenze, alla teoria del Paoli. Come accennavo nel testo, questa interpretazione dà al verbo *eisagein*, che altrove non è dato riscontrare nell'uso che dello stesso si fa in relazione all'introduzione della causa dinanzi al tribunale eliastico da parte del magistrato, e cioè quello di sottoporre, normalmente dopo il dibattito, una questione alla votazione dei giurati. *Eisagein* è, invece, normalmente riferito all'attività del magistrato che introduce la causa dinanzi al tribunale per la discussione, e, alla fine di questa, per la relativa votazione: né si riscontra mai detto, ad es., che negli ἀγῶνες τιμητοί, dopo la votazione sull'*an*, il magistrato compia un nuovo *eisagein* per la votazione sul *quantum*, anche se, in relazione a questa, si abbia fra le parti un nuovo dibattito. Si potrebbe, quindi, al massimo pensare, nell'ordine di idee del Paoli, ad un duplice *eisagein* iniziale, rispetto alla doppia questione sottoposta al giudizio del tribunale: quella che si riferisce alla *paragrafe* del convenuto, cui dovrebbe rispondere una contro-istanza scritta da parte dell'attore, vertente sulla procedibilità dell'azione, e quella che si riferisce all'*enklema* attore, cui dovrebbe corrispondere un'*antigrafe* sul merito da parte del convenuto. Ma è proprio di questa duplice coppia di atti introduttivi del procedimento che manca, in qualsiasi modo, nella documentazione che noi possediamo sui giudizi paragrafici, l'attestazione (su ciò *infra*, in questo cap., p. 121 ss.).

[184] Cfr., forse, in questo senso Hellebrand 1949, 1178 («gewiss, das eisagein bezog sich auf das enklema, aber an erster Stelle wurde nun doch die p. den Heliasten unterbreitet»), ma senza che lo spunto stesso, se esistente, venisse ulteriormente approfondito e sviluppato.

[185] E cioè nel senso che si desse per primo lettura dell'*enklema* attore, e per seconda dell'*antigrafe* del convenuto, siccome poi si succedevano le parti nel dibattito (ordine cui ci si riferiva, nella seconda metà del IV sec. a.C., ma non si vede perché lo stesso sistema non dovesse essere usato anche prima, per identificare agli occhi dei giurati le parti in relazione alla votazione: cfr. Aristotele, *const. Ath.*, 68. 4).

[186] Che, non varrebbe neppure la pena di sottolinearlo, s'inquadra senza difficoltà nell'ipotesi che qui si tenta di dimostrare sulla struttura del processo paragrafico.

[187] Cfr. *infra*, in questo cap., p. 118 ss.

plesso, in ordine all'impianto dimostrativo fornito dal logografo. E' noto[188] come si tratti, nel caso, dell'unica orazione pronunciata in un giudizio che, se non paragrafico, si può legittimamente accostare ai procedimenti paragrafici,[189] in cui l'attore si limita esclusivamente a giustificare la propria posizione in ordine alla questione sulla procedibilità dell'azione, sollevata dal convenuto Pancleone nella sua *antigrafe*, senza prender in alcun modo posizione sul merito della causa, in modo tale che rimane perfino sconosciuto l'oggetto dell'azione. L'atteggiamento del Paoli rispetto a ciò è sostanzialmente elusivo, ed anzi, da singole affermazioni contenute nell'orazione l'atticista di Firenze cercava di trarre – ed a torto – argomento a sostegno della sua opinione.[190]

---

188 Cfr. ad es. Paoli 1933b, 108; Steinwenter 1934, 385, il quale – per l'appunto, sostiene, nell'ambito della sua ipotesi mediatrice, che la nostra orazione mostra che vi potessero essere dei casi, in cui, «ohne Umstellung der Reihenfolge», al dibattito sulla *paragrafe* potesse seguirne uno sull'*enklema* attore; Lämmli 1938, 162; Cohen 1973, 101; Wolff 1966, 17.

189 E' appena da notare che, se dal termine *antigrafe* usato nell'orazione, si volesse trarre la conseguenza che ci si imbatte qui in un procedimento diverso da quello paragrafico, e che potrebbe soltanto riportarsi alle forme usuali dell'introduzione del processo con un'*antigraphe* contrapposta all'*enklema* attore (e nella quale si sarebbero così versate difese di «merito» e di «procedura»), la mancanza di qualsiasi accenno al merito della causa sarebbe ancor più incomprensibile.

190 Paoli 1933b, 108 s., si limita ad affermare che «non appariscono chiare le ragioni per le quali l'attore non tratta l'αὐτὸ τὸ πρᾶγμα»: egli accenna, come possibili spiegazioni, alla circostanza che il torto di Pancleone risultasse dagli atti processuali «in modo patente», e che il testo dell'orazione, così come ci è conservato, non rappresenti tutta la difesa dell'attore. Quest'ultima ipotesi non è né dimostrata, né giustificabile ad un'analisi interna del discorso, dove non si riescono a scorgere tracce di lacune. La prima appare palesemente infondata a chiunque tenga conto della struttura del dibattimento nella prassi giudiziaria attica: le uniche prove di cui potevano disporre, per il proprio convincimento, i giurati, erano quelle che venivano offerte nel corso delle orazioni pronunciate dalle parti: il richiamarsi alle prove esistenti agli atti è un non senso, in cui non si comprende come sia potuto cadere uno specialista come il Paoli. Gli argomenti che l'a. vuol trarre dall'orazione a favore della propria ipotesi non appaiono poi sufficienti a controbilanciare il dato così rilevato della assenza di qualsiasi svolgimento sul merito della causa da parte dell'attore. Su Lisia, *or*. 23. 1, cfr. quanto esposto *supra*, in questo cap., p. 77 nt. 135: περὶ τουτουὶ τοῦ πράγματος non si riferisce, come già detto, al c.d. merito della causa in contrapposto alla questione pregiudiziale. La terminologia adoperata nel § 16 (οἶδ' ὅτι τά τε δίκαια καὶ τἀληθῆ ψηφιεῖσθε, ἃ καὶ ἐγὼ ὑμῶν δέομαι) si è già detto non poter concretare una prova a favore dell'ipotesi del Paoli, in quanto essa è generica e non sicuramente in corrispondenza univoca con una sentenza di carattere sostanziale. Rimane il § 10: τῇ δ' ὑστεραίᾳ τῆς τε ἀντιγραφῆς ἕνεκα ταυτησὶ καὶ αὐτῆς τῆς δίκης ἔδοξέ μοι χρῆναι μάρτυρας λαβόντι παραγενέσθαι, ἵν' εἰδείην τόν τ' ἐξαιρησόμενον αὐτὸν καὶ ὅ τι λέγων ἀφαιρήσοιτο. Il Paoli sostiene che tale passo mostri «che l'avversario di Pancleone durante il periodo istruttorio non si procurava solo i documenti necessari per dimostrare infondata l'opposta declinatoria del foro, ma anche quelli che si riferivano al merito della causa» (Paoli 1933b, 109). Contro la concludenza di tale argomento si sono già espressi Lämmli 1938, 162 nt. 3 (ma il suo accenno alla circostanza

Più recentemente il Wolff escludeva che questa circostanza potesse giocare contro l'ipotesi dell'inscindibilità del processo in seguito all'opposizione della eccezione d'improcedibilità, sotto il profilo che, sostenendo l'attore esser Pancleone uno schiavo, «so war natürlich eine Verhandlung zur Sache gegen den Mann persönlich nicht nur im Gericht des Polemarchen, sondern überhaupt ausgeschlossen»: considerazione a cui si aggiungeva l'altra, per cui «über die Hauptsache hinwegzugehen, mochte unter solchen Umständen der Sache des Redners nur nützlich sein, von ihr zu reden als Zeichen mangelnden Vertrauens in das eigene Vorbringen aufgefasst werden»[191].

Non posso condividere questo punto di vista. Si vedrà come sia difficile avanzare ipotesi concrete sui fatti e le motivazioni dei comportamenti dei vari protagonisti della vicenda che per noi è conosciuta solo attraverso l'*or.* 23 di Lisia; né si può disconoscere che, nell'ambito della dottrina tradizionale sulla struttura del processo paragrafico, se Pancleone fosse stato effettivamente schiavo, respinta l'eccezione, non si sarebbe potuto agire contro di lui presso qualsivoglia tribunale. Ciò non toglie, a mio avviso, che la mancanza di qualsiasi argomentazione sul c.d. merito della causa nella nostra orazione possa essere portata contro l'opinione del Paoli. Se questa fosse esatta, infatti, qualsiasi si fosse stata la linea difensiva assunta dall'attore per negare la qualità di plateese vantata dal convenuto,[192] ciò non avrebbe impedito che, respinta l'eccezione d'improcedibilità presentata dal convenuto, si dovesse passare alla votazione sul merito della causa.[193] Ora non si vede per qual motivo

che qui si tratta di «Solemnitätszeugen, die unabhängig von der Anakrisis beigezogen wurden» è erroneo per la qualifica data ai testi – così già Wolff 1966, 18 nt. 4 – ed insufficiente come critica di fondo), e Wolff 1966, *loc. cit.*, il quale sottolinea la mancanza di qualsiasi connessione della vicenda fra Pancleone e Nicomede con quella fra l'attore e Pancleone stesso dal punto di vista probatorio, mentre lo avrebbe avuto in relazione alla tattica che l'attore stesso avrebbe dovuto seguire nei confronti di Pancleone. Ciò è, in sé considerato, vero, ma non del tutto persuasivo contro il significato oggettivo del passo, in cui l'opposizione tra *antigraphe* e *dike* non può non riferirsi, sino a prova contraria, se non alla opposizione tra fatti che attengono alla difesa del convenuto, limitata alla questione di procedibilità, e fatti che attengono all'*enklema* attore. Il profilo, invero, che a mio avviso rimane decisivo è che, abbia anche raccolto elementi attinenti al c.d. merito dell'azione, non è certamente detto che l'attore li raccogliesse proprio per il processo in cui è stata pronunciata l'*or.* 23 di Lisia, e, ciò che più conta, non se ne è servito in tale sede.

191 Wolff 1966, 62. Anche Lämmli 1938, 162 s., pur respingendo la valutazione data dal Paoli a taluni passi dell'*or.* 23, non si serve però esplicitamente dell'argomento che da questa orazione si può trarre a favore dell'opinione tradizionale sulla bipartizione del processo in seguito all'opposizione dell'eccezione d'improcedibilità.

192 E, d'altra parte, nonostante la spavalda sicurezza dimostrata dall'attore, di cui soltanto conosciamo la versione dei fatti, non è certo che si possa giurare con tranquillità che Pancleone fosse effettivamente uno schiavo, anche se probabilmente potesse essere un meteco.

193 Si tenga, fra l'altro, conto che l'eventuale votazione sulla questione pregiudiziale relativa alla procedibilità dell'azione, fosse essa avvenuta in separato dibattito o nello stesso con-

l'attore dovesse non curarsi di questa sentenza al punto di non prospettare neppure in modo del tutto succinto le proprie prove e le proprie argomentazioni al proposito.

Con ciò viene riaffermato, con i limiti che possono derivare dalla conoscenza del tutto lacunosa che abbiamo di questo caso, che l'attore poteva legittimamente prospettarsi che le prove relative alla questione sulla procedibilità dell'azione fossero sufficienti ai fini della decisione del procedimento paragrafico,[194] ciò che corrisponde alle altre attestazioni, di cui si è detto nei paragrafi precedenti, e per cui la cognizione del tribunale eliastico veniva, in un modo o nell'altro, presentata come limitata a tale questione.

12. *L'aporia dei dati sin qui raccolti ed il modo per superarla: il giudizio paragrafico come* agon *fra l'*enklema *dell'attore e la* paragrafe *del convenuto.*

A questo punto, nell'ambito delle opinioni avanzate finora in dottrina in ordine alla struttura del processo paragrafico,[195] i dati che si sono venuti analizzando nei paragrafi che precedono[196] palesano, al di fuori di qualsiasi dubbio, un contrasto insanabile. Da una parte si pongono quelle attestazioni delle fonti che, da un punto di vista terminologico e sostanziale, mostrano come il dibattimento in cui si era discusso della *paragrafe* potesse sfociare in una sentenza di merito a carico del convenuto, e cioè portare alla sua condanna. Attestazioni che, non sarebbe mestieri di ricordare, non possono in alcun modo accordarsi con l'opinione tradizionale sulla bipartizione del processo in seguito all'opposizione della *paragrafe*, mentre troverebbero legittima spiegazione nell'ipotesi costruttiva del Paoli, soprattutto per quanto concerne quei luoghi che, con maggior o minor sicurezza, sembrano alludere ad una sentenza dei giudici che verta sui fatti costitutivi dell'*enklema* attore.[197]

---

testo rispetto all'eventuale votazione sul merito, avrebbe soltanto accertato in via negativa – quali si fossero gli argomenti avanzati dall'attore a sostegno della propria tesi – che Pancleone non era plateese, e quindi non poteva declinare, sotto tale profilo, la competenza del polemarco.

[194] E' evidente che l'*or.* 23 di Lisia, nella sua mancanza di qualsiasi svolgimento relativo, in *narratio* o *probatio* che fosse, al c.d. merito della causa, ha valore, ai fini della questione qui dibattuta, proprio perché si tratta di un discorso *ex latere actoris*, giacché quest'ultimo non poteva in alcun modo tralasciare di accennare una pur breve dimostrazione della fondatezza del proprio *enklema*, in relazione al richiesto rigetto della eccezione d'improcedibilità, ove al termine del dibattito su questa si potesse procedere contestualmente, com'è opinione del Paoli, ad una votazione sul merito stesso. Da parte del convenuto, invece, il merito della causa potrebbe anche venir – in astratto – tralasciato, in quanto il processo poteva per lui vittoriosamente conchiudersi con l'eventuale statuizione dell'improcedibilità dell'azione.

[195] Per la posizione di Hellebrand 1949, 1179, cfr. *infra*, in questo §, nt. 206.

[196] Essi sono tutti relativi alla portata delle decisioni giudiziarie che chiudono il processo paragrafico: per Demostene, *or.* 36. 2, che si pone al di fuori della dialettica, di cui si dirà immediatamente appresso nel testo, cfr. *infra*, in questo cap., p. 118 ss.

[197] Su di essi cfr. *supra*, in questo cap., pp. 42-73, 81 ss.

Dall'altra parte si pongono le altre attestazioni delle fonti, le quali, con sicurezza o con assoluta verisimiglianza, mostrano come la cognizione del tribunale eliastico, nell'udienza dedicata alla trattazione della *paragrafe*, fosse – più o meno nettamente – sentita come ristretta alla questione di procedibilità sollevata dal convenuto. Attestazioni che, mentre s'inquadrano perfettamente nell'opinione tradizionale della bipartizione, anzi ne costituiscono il fondamento più o meno compiutamente avvertito, non s'accordano di certo con l'ipotesi del Paoli sull'inscindibilità del processo attico in genere e del processo paragrafico in particolare.

Questa situazione di aporia viene, d'altronde, resa più acuta dalla circostanza che attestazioni nell'uno e nell'altro senso si trovano agli inizi della vita del procedimento paragrafico, come nel periodo in cui questo, alla metà del IV sec. a.C., è saldamente radicato nella prassi giudiziaria attica, e si riscontrano non in orazioni diverse,[198] ma nelle medesime orazioni, le quali appunto si situano nelle diverse epoche della storia dei giudizi paragrafici, cui si è accennato. Basti riflettere agli spunti in senso contrastante che si possono trovare nell'*or.* 18 d'Isocrate e nelle *or.* 36 e 37 di Demostene.[199]

---

198 Onde è impossibile formulare tentativi di composizione che tengano conto del fattore cronologico, per cui – sotto questo profilo – si sarebbe avuta una variazione della struttura del processo paragrafico dovuta all'evolversi dello stesso, o che si rifacciano ad una differenziazione di essa struttura a seconda del diverso oggetto del processo o del diverso uso dei propri poteri da parte del magistrato. Mi riferisco, con ciò, soprattutto al tentativo di Gernet 1939, in Gernet 1964, 118 e nt. 4; Gernet 1954, 118 nt. 1, 206 nt. 1 (con qualche maggior incertezza), di distinguere a tal proposito fra *dikai emporikai* (o *dikai emmenoi* in generale) e le altre azioni che si svolgessero, da questo punto di vista, nelle forme normali della procedura; ad es. a quello di Steinwenter 1934, 385 s., il quale, in via d'ipotesi, accanto all'«Annahme einer historischen Entwicklung», pensa ad un potere discrezionale «des Verhandlungsleiters» di decidere se sulla *paragrafe* si dovesse tenere o meno un dibattito separato.

199 Isocrate, *or.* 18. 64-65, infatti, costituisce una delle più nette perorazioni in senso definitivo (cfr. *supra*, in questo cap., p. 43 ss.), mentre, nella stessa orazione, i §§ 40-41 potrebbero addirittura testimoniare per una struttura nel senso della doppia sentenza, sulla procedibilità e sul merito, quale era postulata dall'ipotesi di U.E. Paoli (cfr. *supra*, in questo cap., p. 84 ss.). D'altro canto, sempre nell'orazione contro Callimaco, si è visto come il § 4 mostri, invece, con tutta chiarezza, la restrizione della cognizione dei giudici alla questione dell'amnistia (cfr. *supra*, in questo cap., p. 92 ss.). Egualmente Demostene, *or.* 36. 58-59, contiene anch'esso una perorazione in senso definitivo, mentre i §§ 49 e 53-54 confermano, sotto diversi punti di vista, il carattere sostanziale della sentenza eventualmente da pronunciarsi contro il convenuto (cfr. *supra*, in questo cap., p. 47 ss.), mentre, d'altro canto, i §§ 23-24, anche in relazione a Demostene, *or.* 45. 49 e 51, attestano come il logografo si prospettasse, come oggetto della cognizione dei giudici eliastici, soltanto la questione di procedibilità dell'azione, incentrata sull'ἄφεσις καὶ ἀπαλλαγή (cfr. *supra*, in questo cap., p. 93 ss.). In Demostene, *or.* 37, cui appartiene quel § 21, che mostra anch'esso tale limitazione (cfr. *supra*, in questo cap., p. 92 ss.), il § 56 indica chiaramente in una condanna in senso sostanziale l'eventuale sbocco dell'attuale processo in senso sfavorevole al convenuto (cfr. *supra*, in questo cap., p. 54 s.)

A questo punto appare evidente che – prima di chiudere la questione con un *ignorabimus*, allo stato almeno degli atti – è necessario vedere se, al di là delle opinioni sin qui difese in dottrina, non sia possibile trovare un modo di risolvere quest'aporia. Uno spunto mi sembra possa trarsi da un passo di [Demostene], *or.* 32. 21-23, che, per quanto concerne i §§ 22 e 23, è stato invece addotto dall'opinione tradizionale a conferma della bipartizione del processo in seguito all'opposizione della *paragrafe*:[200]

τί γὰρ ἂν καὶ ἄλλ' ἐποιοῦμεν; οὔπω γὰρ τοῦτό γ' οὐδεὶς ἡμῶν τῶν κοινωνῶν ὑπέλαβεν, ὡς ὑμεῖς γνώσεσθέ ποτ' εἶναι τούτου τὸν σῖτον, ὃν καταλιπεῖν οὗτος ἔπειθεν τοὺς ναύτας, ὅπως ἀπόλοιτο τοῦ πλοίου καταδύντος. ὃ καὶ μέγιστόν ἐστι σημεῖον τοῦ μηδὲν προσήκειν αὐτῷ. τίς γὰρ ἂν τὸν ἑαυτοῦ σῖτον ἔπειθε προέσθαι τοὺς σῴζειν βουλομένους; ἢ τίς οὐκ ἂν ἔπλει δεξάμενος τὴν πρόκλησιν εἰς τὴν Σικελίαν, οὗ ταῦτ' ἦν ἐλέγξαι καθαρῶς; καὶ μὴν οὐδὲ τοῦτ' ἐμέλλομεν ὑμῶν καταγνώσεσθαι, ὡς εἰσαγώγιμον ψηφιεῖσθε τούτῳ τὴν δίκην περὶ τούτων τῶν χρημάτων, ἃ κατὰ πολλοὺς τρόπους οὗτος ἔπραττεν ὅπως μὴ εἰσαγώγιμα δεῦρ' ἔσται, πρῶτον μὲν ὅτ' αὐτὰ καταλιπεῖν τοὺς ναύτας ἔπειθεν, εἶθ' ὅτ' ἐν Κεφαλληνίᾳ μὴ δεῦρο πλεῖν τὴν ναῦν ἔπραττεν. πῶς γὰρ οὐκ αἰσχρὸν καὶ δεινὸν ἂν γένοιτο, εἰ Κεφαλλῆνες μέν, ὅπως τοῖς Ἀθηναίοις σωθῇ τὰ χρήματα, δεῦρο πλεῖν τὴν ναῦν ἔκριναν, ὑμεῖς δ' ὄντες Ἀθηναῖοι τὰ τῶν πολιτῶν τοῖς καταποντίσαι βουληθεῖσιν δοῦναι γνοίητε, καὶ ἃ μὴ καταπλεῖν ὅλως οὗτος δεῦρ' ἔπραττεν, ταῦτ' εἰσαγώγιμα τούτῳ ψηφίσαισθε;

---

[200] Questi passi erano già stati usati, in tal senso, da Platner 1824, 171; Schömann, in Meier – Schömann 1883-1887, 851 nt. 237; Glotz, s.v. *Paragraphè*, 325 e nt. 10; Lipsius 1915, III, 856 nt. 3. Degli stessi non si occupa, invece, Paoli 1933b, (cfr. *Passi d'autore*, p. 216: il § 23 viene ricordato, incidentalmente, soltanto a proposito della discussione sulle date entro cui si potevano tenere i processi commerciali: *Sul periodo di attività dei tribunali commerciali in Atene*, [originariamente *Zur Geschichte der dikai emporikai im attischen Recht*, in ZSS, 49, 1929], in Paoli 1933, 183). A parte, forse, un cenno di Beyer 1968, 70 nt. 1 (p. 21), cfr. poi per i §§ 22-23, Wolff 1966, 18 e nt. 3, per cui si tratta – come ho già detto – di alcuni di quei passi, in cui l'oggetto della decisione dei giudici viene indicato come circoscritto alla questione di procedibilità, e che quindi dovrebbero provare come, nel processo paragrafico, non si desse altra sentenza, e con altri effetti, se non quella sull'ammissibilità dell'azione. Successivamente lo stesso autore sembra voler porre a base del ragionamento, di cui al § 22, il tentativo di Demone di far apparire la fattispecie come quella che non rientrasse nella previsione della legge introduttiva delle *dikai emporikai*, in quanto difettava il requisito Ἀθήναζε (Beyer 1968, 45 s.). Tale interpretazione non sembra, a mio avviso, potersi sostenere dinanzi ad una considerazione complessiva dei nostri tre paragrafi, dalla quale si ricava chiaramente, come si ribadirà ancora più avanti, che il punto centrale dell'argomentazione va trovato nel tentativo, da parte di Demone, di provare – mediante la dimostrazione dell'inesistenza di un diritto di Zenotemide sul frumento in discussione – la legittimità della sua *exagoge* e l'infondatezza della *dike exoules*, la quale infondatezza, per il congegno legislativo proprio delle azioni commerciali, si trasformava in improcedibilità dell'azione stessa.

Il § 23 è già conosciuto, perché in precedenza ho cercato di mostrare come, in esso, si possa riscontrare – in δοῦναι γνοίητε – un preciso riferimento ad una sentenza sfavorevole al convenuto che vertesse non soltanto sulla questione di procedibilità bensì anche sul merito della causa, sfociando in una condanna del convenuto stesso.[201] Adesso questa espressione, in una con la valutazione che ne è stata fatta, va reinserita nel contesto da cui era stata enucleata, per un tentativo di approfondimento ai fini della soluzione della questione qui dibattuta.

Si è già visto che l'orazione contro Zenotemide è una di quelle in cui è più malagevole ricostruire, nei dettagli, i fatti che sono a fondamento della controversia giudiziaria, e che più hanno dato luogo a discussioni in dottrina da tale punto di vista. Voglio ricordare qui soltanto i punti essenziali della vicenda, necessari per comprendere l'argomentazione svolta nei §§ 21-23. Sia Demone che Zenotemide affermano diritti su un carico di frumento siciliano, in quanto creditori ipotecari il primo di Proto ed il secondo di Egestrato. Dopo una prima fase della vicenda in cui Proto e Demone, almeno a dire di quest'ultimo, avevano marciato di comune accordo, e Zenotemide aveva contestato ad entrambi il possesso del carico di frumento, Proto lascia in asso Demone, e costui, che vi si era prima sempre rifiutato, compie in proprio l'*exagoge* nei confronti di Zenotemide,[202] il quale, dal canto suo, non aveva mai acconsentito, nel periodo precedente, a subire tale *exagoge* da parte di Proto, né ad accettare la *proklesis* di Demone di recarsi a Siracusa per risolvere *in loco* la questione della spettanza del grano, sulla base delle risultanze di un'inchiesta presso un'*arche* di Siracusa stessa (porto d'imbarco), che non poteva esser altro se non un'autorità amministrativa incaricata della sorveglianza del commercio marittimo.

[201] Cfr. *supra*, in questo cap., p. 54. Bisogna ricordare, a questo proposito, che la difesa della proprietà e l'accertamento della stessa, che ne è il logico presupposto, non dava luogo, nell'ordinamento attico, ad una *actio in rem* (o, sotto un diverso profilo, ad un'azione di accertamento): in linea di principio era soltanto la *dike exoules* che poteva, in via indiretta, sanzionare la violazione del diritto di proprietà e, conseguentemente, accertare a chi questo spettasse. Ma tale azione era, per così dire, un'*actio ex delicto*, la quale tendeva a reprimere l'illecito di chi impedisse il legittimo proprietario nell'esercizio dei suoi diritti sulla cosa (ed un tale impedimento formalizzato era appunto l'*exagoge*): su ciò cfr. per tutti, da ultimo, A. Kränzlein, *Eigentum und Besitz im griechischen Recht des fünften und vierten Jahrhunderts v. Chr.*, Berlin 1963, 138 ss., con il quale concordo in pieno nel ritenere indimostrata l'esperibilità, comunque configurata, della *diadikasia* in relazione a controversie relative alla proprietà privata, e A.R.W. Harrison, *The Law of Athens. Family and Property*, Oxford 1968, 206 ss., in cui ulteriore bibliografia. Nel caso in esame, dunque, il *timema* di Zenotemide esprimeva la pena richiesta nei confronti di Demone in relazione all'*exagoge*, considerata illecita in quanto lesiva del diritto, in qualsiasi modo strutturato, che spettava all'attore sul carico di frumento. Il riconoscimento della proprietà dell'attore stesso, che è a base logica del δοῦναι γνοίητε di cui si dice nel testo, non era che un effetto indiretto della sentenza di condanna al *timema* proposto dall'attore.

[202] Per introdurre quella *dike exoules*, che, come si è detto nella precedente nt. 201, serviva come mezzo indiretto per la risoluzione della questione della spettanza del carico di frumento all'una o all'altra parte.

Nel § 20, immediatamente precedente ai nostri passi, Demone riassume tutto quanto aveva sin allora esposto, ponendo l'accento sui due punti della condotta di Zenotemide che si sono già accennati, e sottolinea come, nella situazione in cui si era venuto trovando, altra via d'uscita non gli fosse rimasta che quella di eseguire in proprio l'*exagoge* nei confronti dell'attuale attore. I §§ 21-23, che seguono e che qui interessano, servono a dimostrare la legittimità dell'*exagoge* così compiuta, in quanto Zenotemide, nei confronti del quale essa era stata adempiuta, non poteva vantare sul carico di frumento in questione un diritto che prevalesse su quello di Demone.[203]

[203] A questo proposito va rilevato che si è negato, in dottrina, il riferimento delle affermazioni di [Demostene], *or.* 32. 21, all'attuale processo, riportandole invece a quello fra Zenotemide e Proto, di cui è parola nei §§ 26-28: cfr. Thalheim 1888, 205, e di recente Gernet 1954, 262 (*ad* p. 124 l. 15). Bisogna, anzitutto, accertarsi se già il significato letterale del passo non renda impossibile un riferimento di οὐδεὶς ἡμῶν κτλ. al processo attuale. Per quanto concerne l'uso del futuro γνώσεσθε in senso prospettivo – ad indicare cosa il cui accadimento si teme – esso non fa difficoltà alcuna, dato che si tratta di uso largamente noto al greco (cfr. per tutti, Schwyzer – Debrunner 1960, 290). Il Thalheim faceva leva su οὔπω e su πότε, e sul primo fa ancora leva Gernet, rinviando d'altronde all'οὐδὲ τοῦτο del § 22. Nessuno di questi argomenti può esser decisivo: οὔπω può significare, è vero, «non ancora», ciò che si accorderebbe con l'ipotesi che riferisce l'asserzione in parola alla sentenza del processo fra Zenotemide e Proto, ma può stare, anche con l'aoristo, al posto di una semplice negazione, rafforzandola (cfr. per tutti, H.G. Liddell – R. Scott, *A Greek-English Dictionary*[9], a new edition by H. Stuart Jones and R. McKenzie, Oxford, repr. [1948], 1272, *s.h.v.*); d'altra parte l'uso di πότε, nel senso più generico di «*umquam*», che indubbiamente gli si può riconoscere, è completamente indifferente rispetto alla determinazione temporale del riferimento. Quanto poi a οὐδὲ τοῦτο, nel § 22, cui pure si richiama Gernet, non riesco a comprendere bene l'andamento del pensiero dell'ultimo editore dei λόγοι ἴδιοι del *corpus Demosthenicum.* E cioè, non è chiaro se egli voglia riferire anche il § 22 stesso ad un ragionamento che si rapporti alla sentenza emessa nel processo fra Zenotemide e Proto: ma, in tal caso, non si capirebbe come l'espressione in parola potrebbe giocare a favore dell'ipotesi da lui proposta. O se egli ritenga che il § 22 si riferisca, esso almeno, al processo in cui è stata pronunciata l'*or.* 32, e che tale espressione marcherebbe una contrapposizione fra il § 21 ed il § 22. Io non posso che propendere per questa valutazione del pensiero dello Gernet, non fosse per la considerazione che, con l'accenno alla δίκη εἰσαγώγιμος, il § 22 mostra chiaramente di riferirsi ad un'eccezione di improcedibilità dell'azione di cui in nessun modo è detto si fosse avvalso anche Proto: ma è da ribadire come l'οὐδὲ τοῦτο non riesca a marcare necessariamente una contrapposizione d'ordine temporale, perché, anzi, l'interpretazione più ovvia è quella nel senso di una contrapposizione nell'ambito di una dimostrazione che si svolgeva sullo stesso piano. Questa considerazione mostra la via da seguire per una retta interpretazione dei §§ 21-23 nel loro complesso. Già Blass 1893, 495, notava che i §§ 21-23 rappresentano la *probatio* di Demone «für sein Recht sowohl in materieller als in formeller Beziehung»: e ciò, del resto, era stato precedentemente rilevato da Philippi 1867, 582, il quale qualificava esattamente le prove così addotte come «Wahrscheinlichkeitsbeweise». Ora, in tale contesto argomentativo, il riferimento ad una attività conoscitiva dei giurati, diversa da quella che doveva attuarsi nel processo allora pendente, non può che apparire strana, e dovrebbe esser più solidamente fondata di quanto non si è finora fatto. Se si esaminano, poi, dappresso i nostri testi, si vede chiaramente come da essi si

possano trarre elementi positivi in senso contrario all'interpretazione qui respinta. Non è anzitutto possibile cogliere chiaramente un momento in cui, da una considerazione che tenda ad ovviare il pregiudizio di fatto della precedente sentenza contro Proto, si passi alla considerazione dell'attuale processo, al quale – e senza ombra di dubbio – il § 23 si riferisce. La motivazione dal § 21 al § 23 si svolge, da questo punto di vista, tutta sullo stesso piano, ciò che riconferma l'interpretazione del § 21 – ed eventualmente anche del § 22 – qui seguita. Ma v'ha un punto ulteriore che mi sembra debba togliere qualsiasi dubbio a questo proposito. Nei §§ 26-28 la condanna di Proto, ottenuta da Zenotemide, è chiaramente mostrata come un effetto della collusione delle parti ed avvenuta in base alla contumacia di Proto (συγχωρεῖ τὴν δίκην ἔρημον ὀφλεῖν: § 26, cfr. il § 27). Ora Lipsius 1915, III, 841 nt. 46, dubitava se si trattasse di una sentenza contumaciale emanata nella fase dell'*anakrisis* od in fase dibattimentale, mentre successivamente – con riguardo alla terminologia relativa al mezzo d'impugnazione il cui uso viene, in via d'eventualità, prospettato dal logografo – non sembrava aver dubbi trattarsi di una sentenza pronunciata in un giudizio contumaciale dinanzi al tribunale eliastico (Lipsius 1915, III, 961 e nt. 17). La rimanente dottrina, recente ed antica, non ha preso in considerazione questo punto, a parte Platner 1824, 397, che è senza discussioni per una sentenza dibattimentale: a me sembra che – esclusa per la terminologia usata, la possibilità di un καταδιαιτᾶν dinanzi all'arbitro – si debba propendere nettamente per un giudizio contumaciale dinanzi al tribunale eliastico. Ciò risulta, a mio avviso, abbastanza chiaramente dalla fine del § 26, da cui si ricava che la condanna di Proto avvenne qualche tempo dopo il δίκην λαγχάνειν da parte di Zenotemide, e quindi – probabilmente – una volta che l'*anakrisis* dinanzi all'*archon* era finita; e, d'altronde, la terminologia τὴν ἔρημον ἀντιλαγχάνειν per indicare l'impugnativa del giudizio contumaciale è attestata, nelle nostre fonti, soltanto per quanto concerne la sentenza dibattimentale pronunciata in contumacia, e non per quegli eventuali provvedimenti, che poteva prendere il magistrato in caso di mancata comparizione di una delle parti, e sui quali non siamo, a dir il vero, molto informati (cfr. Lipsius 1915, III, 841, ed A. Steinwenter, *Studien zum römischen Versäumnisverfahren*, München 1914, 100). Entrambi gli autori non chiariscono, però, il punto se il procedimento contumaciale, nel caso di mancata comparizione del convenuto dinanzi al magistrato, si concretasse in un provvedimento di quest'ultimo, o se il magistrato dovesse in ogni caso rimettere la parte comparsa dinanzi al tribunale eliastico, perché questo pronunciasse in contumacia. Se ciò fosse vero, non vi sarebbe differenza, ai fini della natura della decisione contumaciale, fosse la mancata comparizione avvenuta durante l'*anakrisis* od al dibattimento. Ma se, come potrebbe sembrare, i due autori citati propendessero per l'opinione opposta, è da sottolineare che né [Demostene], *or*. 58. 8, né Antifonte, *or*. 5. 13, sembrano sostegno sufficiente per un tale modo di vedere.
In ogni modo, per quanto qui interessa, credo si possa partire dal punto che la sentenza contumaciale contro Proto fosse una sentenza dibattimentale. D'altro canto, se non lo fosse stata, verrebbe meno qualsiasi fondamento per l'interpretazione data da Thalheim e da Gernet a [Demostene], *or*. 32. 21, in quanto la decisione contro Proto non si sarebbe potuta riferire ai giudici eliastici. Ma, anche se – com'io credo – tale sentenza sia stata pronunciata al dibattimento, le conchiusioni rimangono le stesse. Anche se nella documentazione attica del V e del IV sec. a.C. manchi una precisa attestazione al riguardo, e la dottrina non si esprima con tutta chiarezza sul punto, limitandosi a parlare di sentenza contumaciale, non mi sembra che si possa negar fede alla notizia contenuta in una fonte pur insicura come Lexicon Séguier V, s.v. ἐρήμην (Bekker, I, 245, ll. 14-16): δίκη ἐστίν, ὅταν μὴ παρόντων ἀμφοτέρων τῶν προσόντων ὁ δικαστὴς τὴν ψῆφον ἐπενέγκῃ κατὰ τοῦ ἄποντος, la quale mostra chiaramente l'automaticità del giudizio contro il contumace.

La prova più stringente che prospetta al proposito, in uno svolgimento retorico piuttosto complesso, è che Zenotemide non poteva, a tutta evidenza, aver diritti su quel grano che egli aveva cercato di far andare a picco: e come rafforzamento di tale argomento, anche se su un piano differente, nei §§ 22-23 viene prospettato il «calembour» fra l'*eisagein* della *dike* di Zenotemide e l'*eisagein* rappresentato dall'importazione del carico di frumento in questione verso Atene che Zenotemide aveva cercato d'impedire anche con l'atteggiamento preso dinanzi alle autorità di Cefallenia.[204]

Dal punto di vista del problema che qui interessa ho già accennato che i paragrafi esaminati, e più precisamente i §§ 22-23, sono stati valutati in senso favorevole all'opinione tradizionale che faceva chiudere il procedimento paragrafico con una sentenza che vertesse soltanto sulla procedibilità dell'azione. Indubbiamente in essi si riscontrano, e lo si è già detto, vari accenni ad una sentenza che statuisca la procedibilità dell'azione, proprio in quel gioco di parole incentrato sull'*eisagein* del grano e quello della *dike*. Ma, d'altra parte, vi sono anche spunti in senso diverso. E se, a tale scopo, non può avere un'importanza decisiva l' ὑμεῖς γνώσεσθέ ποτ' εἶναι τούτου τὸν σῖτον del § 21,[205] in quanto si potrebbe sempre obbiettare che l'accertamento della spettanza del carico di frumento è pregiudiziale alla pronuncia sulla procedibilità dell'azione, il δοῦναι γνοίητε del § 23 è, però, chiaramente indicativo di una sentenza che verta – nel modo che si è detto – sulla spettanza del carico stesso, perché non si riferisce soltanto al momento logico dell'accertamento della spettanza del frumento, ma anche al momento volitivo, al comando – anche se implicito – contenuto nella stessa.

Sotto questo profilo, quindi, il contesto dei §§ 21-23 si potrebbe accordare più che con l'opinione tradizionale con quella del Paoli sull'inscindibilità del processo.

Nel senso dell'automaticità cfr., poi, in un rapido spunto, Platner 1824, 184 s.; Th. Reinach, s.v. *Erèmos diké*, in *DS*, II 1, Paris 1892, 810 (ma soltanto «ordinairement», com'egli accenna a p. 809, per il καταδιαιτᾶν contumaciale dinanzi all'arbitro pubblico, le conchiusioni avanzate in ordine al quale egli poi trasferisce al dibattimento dinanzi al tribunale eliastico); Lipsius 1915, III, 841 (ma soltanto incidentalmente); forse A. Steinwenter 1914, 100 (con terminologia più incerta). Ma, se questo – com'io credo – è vero, si vede come sarebbe del tutto assurdo che Demone attribuisse ad una scelta ragionata, se così si può dire, dei giudici eliastici fra le due diverse posizioni delle parti, quello che era invece un effetto automatico dell'assenza – per di più concordata – del convenuto. Bisognerebbe pensare che la notizia, data nei §§ 26-28, per cui il giudizio contro Proto fosse avvenuto in contumacia, rappresentasse una falsificazione da parte del logografo. Ma ciò mi sembra da escludere, perché troppo pericolosa poteva manifestarsi una tale falsificazione, smascherabile con estrema facilità. Onde mi sembra assodato che il riferimento del § 21 ad un giudizio del tribunale eliastico non può esser altro che quello all'attuale processo.

[204] Su di esso cfr. anche Hug 1871, 15 s., con critiche alquanto razionalisteggianti.

[205] Ma esso, nel contesto, col porre l'accento sulla spettanza del frumento in contesa, viene sicuramente a confortare la valutazione complessiva dei §§ 21-23, nel senso che il logografo si prospettasse come definitiva la sentenza per Demone già nell'attuale processo.

Ho già infatti rilevato come le notizie, che si possono cogliere nella nostra documentazione e che alludono ad una sentenza sulla procedibilità dell'azione, non possano essere addotte a confutazione dell'ipotesi del Paoli, proprio perché questa prevede una duplice votazione al termine del dibattito sulla *paragrafe*, anche se la duplicità sia meramente eventuale. Nei paragrafi in esame l'oratore, si potrebbe sostenere, si riferisce l'una volta alla sentenza con cui i giudici eliastici potrebbero dichiarar ricevibile l'azione, l'altra a quella, che in tal caso deve necessariamente seguire, con cui essi potrebbero accogliere il *timema* proposto dall'attore. Onde si avrebbe, addirittura, nel nostro passo un caso in cui non soltanto si coglierebbe l'attestazione della possibilità che, al termine del giudizio paragrafico, venisse pronunciata una sentenza di condanna nei confronti del convenuto, ma in cui verrebbero ricordate entrambe quelle sentenze che, nell'ipotesi dell'inscindibilità del processo attico, sono necessarie per giungere alla condanna stessa in tale procedimento.

Non sarebbe neppur necessario osservare che, però, in questo modo non si farebbe che aggiungere un altro passo ad una delle due serie che si sono individuate in contrasto insanabile fra di loro all'interno delle due opinioni sinora sostenute in dottrina. Né si farebbe, del resto, completa giustizia ai testi dove non è dato, nell'insieme, scorgere un rapporto di alterità fra la sentenza di contenuto sostanziale, ricordata col δοῦναι γνοίητε del § 23, e la sentenza di carattere procedurale che viene espressa, nel § 22, con l'espressione ὡς εἰσαγώγιμον ψηφιεῖσθε τούτῳ τὴν δίκην περὶ τούτων τῶν χρημάτων κτλ., e, nel § 23, con ταῦτ' εἰσαγώγιμα τούτῳ ψηφίσαισθε. Soprattutto in quest'ultimo paragrafo le due espressioni così adoperate non possono, nel contesto del discorso, che intendersi come equivalenti nella prospettazione del logografo.

Mi sembra che si debba trovar qui lo spunto per una diversa ipotesi sulla struttura del processo paragrafico, nuova ipotesi della cui necessità è inoppugnabile prova l'aporia in cui si cade nella valutazione dei testi, a rimanere nell'ambito delle dottrine finora sostenute. A mio avviso questa ipotesi, come già accennato nel corso della precedente esposizione, non può orientarsi[206] che nel senso di considerare l'*agon* nel giudizio paragrafico come quello che s'instaura fra l'*enklema* dell'attore e la *para-*

[206] E, stante le possibilità di combinazione, oltre che i dati forniti dalle fonti, sarebbe difficile avanzare una nuova ipotesi di contenuto diverso. Del resto, di essa potrebbe forse trovarsi un accenno in Hellebrand 1949, 1179: «Zur Frage der Gliederung der Verhandlung… lässt sich kaum etwas sagen, ebenso dazu, ob die Verarbeitung des Verhandlungsstoffes in einer *apofasis* (Urteil) oder mittels gesonderter Abstimmung, also in mehreren *apofaseis*, erfolgte, etwa erst über die π., und bei deren Verwerfung gleich anschließend über das im *enklema* enthaltene Begehren abgestimmt wurde», ove anche la prima alternativa debba esser inquadrata – ciò che non è troppo sicuro – in quella accettazione di principio dell'ipotesi del Paoli (per cui anche il c.d. merito della causa è oggetto di decisione insieme alla questione della procedibilità), che il Hellebrand propone immediatamente prima (Hellebrand 1949, 1178 s.). Ad ogni modo va rilevato come il significato della prima alternativa rimanga, nel pensiero del Hellebrand, del tutto incerto ed imprecisato nella sua effettiva portata.

grafe del convenuto. In questo modo il tribunale eliastico era posto dinanzi all'alternativa o di accogliere l'*enklema* dell'attore, e condannare così il convenuto al *timema* in quello espresso, o di far propria la *paragrafe* del convenuto stesso, e conseguentemente dichiarare irricevibile l'azione.

Come conseguenza di questa ipotesi, già ad una prima approssimazione, si verrebbero senza dubbio a spiegare tutti gli accenni, relativamente abbondanti nella fonti, ad una sentenza di condanna del convenuto παραγραψάμενος come quella che può chiudere, in senso sfavorevole a quest'ultimo, il dibattito in cui si è discusso dell'eccezione d'improcedibilità. D'altra parte la sentenza che accolga la *paragrafe* del convenuto ne accoglierà conseguentemente l'istanza che suonava al μὴ εἶναι εἰσαγώγιμον τὴν δίκην. E, da questo punto di vista, si possono esattamente valutare alcuni accenni, che si possono cogliere qua e là nelle fonti da un attore che si era visto opporre l'eccezione d'improcedibilità, alla sentenza che definisce il processo come quella che statuisce non esser εἰσαγώγιμος la δίκη.[207]

Ed ancora. L'alternativa in cui è messo il tribunale eliastico di scegliere fra l'*enklema* attore e la *paragrafe* del convenuto, ossia di pronunciare una sentenza formalmente e sostanzialmente di merito ed una sentenza che, almeno formalmente,[208] è presentata sotto il profilo procedurale, rende agevole il comprendere come, in [Demostene], *or*. 32. 22-23, possano praticamente equivalersi espressioni che si riferiscano al profilo sostanziale ed a quello procedurale della sentenza prospettata come favorevole all'attore. Accogliendo, infatti, il *timema* proposto da quest'ultimo, il tribunale eliastico respingeva la παραγραφὴ μὴ εἰσαγώγιμον εἶναι τὴν δίκην

[207] A parte [Demostene], *or*. 32. 22-23, di cui si è detto nel testo, l'unico altro accenno ad una pronuncia che formalmente verta sulla procedibilità dell'azione è in [Demostene], *or*. 35. 45 e 46, dove essa è raffigurata – per l'appunto – come una pronuncia negativa sull'ammissibilità della *dike*. A questo punto bisogna prendere in considerazione la circostanza che, nei §§ 22-23 dell'orazione contro Zenotemide, il riferimento ad una sentenza, che abbia ad oggetto formale la procedibilità dell'azione, come ad una pronuncia in senso negativo alla procedibilità, potrebbe benissimo essere condizionata dal gioco di parole cui il logografo colà si abbandona. Da ciò si potrebbe trarre, in via d'ipotesi beninteso, la considerazione che, in tutta esattezza, si usasse – nella prassi giudiziaria attica – una terminologia come quella attestata in [Demostene], *or*. 35. 45 e 46, soltanto – o prevalentemente – per indicare quella sentenza che accogliesse l'eccezione del convenuto, e che quindi facesse proprio il programma di sentenza espresso, letteralmente, nella παραγραφὴ μὴ εἰσαγώγιμον εἶναι τὴν δίκην. Conclusione questa, dicevo, ipotetica, perché le fonti su cui si basa sono troppo ristrette, e perché si fonda su una valutazione dell'uso difforme della stessa terminologia in [Demostene], *or*. 32. 22-23, che sarebbe molto più sicura ove potesse venire confortata dalla constatazione di un costante uso nel senso indicato precedentemente, che venisse fatto su un numero relativamente abbondante di fonti.

[208] A parte l'incidenza che poteva avere l'impossibilità di ripetere l'azione ormai preclusa.

avanzata dal convenuto, e conseguentemente statuiva, anche se in via mediata, sulla procedibilità dell'azione che era stata invece prospettata come improcedibile.[209]

Riescono, infine, a spiegarsi così quei passi – e soprattutto Isocrate, *or*. 18. 40[210] – che sembrano identificare nei fatti costitutivi dell'*enklema* attore l'oggetto su cui verterà la sentenza del tribunale eliastico: dovendosi, in effetti, dichiarare i giurati o per la *paragrafe* del convenuto o per l'*enklema* dell'attore, non a torto Isocrate poteva designare i fatti costitutivi della pretesa di quest'ultimo come quelli περὶ οὗ ὑμᾶς δεῖ ψηφίζεσθαι.

13. *Demostene,* or. *36. 2, e la bipartizione del giudizio sulla procedibilità e sul merito dell'azione.*

Prima di passare a prendere in considerazione quegli altri spunti testuali che, a mio parere, confortano in modo decisivo l'ipotesi avanzata nel precedente paragrafo, bisogna valutare un passo che fuoriesce un po' dalla dialettica che sta a base dell'aporia che quivi si è tentato di risolvere, e che ha costituito in qualche modo il punto di forza di molti fra coloro che hanno sostenuto l'opinione tradizionale della bipartizione fra giudizio paragrafico e giudizio sul merito della causa,[211] e cioè Demostene, *or*. 36. 2:

τὴν μὲν οὖν παραγραφὴν ἐποιησάμεθα τῆς δίκης, οὐχ ἵν' ἐκκρούοντες χρόνους ἐμποιῶμεν, ἀλλ' ἵνα τῶν πραγμάτων, ἐὰν ἐπιδείξῃ μηδ' ὁτιοῦν ἀδικοῦνθ' ἑαυτὸν οὑτοσί, ἀπαλλαγή τις αὐτῷ γένηται παρ' ὑμῖν κυρία. ὅσα γὰρ παρὰ τοῖς ἄλλοις ἐστὶν ἀνθρώποις ἰσχυρὰ καὶ βέβαια ἄνευ τοῦ παρ' ὑμῖν

[209] Per una diversa interpretazione di [Demostene], *or*. 32. 22-23, cfr. *supra*, in questo §, nt. 207.

[210] Sull'importanza di questo passo, anche in relazione a Demostene, *or*. 36. 60, che, da un certo punto di vista, si pone sullo stesso piano, cfr. *supra*, in questo cap., p. 84 ss.

[211] Cfr. Heffter 1822, 297, seguito da Schömann, in Meier – Schömann 1883-1887, 851 nt. 237, mentre lo Schömann, nell'opera annotata, si limitava ad addurre il passo a riprova del pregiudizio che gli oratori credevano di dover combattere come esistente nell'opinione pubblica (e conseguentemente nei giurati) sulla *paragrafe* come mezzo «den Rechtshandel in die Länge zu ziehen» (op. cit, 855 e nt. 248), seguito in questo atteggiamento da Lipsius 1915, III, 856 e nt. 36, che non ripropone, in quest'opera, l'adesione all'opinione di A.W. Heffter, Huettner 1885, 34 s., mentre ancora Calhoun 1919a, 23, si limitava a sottolineare il passo come quello che attesterebbe che la *paragrafe* «might have a purely dilatory intent». Dopo la proposizione dell'ipotesi di Paoli (sulla cui interpretazione del passo cfr. *infra*, in questo §, nt. 215), il § 2 è stato più puntualmente preso a partito per respingere, o limitare nella sua portata, la ricostruzione del processo paragrafico nel senso dell'inscindibilità: così Steinwenter 1934, 385; Gernet 1939, in Gernet 1964, 118 nt. 4, e Gernet 1954, 206 nt. 1; Lämmli 1938, 163. Recentemente non prende decisamente posizione sul problema Meyer-Laurin 1965, 11, che si limita a discutere del pregiudizio popolare, contro l'eccezione di improcedibilità, nei termini proposti dallo Schömann e dal Lipsius, mentre ritiene che il passo sia fondamentale a sostegno dell'opinione tradizionale Beyer 1968, 20, 28 s.

ἀγωνίσασθαι, ταῦτα πάντα πεποιηκὼς Φορμίων οὑτοσί, καὶ πολλὰ μὲν εὖ πεποιηκὼς Ἀπολλόδωρον τουτονί...

L'oratore continua enumerando, nel § 3, le benemerenze di Formione verso gli eredi di Pasione,[212] ma qui ciò ha scarso interesse. Indubbiamente quello che colpisce immediatamente nel passo[213] è l'accenno al carattere dilatorio che si potrebbe imputare alla condotta tenuta da Formione: ed istintiva appare l'interpretazione nel senso che il χρόνους ἐμποιεῖν si raggiunga proprio mediante la scelta del procedimento paragrafico a preferenza dell'*euthydikia.* La conseguenza ovvia di tutto ciò, per la dottrina dominante, è la riprova dell'ipotesi della bipartizione, perché – esclusa la possibilità di vedere nella *paragrafe* intepretata secondo la dottrina dell'inscindibilità un considerevole allungamento dei tempi del processo[214] – il sospetto che andasse a colpire il convenuto di voler adottare una tattica defaticatoria poteva trovare la sua giustificazione soltanto nella circostanza che, opponendo l'eccezione d'improcedibilità, egli costringesse l'attore, che avesse ragione, ad un doppio processo e ad una perdita, quindi, di tempo.

Questa valutazione del testo non era certamente scossa dal tentativo del Paoli che, paradossalmente, lo avrebbe voluto addirittura portare a riprova della teoria dell'inscindibilità del processo nel sistema giudiziario attico.[215] Il dubbio su di essa

---

[212] In concreto si riferisce al fatto d'aver bene amministrato le due imprese, la banca e la fabbrica di scudi, che Formione stesso aveva preso in affitto da Pasione, il padre di Apollodoro, e di aver fedelmente reso il conto, ottenendone la quietanza liberatoria: punto questo su cui tutta l'argomentazione dei §§ 2-3 s'incentra.

[213] Può quindi stupire come l'autore, il quale – dopo il Paoli – ha ripreso con maggior impegno l'ipotesi tradizionale sulla struttura del processo paragrafico, abbia omesso di prender in considerazione il testo: cfr. Wolff 1966, *Quellenregister* (p. 152).

[214] Cfr. in questo senso l'esatta critica di Lämmli 1938, 163 ed anche Beyer 1968, 28.

[215] Paoli 1933b, 107, senza dar conto della diversa valutazione, astrattamente possibile e concretamente data al testo nel senso dell'opinione tradizionale, vede nel nostro testo per l'appunto una conferma del proprio assunto, in quanto, egli sottolinea, «il συνήγορος del convenuto protesta che non ha elevato παραγραφή per prolungare il dibattimento, mentre, se avesse voluto accennare al differimento del giudizio principale, avrebbe detto οὐχ ἵνα τὴν κρίσιν ἀναβαλλώμεθα», espressione questa che invano, dice il Paoli, si cercherebbe nelle fonti. Tale tentativo, nei termini in cui è formulato, appare senza dubbio assai poco convincente, anche se, come cercherò di mostrare immediatamente appresso nel testo, è possibile dare al passo un significato diverso da quello su cui insiste la dottrina tradizionale. Né vale che, come l'insigne grecista fiorentino sottolineava, altrove non si trovino accenni alla circostanza che il convenuto παραγραψάμενος temesse di veder accusata la sua tattica come dilatoria, e che anzi in [Demostene], *or.* 35. 2, il logografo, pur volendo dipingere nel peggiore dei modi il convenuto Lacrito, che era ricorso alla *paragrafe*, non gli attribuisce lo scopo di differire il giudizio definitivo, ma tende piuttosto a porre la *paragrafe* sullo stesso piano dei σοφίσματα e delle προφάσεις, e cioè dei pretesti per non adempiere, senza particolarmente alludere alla dilazione che sarebbe intervenuta proprio per aver scelto il convenuto l'eccezione d'improcedibilità e non l'*euthydikia*: considerazioni queste le quali mostrano come fosse nel torto Steinwenter 1934, 385, nell'accostare Demostene, *or.* [35]. 2, e 36. 2, sotto il profilo della «Verzöge-

sorge proprio dalla circostanza che, come si è visto,[216] nell'*or.* 36, per l'appunto, si trovano una serie di spunti che sembrano smentire positivamente la ricostruzione del giudizio paragrafico offerta dall'opinione tradizionale, attestando come la sentenza sfavorevole al convenuto al termine del dibattito sulla *paragrafe* portasse a conseguenze sostanziali, e cioè alla condanna al *timema* che si sarebbe determinato nella fase dibattimentale destinata all'*aestimatio rei* (od eventualmente al *timema* legale).

A differenza che per gli altri spunti testuali, che si sono precedentemente visti e che permettono una composizione dialettica con le attestazioni dianzi ricordate sulla possibilità, nel giudizio paragrafico, di una sentenza di condanna del convenuto, l'aporia sarebbe qui insanabile. Ma essa è, a mio avviso, soltanto apparente. Senza ricorrere all'estremo di negar fede al passo, pur senza saperlo spiegare,[217] in funzione della circostanza che esso verrebbe a smentire – senza offrire possibilità di ricambio – una soluzione imposta, invece, da tutte le altre numerose fonti, a me sembra che tale circostanza permetta di avvalorare quella che è una possibile interpretazione del testo, la quale è, però, sempre sfuggita alla letteratura che, *hinc inde*, se ne è occupata.

La dottrina tradizionale, che si è servita del passo, ha dato per scontato che il dilazionamento di cui in esso si parla non può essere che quello del processo principa-

---

rung des Verfahrens durch Einbringung einer Paragraphe». Né, del resto, riesce a conferire attendibilità all'interpretazione fornita dal Paoli, la circostanza che il motivo della tattica dilatoria non emerga neppure in Demostene, *or.* 37. 1, su cui cfr. *supra*, in questo cap., p. 69 ss., che è l'unico altro caso – insieme a Demostene, *or.* 36. 2, secondo l'interpretazione fornita dall'opinione tradizionale – in cui il convenuto cerchi di giustificare la scelta del mezzo processuale adoperato. E' troppo evidente, infatti, che nulla, nel sistema processuale attico quale lo conosciamo, giustifica la possibilità di tacciare come dilatoria la scelta della *paragrafe*, se non il ritenere il giudizio paragrafico come un processo, od una fase processuale, nettamente distinta dal dibattimento sul merito della causa. D'altro canto va preso in considerazione un altro profilo: neppure nelle *diamartyriai* ereditarie – dove non si ha sicuramente unicità di processo, ma, tolto mediante la *dike pseudomartyrion* l'ostacolo della *diamartyria* stessa, rimane aperto il procedimento d'*epidikasia* – non vi è mai accusa alla parte, che si è servita di questo mezzo, di voler far perdere del tempo, quando si sottolinea la circostanza che, invece della *diamartyria*, essa avrebbe potuto direttamente inserirsi nel procedimento di *diadikasia*. Quello che invece si rimprovera è di voler sottrarre ai giudici la decisione della controversia: cfr. Iseo, *or.* 6. 3-7, 59, nonché [Demostene], *or.* 44. 57-59. In altre orazioni, poi, che si riferiscono a casi in cui è stata avanzata una *diamartyria* per fermare una procedura d'aggiudicazione ereditaria, non v'è addirittura alcun accenno ad accuse relative alla scelta di questo mezzo a preferenza dell'*euthydikia*. Il silenzio, dunque, degli altri discorsi paragrafici non costituisce un valido supporto per l'interpretazione del Paoli.

[216] Cfr. *supra*, in questo cap., p. 46 ss.

[217] Ciò a cui, d'altra parte, si sarebbe, a mio avviso, in definitiva legittimati, tenendo conto del complesso dei dati altrimenti forniti dalle fonti e che, come sto cercando di mostrare in queste pagine, riescono a trovare una soddisfacente spiegazione soltanto ammettendo che l'*agon* fra attore e convenuto si venisse instaurando, nel giudizio paragrafico, fra l'*enklema* del primo e la *paragrafe* del secondo.

le – e quindi della soddisfazione dell'attore – in virtù dell'opposizione della *paragrafe* da parte del convenuto. Il tentativo poco felice del Paoli di voler cercare un prolungamento dei tempi del processo, inscindibile, in seguito all'opposizione dell'eccezione di improcedibilità, non poteva che confermare in questo punto di partenza: ed esso, d'altra parte, non si poneva fuori dalla logica che sta alla base della valutazione tradizionale di esso, che vede l'alternativa fra dilazione e non dilazione nella scelta fra l'*euthydikia* e la *paragrafe*.

E' proprio quest'ultimo punto ch'io sottoporrei a revisione critica: ove si prescinda dalla costruzione seguita dall'opinione tradizionale, che vede una bipartizione tra il giudizio sulla procedibilità e quello sul merito, e che porta inevitabilmente ad interpretare il nostro § 2 nel senso che si è visto, e si prenda, invece, come punto di partenza la costruzione del processo paragrafico che si tenta di delineare in queste pagine, e cioè come quello in cui si affrontano l'*enklema* dell'attore e la *paragrafe* del convenuto (come il mezzo tecnico necessario per far valere determinate difese[218]), il passo riesce egualmente ad assumere un significato, ed un significato del tutto plausibile. Formione si difende dall'accusa di aver voluto ingaggiare un processo in mala fede, per ritardare il tempo in cui dovrà eseguire i suoi obblighi nei confronti di Apollodoro: egli litiga non per questo, ma per far riconoscere il buon diritto che gli deriva dall'ἄφεσις καὶ ἀπαλλαγή ottenuta dall'attuale attore, perché il *dikasterion* renda *kyria* questa transazione che la controparte vorrebbe disconoscere.[219] Il dilazionamento dipende dall'avere scelto la via del processo, non il *modus procedendi*.

---

[218] Su di ciò cfr. *supra*, in questo cap., p. 109 ss.

[219] D'altra parte si deve notare, anche in questa sede, la particolarità, per cui la pronunzia dei giudici del processo paragrafico, la quale doveva render definitivamente inattaccabile l'ἄφεσις καὶ ἀπαλλαγή, è fatta dipendere dalla circostanza che il convenuto riesca a provare di non aver in nulla leso l'attore: dove l'uso del verbo *adikein* fa nettamente propendere per il riferimento al c.d. merito della causa, non soltanto alla quietanza liberatoria dedotta nella eccezione d'improcedibilità. Ciò è sfuggito anche a Beyer 1968, 29, che ha preso direttamente in considerazione, di recente, l'inciso che qui interessa: la sua interpretazione – e cioè che Demostene non voglia ottenere soltanto «eine Entlastung von allen Ansprüchen, die Apollodor mit seiner Klage an Phormion stellte, sondern überhaupt eine Befreiung Phormions von allen Ungelegenheiten, die ihm Apollodor bereitete» – mi rimane francamente assai poco comprensibile. Il nocciolo del ragionamento dell'oratore è chiaro: nonostante la quietanza liberatoria Apollodoro continua ad infastidire Formione proprio per quei fatti che da tale quietanza sono coperti. E' soltanto il tribunale, quindi, che può rendere efficace, vorrei quasi dire efficiente, e quindi *kyria* la quietanza stessa. Quanto all'intrecciarsi, qui, della prova del merito e del *petitum* più propriamente rivolto all'oggetto della *paragrafe*, esso non mi sembra possa esser preso in considerazione come rilevante ai fini della documentazione relativa ai problemi di struttura del procedimento paragrafico.

Il '*topos*' è perfettamente plausibile,[220] e, del resto, talune particolarità del tenore letterale del passo confermano questa interpretazione.[221] Ci si potrebbe però chiedere perché Demostene faccia espresso riferimento alla *paragrafe*, invece di usare una più generica terminologia che si riferisca alla resistenza in giudizio da parte del convenuto. Il contesto spiega facilmente tale particolarità, dato che il '*topos*' adoperato dal logografo è proprio imperniato su quell'ἄφεσις καὶ ἀπαλλαγή che soltanto attraverso la *paragrafe* poteva trovare la sua rilevanza nel processo. D'altra parte l'interpretazione qui proposta trova ampie risonanze nel complesso del ragionamento svolto da Demostene nei §§ 2 e 3, che mostra come Formione abbia fatto tutto quanto era in suo potere per non arrivare al processo, e vi sia stato egualmente trascinato a forza da Apollodoro. E vi è infine una notazione di carattere letterale. Altrove nel *corpus Demosthenicum* – quando si tratti di comportamenti del convenuto che tendano a procrastinare la decisione di un processo – l'oggetto dell'ἐκκρούειν è chiaramente espresso, è la *dike* o la *graphe*.[222] Qui si dice soltanto ἐκκρούοντες χρόνους ἐμποιῶμεν, si accenna soltanto al prender o perder tempo che dir si voglia: si è perché la dilazione non ha ad oggetto, qui, il processo, ma il processo è il mezzo

[220] Anche se, a dir il vero, una rapida scorsa del *corpus* degli oratori attici non me ne ha fatto trovare un qualche equivalente. Si potrebbero avvicinare ad esso – *ex latere actoris* – le affermazioni di essere stati portati al giudizio soltanto dalla mala fede del convenuto, che si era rifiutato in tutti i modi di arrivare ad una composizione stragiudiziale della vertenza, '*topos*' che apre l'arringa, ad es., in Demostene, *or.* 27. 1; 41. 1; [48]. 1, in cui ritornano – fra l'altro – anche i motivi dei legami familiari che più o meno uniscono fra di loro attore e convenuto.

[221] E va anche ricordato, in ogni caso, che nel racconto messo in bocca ad Apollodoro in Demostene, *or.* 45. 5-6, la *paragrafe* non è presentata come un mezzo cavillosamente scelto da Formione per ritardare il processo, ma come quella forma di difesa che, a dire del figlio di Pasione, gli assicurava più facilmente la vittoria in giudizio, a causa dei raggiri e delle false testimonianze di cui il convenuto s'era servito. Punto, questo, che ha valore sicuramente soltanto di contorno, dato che, a processo definitivamente perso per essere stata accettata l'eccezione di carattere sostanziale avanzata dal convenuto, minor importanza aveva per Apollodoro l'eventuale tattica dilatoria usata da Formione. Quanto alla notazione di Beyer 1968, 29, il quale in base a Demostene, *proëm.*, 21. 4, crede di smontare l'argomento letterale portato dal Paoli (e di cui si è detto *supra*, in questo §, nt. 217), mostrando un'equivalenza fra ἀναβάλλειν e χρόνους ἐμποιεῖν, è evidente che essa non ha rilevanza contro il modo di vedere qui sostenuto: a parte che non è difficile cogliere una qualche *ignoratio elenchi* che vi si contiene, quando si ponga mente al fatto che il Paoli avrebbe voluto trovare nel testo – perché questo deponesse a favore della bipartizione – un'espressione come τὴν κρίσιν ἀναβαλλόμεθα, in cui l'accento cade non sul verbo ma sul suo complemento oggetto.

[222] Cfr. Demostene, *or.* 21. 81; [40]. 43; 45. 4. In Demostene, *or.* 54. 30, invece, il participio ἐκκρούων è adoperato in assoluto ad indicare l'intenzione di Conone a mandar per le lunghe il processo; ciò che, però, non costituisce valido argomento contro l'interpretazione qui proposta, che io stesso avverto esser una soltanto delle possibili, ma esser quella verso la quale spinge tutto il contesto probatorio in cui Demostene, *or.* 36. 2, s'inserisce.

– nell'obbiezione che Demostene si propone e cerca di confutare – per ottenere una dilazione dell'adempimento delle pretese che Apollodoro vanta nei confronti di Formione.

14. *Il procedimento paragrafico e gli atti introduttivi del giudizio.*
Un punto su cui la dottrina, seguisse essa l'opinione tradizionale o propugnasse la teoria dell'inscindibilità del processo attico, come configurata dal Paoli, non ha quasi mai fermato l'attenzione[223] è quello dei dati che si possono ricavare dalle nostre fonti in merito all'atteggiarsi del procedimento paragrafico in relazione a quel momento strutturale particolarmente importante nell'esperienza processuale attica che è rappresentato dagli atti che introducevano il giudizio nel processo paragrafico stesso.

La struttura in generale degli atti introduttivi del giudizio nella prassi processuale attica verrà approfondita altrove. Qui basti accennare quelli che ne sono i tratti salienti, e su cui, del resto, non v'ha alcun dissenso in dottrina.

Il processo attico viene introdotto da due atti corrispondenti, che, nell'*euthydikia*, vengono denominati *enklema* per l'attore, e, con ogni probabilità, *antigrafe* per il convenuto:[224] atti che, almeno nella seconda metà del IV sec. a.C.,[225]

---

[223] Ciò vale anche per la dottrina più recente, che è stata particolarmente sensibile ai problemi di struttura del processo paragrafico: cfr., ad es., Wolff 1966; Hellebrand 1949, 1169, 1177 (per indicare i luoghi in cui questo a. si avvicina di più a profili che lo avrebbero potuto portare a prendere in considerazione questo particolare punto di vista); nonché Paoli 1933b, 81, dov'egli si limita ad affermare che il termine *paragrafe* può indicare «l'atto formale in cui tale eccezione è redatta». Non molto innanzi conduce, da questo punto di vista, neppure la fugace asserzione di Schönbauer 1964, 216, per cui la *paragrafe* era presentata «in Form einer antigraphe», che però conteneva soltanto «die Prozess-Einrede»: è così evidente che l'apparente precisazione di questo studioso, la quale del resto si restringeva soltanto all'atto introduttivo del convenuto, che faceva valere l'improcedibilità dell'azione, si risolve praticamente nel fatto, comunemente ammesso, che la *paragrafe* è atto a forma scritta. Nella dottrina meno recente è da notare il silenzio di Schömann, in Meier – Schömann 1883-1887, 849 ss., che pure, sotto altri profili, s'interessa della contrapposizione tra *paragrafe* ed *antigraphe* (*antomosia*), e di Lipsius 1915, III, 846. L'unico autore che abbia preso una posizione al riguardo rimane, praticamente, Platner 1824, 137; egli parte, come da un punto fermo, da quella bipartizione del processo, in seguito all'opposizione della *paragrafe*, che dovrebbe esser invece il dato da accertare, e conclude, al riguardo del profilo che qui interessa, come si debba ritener verisimile, «dass in einem solchen Falle die Einrede von dem Beklagten und von dem Kläger dasjenige, was er läugnete, beschworen wurde» (sotto il profilo del giuramento che accompagnava le prese di posizione e gli scritti difensivi delle parti).

[224] Per il primo non può formularsi riserva alcuna, dato che tale uso terminologico è ampiamente documentato nelle fonti per quanto riguarda i processi privati: per i processi pubblici, invece, l'atto introduttivo del giudizio *ex latere actoris* prende generalmente il nome del tipo di azione esercitata, e cioè la più generale *graphe* (in senso stretto), o, ad. es., *apagoge*, *endeixis*, *eisangelia* etc.

sono sostanzialmente e formalmente di parte, e su cui le parti stesse prestano il giuramento preliminare al giudizio, e cioè l'*antomosia*. Questi atti, per quanto possiamo sapere, venivano fissati – nei loro termini – all'inizio dell'*anakrisis* dinanzi al magistrato, che poteva intervenire, in modo più o meno largo, per indurre le parti a modificarne il contenuto.

La struttura di questi atti di parte rimaneva condizionata, d'altra parte, dalla funzione che essi assumevano in relazione al *modus procedendi* proprio dei tribunali eliastici. In considerazione del carattere di questi ultimi di essere, con riguardo alla composizione, delle vere e proprie adunanze assembleari, il modo con cui i giurati esprimevano singolarmente la loro decisione si esauriva in una votazione, che aveva per oggetto, necessariamente, delle proposte. Tali proposte erano rappresentate, nel processo attico, da programmi di sentenza alternativamente avanzati dalle parti – uno dei quali doveva conseguentemente essere accettato –, programmi che si trovavano per l'appunto formulati negli atti introduttivi del giudizio approntati dalle parti stesse: onde la grande importanza che questi venivano ad assumere come quegli atti che fissavano, sin dall'inizio del processo,[226] i punti salienti della controversia ed i punti che poteva toccare la decisione del tribunale eliastico. Nulla che non fosse stato proposto nell'*enklema* dell'attore o nell'*antigrafe* del convenuto – per rimanere nei termini dell'*euthydikia* – poteva esser deciso con la sentenza votata a maggioranza dai giurati.

E' con questa struttura del processo attico che va raffrontata la procedura paragrafica. Che la *paragrafe*, in essa, venisse a prender il posto dell'*antigrafe* come atto introduttivo del giudizio da parte del convenuto, almeno per quanto riguarda la questione della procedibilità dell'azione, non può dubitarsi: e su questo punto si può ben affermare che non appare traccia di dubbio nella dottrina.

Ma, stabilito ciò, vi sono molti altri punti da acclarare, in relazione alle opinioni sinora avanzate sulla struttura del processo paragrafico. Secondo l'opinione tradizionale, il giudizio paragrafico verterebbe esclusivamente sulla questione della procedibilità dell'azione: questa viene ben introdotta, *ex latere rei*, dalla παραγραφὴ μὴ εἰσαγώγιμον εἶναι τὴν δίκην: ma, *ex latere actoris*? Come atto introduttivo del giudizio, che contenga il programma di sentenza dell'attore, non poteva di certo valere il suo *enklema*, in cui si conteneva soltanto, in tal senso, la riaffermazione dell'*an* e del *quantum* della responsabilità del convenuto: l'opinione tradizionale non potrebbe quindi fare a meno, da questo punto di vista, di postulare – per il giudizio

---

[225] Epoca cui, d'altra parte, si riferiscono tutti i discorsi paragrafici del *corpus Demosthenicum*.

[226] A parte la possibilità che il convenuto – ma non l'attore, almeno a mio avviso – fissasse, negli ἀγώνες τιμητοί, dopo la sentenza di condanna sull'*an*, il *timema* che egli proponeva in contrapposto a quello formulato dall'attore già nell'*enklema*.

paragrafico – un atto introduttivo del giudizio da parte dell'attore, diverso dall'*enklema*,[227] ed in cui si riaffermasse la procedibilità dell'azione.[228]

Secondo l'opinione del Paoli, poi, la struttura degli atti introduttivi del giudizio, nel processo paragrafico, diverrebbe estremamente complessa. Per quanto riguarda l'attore, questi dovrebbe formulare due richieste, in atti separati – o in parti formalmente separate dello stesso atto[229] –, l'una rivolta ad affermare la procedibilità dell'azione, l'altra che coincideva essenzialmente con l'*enklema* dell'*euthydikia*. Il convenuto, dal canto suo, in vista della possibile votazione sul c.d. merito della causa, non poteva limitarsi, nel suo atto introduttivo, a dichiarare improcedibile la *dike*, bensì doveva formulare una sua presa di posizione, che concretasse il programma di sentenza, per sua parte, anche sul merito stesso,[230] fosse questa contenuta in unico contesto con la *paragrafe* od in atto separato.

Se andiamo, invece, a vedere quelli che sono i dati offerti dalle fonti, il quadro che ci si presenta è radicalmente diverso. Per quanto riguarda la presa di posizione da parte dell'attore non v'ha traccia di quella richiesta di dichiarare procedibile l'azione che andrebbe contenuta nell'atto di parte introduttivo del giudizio, sia se-

[227] Ciò che, se mi si permette l'espressione, è un po' l'oggetto della richiesta procedurale dell'attore, la quale dovrebbe costituire il contenuto dell'atto introduttivo di quest'ultimo nel processo paragrafico inteso come quello in cui si decida soltanto della questione pregiudiziale intorno alla procedibilità dell'azione.

[228] Così, si è visto, Platner 1824, 137.

[229] Per permettere – nell'ambito dell'ipotesi del Paoli – la votazione separata sulla procedibilità dell'azione e sul merito della causa.

[230] Si potrebbe, al massimo, pensare che la formulazione delle conchiusioni del convenuto sul c.d. merito della causa potesse avvenire dopo la votazione sulla procedibilità dell'azione, al modo stesso in cui la fissazione da parte del convenuto del *timema* poteva avvenire negli ἀγῶνες τιμητοί, dopo la sentenza sull'*an*. E va, a questo proposito, ricordato come Paoli 1933b, 114 s., non escluda decisamente che il processo paragrafico, pur strutturato all'insegna dell'inscindibilità, preveda la possibilità, come negli ἀγῶνες τιμητοί, di una duplice fase successiva, in ognuna delle quali le parti prendano la parola in ordine alle richieste contrapposte da esse presentate: punto questo in ordine al quale dissente fermamente Biscardi 1961a, 880, con vari argomenti su cui è inutile di ritornare. E' già stato detto che la presa di posizione di quest'ultimo è senza dubbio la più coerente nell'ambito della teoria dell'inscindibilità del processo, soprattutto in relazione a quello che ne è stato il punto di partenza, e cioè la constatazione delle difese sul merito nei discorsi paragrafici (su ciò cfr. *supra*, cap. I, p. 14 nt. 33): e, d'altro canto, quelle ragioni che si possono facilmente immaginare per posporre la determinazione del *timema* da parte del convenuto non sussistono in relazione alla contrapposizione fra la procedibilità dell'azione ed il merito della causa. Ad ogni modo, anche a seguire questa particolare specificazione della teoria dell'inscindibilità, rimarrebbe soltanto ritardata – nel corso del processo – ma non eliminata, la necessità che il convenuto prendesse formalmente posizione sul merito della causa in relazione all'*enklema* dell'attore, e non viene toccata la necessità che l'attore contrapponesse alla *paragrafe* procedurale del convenuto una propria richiesta nel senso della procedibilità dell'azione.

condo l'opinione tradizionale, sia secondo l'ipotesi del Paoli.[231] Per ciò che concerne la presa di posizione del convenuto, che ha importanza soprattutto in relazione alla teoria dell'inscindibilità del processo, l'unico atto di parte che in esso si ricordi è la *paragrafe*, e questa verte soltanto, per quanto possiamo sapere, sulla procedibilità dell'azione.[232]

Questa prima constatazione è, indubbiamente, soltanto negativa e porta con sé tutte le incertezze di tale tipo di constatazioni che, nel caso, possono forse aggravarsi sotto un particolare aspetto, nonostante la relativa ampiezza del materiale relativo al procedimento paragrafico, che fa di questo istituto, se non il meglio documentato, uno dei meglio documentati di tutto l'ordinamento sostanziale e processuale attico.[233] Ma, ciò nonostante, questo dato mantiene, in sé, una certa importanza, e ne

[231] Nell'ambito della quale essa dovrebbe concorrere con l'*enklema*, che rappresenta il programma di sentenza *ex latere actoris* per quanto riguarda il c.d. merito della causa. Va appena ricordato, d'altronde, che l'uso terminologico delle fonti attiche esclude in qualsiasi maniera la possibilità di intendere *enklema* in modo diverso dall'atto in cui l'attore chiedeva la condanna del convenuto al *timema* da esso stesso proposto: e, del resto, anche lo stesso Paoli si riferisce sempre all'*enklema* in questo senso, ad es. quando afferma che, oltre alla questione di procedibilità, il convenuto trattava – ed in massima parte – del «contenuto dell'*enklema* [esposizione scritta del torto di cui si chiede la riparazione], cioè sulla questione fondamentale» Paoli 1933b, 109). Va ricordato, a questo punto, che Platner 1824, 137, nel mentre afferma, come si è visto, «dass die Einrede von dem Beklagten und von dem Kläger, dasjenige, was er läugnete, beschworen wurde», sembra richiamarsi, come prova, ad Iseo, *or.* 5. 16, dov'egli coglie l'attestazione «dass das *antomnysthai* und die angestellte Erbschaftsklage durch eine angewendete *diamartyria* (eine Paragraphe unter einer besonderen Form) aufgehoben wird». Da questo stesso passo Lipsius 1915, III, 834, ricavava, a sua volta, che la *paragraphe* «war vor der Antomosie vorzubringen». Entrambe queste prese di posizione soffrono di un comune erroneo punto di partenza, che è chiaramente esplicitato in Platner: la *diamartyria* non è che una «forma» di *paragrafe*, punto di partenza comune alla dottrina meno recente. Iseo, *or.* 5. 16, può esser addotto a prova soltanto dei tempi per quanto concerne la *diamartyria* ereditaria.

[232] Ciò a fugare il possibile dubbio che, con *paragrafe*, le fonti attiche indicassero l'atto di risposta del convenuto, che potesse contenere non solo la contestazione sulla procedibilità dell'azione ma anche quella sul merito della causa. Si noti del resto che nei discorsi paragrafici non è mai menzione dell'*antigrafe*, che è il nome ritenuto più comune per indicare l'atto di risposta del convenuto (a parte l'*antomosia* che può designare, in via neutra, sia l'atto introduttivo *ex latere actoris* che quello *ex latere rei*): ove ciò accade nell'*or.* 23 di Lisia, il termine *antigrafe* è adoperato, chiaramente, al posto di *paragrafe*, indicando la risposta del convenuto con la quale egli faceva valere l'improcedibilità dell'azione.

[233] L'aspetto cui si accennava nel testo è rappresentato dalla circostanza che, nei discorsi pronunciati al di fuori del procedimento paragrafico, sia in giudizi privati che in giudizi pubblici, si fa abbastanza spesso riferimento all'*enklema* od all'atto di accusa, ma è del tutto raro – e soltanto in casi particolari, come, ad es. in Demostene, *or.* 45. 45, 46, 87 – il richiamo all'atto di risposta del convenuto o dell'acccusato. Questa particolarità, del resto, trova assai facilmente una spiegazione: l'*antigrafe* del convenuto, come del resto la risposta dell'accusato nei giudizi pubblici, si limita, nella *euthydikia*, ad una semplice negazione della pretesa attrice e dei fatti che siano stati posti a base di essa. Tale risposta non apporta di regola alcun elemento nuovo nella discussione, onde si spiega perché da

acquista una decisiva in relazione ad altri riferimenti delle fonti che rendono del tutto verisimile che, secondo quanto postulato dall'ipotesi di struttura da me precedentemente formulata, fossero l'*enklema* dell'attore e la *paragrafe* del convenuto a fronteggiarsi nell'ἀγὼν παραγραφικός.

Un primo spunto nel senso che l'*enklema* dell'attore fosse direttamente impegnato nell'ἀγὼν παραγραφικός si ha già agli inizi della nostra procedura in Isocrate, *or.* 18. 33:[234]

Καὶ μηδεὶς ἡγείσθω μ' ὑπερβάλλειν μηδὲ μείζω λέγειν, ὅτι δίκην ἰδίαν φεύγων τούτους εἴρηκα τοὺς λόγους. Οὐ γὰρ μόνον περὶ τῶν ἐπιγεγραμμένων χρημάτων ἐστὶν οὗτος ὁ ἀγών, ἀλλ' ἐμοὶ μὲν περὶ τούτων, ὑμῖν δὲ περὶ τῶν ὀλίγῳ πρότερον εἰρημένων· ὑπὲρ ὧν οὐδεὶς οὔτ' ἂν εἰπεῖν ἀξίως δύναιτο οὔτ' ἂν τίμημ' ἱκανὸν ἐπιγράψαιτο.

Isocrate ha appena qui finito un lungo svolgimento – che inizia praticamente al § 23 – sulla necessità di tenere fede alle *synthekai* e di dar quindi attuazione all'amnistia. Lo scopo che egli persegue col ragionamento che si è riportato è di giustificare i lunghi svolgimenti sul tema, che potrebbero apparir fuor di luogo in un processo privato, in cui, fra l'altro, tenendo conto delle presumibili condizioni economiche del convenuto, il *timema* non era di certo rovinoso per quest'ultimo.[235] La portata del § 33, dal punto di vista della questione qui discussa, mi sembra assai

---

entrambe le parti, attore e convenuto, non si faccia allusione che a quell'atto che, praticamente, fissa i punti di discussione della causa, e cioè l'atto con cui attore od accusatore aprivano il processo. E ciò trova un'immediata riprova nella circostanza che, quando, come accade nella *paragrafe*, l'atto di risposta del convenuto apporta dei nuovi motivi di discussione – entro certi limiti gli unici punti che possano in senso rigoroso essere discussi nel giudizio paragrafico – e non si limita a negare puramente e semplicemente l'*enklema* attore, oltre che di quest'ultimo anche, e talora principalmente, com'è del resto ovvio tenuto conto della precedente notazione, della *paragrafe* si faccia menzione nelle orazioni delle parti. Trasportate queste considerazioni all'ordine di problemi discusso nel testo, è sin troppo facile notare come l'atto, con cui l'attore affermasse la procedibilità dell'azione, si sarebbe praticamente venuto a configurare come una semplice negazione della *paragrafe* del convenuto; e come, ovviamente, anche quella risposta del convenuto, che si accompagnasse alla richiesta di dichiarare improcedibile l'azione e prendesse di mira la domanda sostanziale dell'attore (avesse cioè lo stesso contenuto dell'*antigrafe* nell'*euthydikia*), non potesse altrimenti configurarsi. Onde è necessario tener presente la possibilità che il mancato ricordo di tali atti di parte, postulati in diversa misura dalla dottrina tradizionale e dall'ipotesi del Paoli, possa in parte più o meno larga dipendere dal particolare profilo accennato in questa nota.

234 Va qui rilevato, se ve ne fosse stato bisogno, che il § 37, non molto distante, attesta esplicitamente come Callimaco e il convenuto avessero prestato, nel processo di cui si tratta, la reciproca *antomosia* che fissava i termini dell'ἀγὼν παραγραφικός: πρὸς μὲν οὖν τοὺς ὀδυρμούς, ὅτι προσήκει βοηθεῖν ὑμᾶς, οὐχ οἵτινες ἂν δυστυχεστάτους σφᾶς αὐτοὺς ἀποδείξωσιν, ἀλλ' οἵτινες ἂν περὶ ὧν ἀντωμόσαντο δικαιότερα λέγοντες φαίνονται.

235 Nonostante che egli, per ovvi motivi di difesa, prospetti il contrario: cfr. Isocrate, *or.* 18. 64-65, su cui *supra*, in questo cap., p. 43 ss.

rilevante: a parte l'accenno terminologico, che sarà valutato più tardi,[236] al convenuto παραγραψάμενος come un attuale δίκην φεύγων, non v'ha dubbio che il logografo identifica a tutte lettere l'οὗτος ὁ ἀγών, e cioè il giudizio paragrafico, con quello che verte direttamente sulle 10.000 dracme richieste da Callimaco come *timema* per la sua azione: il περὶ τούτων non può ricollegarsi se non con il περὶ τῶν ἐπιγεγραμμένων χρημάτων, che, a sua volta, non può indicare che il *timema* suddetto.[237] L'*enklema* dell'attore, quindi, anche se non espressamente nominato, è l'atto di parte[238] che regge l'ἀγὼν παραγραφικός per quanto riguarda quest'ultimo.

Di qualche decennio più tardi – siamo ormai intorno alla metà del IV sec. a.C. – è Demostene, *or*. 38. 2, ancor di più significativo nel senso di cui si è detto:

δεήσομαι δὲ καὶ δίκαια καὶ μέτρι' ὑμῶν ἁπάντων, πρῶτον μὲν εὐνοϊκῶς ἀκοῦσαί μου λέγοντος, εἶτ', ἐὰν ἀδικεῖσθαι δοκῶ καὶ μὴ προσήκοντος ἐγκλήματος φεύγειν δίκην, βοηθῆσαί μοι τὰ δίκαια. ὃ μὲν γὰρ ὑμεῖς ἐπὶ τῇ δίκῃ τίμημ' ἀκηκόατε, τριάκοντα μναῖ εἰσιν, ὧν δὲ φεύγομεν χρημάτων, τέτταρα τάλαντα. ὄντες γὰρ δύο τέτταρας εἰλήχασι δίκας ἡμῖν, τῶν αὐτῶν χρημάτων πάσας, τρισχιλίων ἑκάστην, βλάβης· καὶ νυνὶ πρὸς τριάκοντα μνῶν ἐπίγραμμα, ὑπὲρ τοσούτων χρημάτων εἰς ἀγῶνα καθέσταμεν.

Siamo all'esordio dell'orazione demostenica contro Nausimaco e Xenopite, in quella parte in cui l'oratore procede – per così dire – alla *captatio benevolentiae* nei confronti dei giurati. Qui essa, invece di sfruttare altri temi, che vengono tralasciati,[239] si limita a porre in rilievo la circostanza che, per il concorrere di ben otto azioni

[236] *Infra*, in questo cap., p. 138 ss.

[237] Ciò si desume immediatamente dal contesto e dalla constatazione, che si può facilmente ricavare da una rapida scorsa agli oratori attici, per cui il verbo *epigrafo* è usato in senso, si può dire, tecnico, ad indicare la deduzione di fatti e di pretese nell'*enklema*: si confronti l'uso assoluto di *epigegrammena* in Demostene, *or*. 29. 8, e poi, in relazione al *timema*, Isocrate, *or*. 16. 47; Lisia, *or*. 17. 7; Iseo, *or*. 3. 2; [Demostene], *or*. 58. 43 (in Demostene, *or*. 38. 2, di cui si dirà subito appresso nel testo, si usa al modo stesso il sostantivo *epigramma*, ma è praticamente un *hapax legomenon*); Eschine, *or*. 2. 14 (in *or*. 1. 16, è riportato un testo di legge che contiene lo stesso uso terminologico, ma che è sospetto di inautenticità); Dinarco, *or*. 2. 12; e, per indicare altri elementi dell'atto introduttivo del giudizio (da parte dell'attore), diversi dal *timema*: Lisia, *or*. 13. 85; Iseo, *or*. 3. 30, 32; 4. 2 (erronea l'interpretazione di W.A. Goligher – W.S. Maguiness, *Index to the Speeches of Isaeus*, Cambridge, s.a. [ma 1962], 90, di epigrafe in tale contesto come «attribution of names» «names attributed»), 4; Demostene, *or*. 21. 87; [40], 16; [43]. 15; [53]. 14 e 15; 55. 31; Eschine, *or*. 2. 14; Licurgo, *c. Leocr.*, 137.

[238] Ed è, per quanto risulta dal contesto ed anche dall'orazione tutta, l'unico atto dell'attore che venga ricordato in relazione all'introduzione del giudizio: si noti che, fra l'altro, il convenuto poteva facilmente esser indotto ad avvalersi di un espresso diniego dell'applicabilità dell'amnistia da parte di Callimaco – quale, con ogni probabilità, si sarebbe dovuto contenere in una replica di Callimaco alla *paragrafe* del convenuto stesso – ai fini della sua argomentazione sulla necessità di salvaguardare le *synthekai* e sulla caratterizzazione in senso negativo della controparte in ordine a questo specifico punto.

[239] Dato che il *timema* dell'azione era soltanto di tremila dracme, il tempo a disposizione delle parti non era eccessivo: all'epoca di Aristotele, e non sappiamo se fossero nel frat-

che Nausimaco e Xenopite avevano proposto nei confronti dei quattro eredi del loro defunto tutore Aristecmo,[240] non si tratta che apparentemente di una somma abba-

tempo intervenuti dei cambiamenti, sarebbe stato di sette congi (cfr. Lipsius 1915, III, 914, che calcola il congio – p. 916 – a quattro minuti circa).

[240] E cioè Nausimaco e Xenopite, ciascuno per conto proprio, contro ognuno dei quattro figli di Aristecmo. Questo risulta con sufficiente chiarezza dal nostro § 2, ed era stato del resto generalmente riconosciuto: cfr. Dareste 1875, I, 94; Blass 1893, 482; Lipsius 1912, II 2, 661 s., 689 s.; Gernet 1954, 250. Recentemente, invece, Wolff 1966, 58 («in vier individuellen Prozessen – jedesmal beide Kläger zusammen gegen einen der vier Söhne des Aristaichmos – verlangten sie ...»), ed ancora *Demosthenes als Advokat*, Berlin 1968, 20 (anche se meno chiaramente), ritiene che vi fosse, per usare questa terminologia, litisconsorzio attivo tra i due figli di Nausicrate, mentre precedentemente si era allineato con l'opinione delle otto azioni complessive (Wolff 1963, 96: «in acht parallelen *dikai* – d.h. jeder der beiden Kläger getrennt von jedem der vier Söhne – forderten sie ...»). Del cambiamento d'opinione non è data e non si vede plausibile ragione: il rapporto fra il *timema* della singola azione esercitata, e cioè 30 mine, ed il totale complessivo di 4 talenti – messo in evidenza del resto dallo stesso oratore (ὄντες γὰρ δύο κτλ.) – non può spiegarsi che con l'interpretazione tradizionale, che vede esercitate nel complesso otto azioni. D'altro canto, dinanzi a questo dato, cui dovrebbero contrapporsi elementi di pari certezza per poter creare un dubbio, cade qualsiasi considerazione che potesse farsi sul costante riferimento, da parte di Demostene, ai due attori, e sull'intestazione stessa del discorso nella tradizione manoscritta unanime, nonché da Arpocrazione, *lex. dec. rhet.*, s.v. *aidesasthai* (Dindorf p. 16, l. 8 – p. 17, l. 1), la quale suona παραγραφὴ πρὸς Ναυσίμαχον καὶ Χενοπείθην. D'altro canto non mi sembra neppure sostenibile, a questo riguardo, l'opinione di G. Kleindienst, *De causa orationis in Nausimachum et Xenophitem Demosthenicae (XXXVIII)*, Diss. Leipzig 1913, 35, il quale, pur non rifiutando, dinanzi al dato testuale, l'individuazione delle otto azioni, sostiene che uno dei due fratelli, Nausimaco o Xenopite, aveva dato all'altro mandato di agire (onde colui che concretamente agiva si presentava come attore in nome proprio e altrui); che, in ogni modo, non erano stati redatti quattro *enklemata* scritti, e che (Kleindienst 1913, 40) i figli di Aristecmo «unum ex se eligerent, qui rem pro omnibus gereret et illam exceptionem pro omnibus opponeret». A parte qualche riserva che si potrebbe fare sul modo, non del tutto perspicuo, con cui queste ipotesi sono presentate, a me sembra che qualsiasi opinione che cerchi di ridurre la molteplicità delle azioni intentate contro i figli di Aristecmo, raggruppandole in un modo o nell'altro, non possa reggersi di fronte all'inequivocabile dettato di Demostene, *or*. 38. 2; e che, d'altro canto, l'affermazione concernente il numero degli *enklemata* possa esser condivisa soltanto nel senso che il documento, presentato dai singoli attori in ognuna delle otto cause, sarà stato, con tutta verisimiglianza, sempre lo stesso, variando soltanto, di volta in volta, il nome delle parti cui specificamente il processo si sarebbe dovuto riferire. Quello che non si può negare è che si sarà trattato, con molta probabilità, di una causa-pilota, il cui esito avrà, in fatto, pregiudicato quello degli altri processi, anche se – ove queste cause non fossero state trattate successivamente, pur se formalmente separate, alla stessa udienza del tribunale eliastico – dato il sistema di composizione dei collegi giudicanti ateniesi e tenuti presenti i motivi decisionali, in base a cui i giurati esprimevano la loro sentenza, un tale pregiudizio di fatto non era certamente decisivo nell'Atene del IV sec. a.C. (cfr., del resto, per fare un esempio, la ripetizione praticamente dello stesso *thema decidendum* in Iseo, *or*. 3, dove, nonostante la vittoria nella *dike pseudomarturion* contro Xenocle, per falsa *diamartyria*, la parte attrice si vede costretta a riproporre

stanza modesta, e cioè 3.000 dracme, bensì della somma complessiva di 4 talenti, dato il carattere pregiudiziale, ancorché in via di fatto, che indubbiamente il processo attuale – una sorta di giudizio pilota – doveva avere rispetto agli altri sette processi, ed in ogni caso Demostene in questo contesto aveva tutto l'interesse a sottolineare che avesse.

Inquadrato così il significato del passo nel suo contesto, bisogna adesso rendersi conto della sua portata ai fini del problema qui discusso. Un primo punto è da sottolineare a questo proposito: il nostro § 2 attesta, con tutta chiarezza, che all'inizio del processo paragrafico si dava lettura dell'*enklema* dell'attore. E' noto che all'inizio del dibattimento eliastico si desse lettura degli atti, per chiamarli così, introduttivi del giudizio, e cioè, nella normale *euthydikia*, dell'*enklema* dell'attore e dell'*antigrafe* del convenuto, in quanto su di essi verteva il giudizio del tribunale, che doveva scegliere l'uno o l'altro di quelli che in realtà erano programmi di sentenza prospettati dalle parti. E, del resto, è attestata, per i giudizi paragrafici, la lettura della *paragrafe*.[241]

Da questo punto di vista il fatto della lettura dell'*enklema* dell'attore all'inizio del processo paragrafico ha una decisiva importanza ai fini del problema qui discusso. Ed il suo significato viene ulteriormente precisato dalla frase finale καὶ νυνί – καθέσταμεν, da cui risulta, al di fuori di ogni possibile dubbio come l'*agon*, in cui i convenuti erano attualmente implicati, avesse direttamente ad oggetto il *timema* dell'attore, e – nella prospettiva retorica di Demostene, di cui si è individuata la ragione – addirittura l'ammontare complessivo dei τιμήματα delle otto azioni intentate da Nausimaco e Xenopite contro gli eredi di Aristecmo.[242] L'*enklema* veniva letto, perché, al termine del processo paragrafico, su di esso erano chiamati a giudicare i giurati al termine del dibattimento. E, d'altro canto, nel § 1 immediatamente precedente si ricorda – come difesa del convenuto – soltanto la παραγραφὴ μὴ εἰσαγώγιμον εἶναι τὴν δίκην, basata sull'ἄφεσις καὶ ἀπαλλαγή, e si menziona, in contrapposizione alla lettura dell'*enklema* attore, quella della *paragrafe* del convenuto.[243]

l'azione contro Nicodemo – un testimone del primo processo, che aveva affermato la veridicità di un fatto che a sua volta condizionava la verità o la falsità della *diamartyria* stessa – ed è tanto poco sicura della facilità della causa, da ricorrere agli uffici di un logografo abile e famoso come Iseo).

241 Cfr., ad es., Demostene, *or.* 37. 1: ... παρεγραψάμην, ὡς ἠκούσατ' ἀρτίως, μὴ εἰσαγώγιμον εἶναι τὴν δίκην, a parte il § 1 della nostra orazione, su cui immediatamente appresso nel testo.

242 E, d'altro canto, l'attualità immediata dell'*enklema* attore trova una ulteriore conferma nel δοκῶ ... μὴ προσήκοντος ἐγκλήματος φεύγειν δίκην, in cui è ancora al momento del presente processo che sia l'*enklema* stesso che il δίκην φεύγειν (e su questo cfr. *infra*, in questo cap., p. 137 s.) sono rapportati.

243 Ricordata la possibilità che danno le leggi di opporre l'eccezione d'improcedibilità nel caso di transazione, e ricordato come, nel caso, la transazione fosse avvenuta, l'oratore

I risultati raggiunti nell'analisi di Demostene, *or.* 38. 2, trovano immediata conferma, nella stessa orazione, nei §§ 14-16. In un contesto in cui Demostene, a confutazione degli argomenti addotti da Nausimaco e Xenopite, instaura una comparazione con la precedente azione intentata dagli stessi contro il loro tutore Aristecmo, padre dell'attuale convenuto, nel § 14 si legge: οὗτοι γὰρ γεγράφασιν εἰς ὃ νῦν ἔγκλημα διώκουσιν, cui corrisponde, nel § 16, Ἐν ποίῳ δὴ λόγῳ νῦν ἐγκαλεῖθ' ὡς παρέδωκεν. Indubbiamente il νῦν del § 14 è in relazione con l'ὅτε τοίνυν ἐλάγχανον τῷ πατρί del § 15, e quello del § 16 con un τότε ἐλαγχάνε immediatamente seguente nello stesso paragrafo. Questo rilievo non è, però, sufficiente per toglier ogni valore al nostro passo come quello che attesti un *enklema* che attualmente si persegua nel processo paragrafico. Non foss'altro per la considerazione che, in una struttura del giudizio paragrafico come quella sostenuta dalla dottrina tradizionale, e cioè come processo separato da quello sul merito, un modo di esprimersi come quello che si è visto poteva venir più difficilmente all'immaginazione dello scrittore, uso a considerare la fase in cui si decideva sull'*enklema* come del tutto distinta da quella relativa alla *paragrafe.*[244]

Altri passi del *corpus Demosthenicum* confermano, con maggior o minor peso, tali risultati, soprattutto con l'evidenziare, molte volte, come la dialettica del processo paragrafico avvenisse, nella prospettazione del logografo, fra l'*enklema* dell'attore e la *paragrafe* del convenuto. Va, anzitutto, esaminato [Demostene], *or.* 33. 3:

ὁ μὲν οὖν μετὰ τούτου μοι ἐπιβεβουλευκὼς καὶ τὸν ἀγῶνα τουτονὶ κατεσκευακὼς προϊόντος τοῦ λόγου καταφανὴς ὑμῖν ἔσται· ἐγκαλοῦντος δέ μοι Ἀπατουρίου τὰ ψευδῆ καὶ παρὰ τοὺς νόμους δικαζομένου ... παρεγραψάμην τὴν δίκην μὴ εἰσαγώγιμον εἶναι κατὰ τοὺς νόμους τουτουσί.

Cui, del resto, deve avvicinarsi il § 35 della stessa orazione:

Ὅτι μὲν οὖν ἐγὼ μὲν ὀρθῶς τὴν παραγραφὴν πεποίημαι, Ἀπατούριος δὲ τὰ ψευδῆ ἐγκέκληκε καὶ παρὰ τοὺς νόμους τὴν λῆξιν πεποίηται, ἐκ πολλῶν οἶμαι ἐπιδεδεῖχθαι τοῦτο ὑμῖν, ὦ ἄνδρες δικασταί κτλ.

Nel § 3 il convenuto conchiude il proemio, in cui, nei §§ 1-2, ha illustrato le particolarità del νόμος ἐμπορικός, sulla base del quale agiva Apaturio ed aveva egli stesso opposto l'eccezione sull'improcedibilità dell'azione: il processo è una macchinazione di Apaturio e di Eryxiàs, il cui nome verrà finalmente svelato, come quello di un nemico personale del convenuto, al § 18. Ma questo processo – τὸν ἀγώνα τουτονί – è quello che si concreta in base all'*enklema* menzognero di Apaturio ed alla *paragrafe* del convenuto, com'è reso evidente dal tenore letterale del § 3, che trova l'esatto corrispondente nel § 35, dove ancora sono *enklema* e *paragrafe* ad

---

conchiude il § 1 con le parole παρεγραψάμεθα, ὡς ἠκούσατ' ἀρτίως, μὴ εἰσαγώγιμον εἶναι τὴν δίκην.

[244] Nulla si può invece ricavare dal ricordo dell'*enklema* in Demostene, *or.* 38. 10, in cui questo non viene temporalmente precisato.

esser contrapposti, all'inizio di uno svolgimento che fuoriesce – come si è visto[245] – dall'oggetto in senso stretto della cognizione dei giudici.[246]

L'immediata riferibilità dell'*enklema* dell'attore al giudizio paragrafico è riaffermata in Demostene, *or*. 37. 45:

Βούλομαι δ' ὑμῖν καὶ δι' ὧν τοὺς πρότερον δικαστὰς ἐξαπατήσας εἷλε τὸν Εὔεργον εἰπεῖν, ἵν' εἰδῆθ' ὅτι καὶ νῦν οὐδὲν οὔτ' ἀναιδείας οὔτε τοῦ ψεύδεσθαι παραλείψει. πρὸς δὲ τούτοις καὶ περὶ ὧν ἐμοὶ δικάζεται νυνί, τὰς αὐτὰς οὔσας ἀπολογίας εὑρήσετε· ὅσπερ ἔλεγχος ἀκριβέστατός ἐστιν ὑπὲρ τοῦ τότ' ἐκεῖνον σεσυκοφαντῆσθαι.

Demostene affronta in questa sede un argomento che, per Nicobulo, poteva apparire particolarmente disagevole, e cioè la circostanza che Evergo, il socio del convenuto, era stato condannato in un precedente processo nei confronti dello stesso Panteneto, l'attuale attore. Non interessa, in questa sede, esaminare a fondo il complesso del ragionamento, che si snoda fino al § 48, e che presenta talune difficoltà interpretative soprattutto in relazione all'accertamento di quanto effettivamente avvenuto nel precedente processo. Gli argomenti che aveva usato Panteneto nel processo contro Evergo, afferma Demostene, sono gli stessi che adopera attualmente περὶ ὧν ἐμοὶ δικάζεται νυνί, traendone – con una certa disinvoltura – la conseguenza che anche allora Panteneto si era comportato da sicofante. Ma, come è evidenziato dalla parte finale del § 45,[247] queste ἀπολογίαι sono quelle che erano contenute nella parte finale dell'*enklema* di Panteneto, contro cui Nicobulo svolge una lunga argomentazione nei §§ 32-33.

Ciò serve a fissare nella giusta prospettiva il περὶ ὧν ἐμοὶ δικάζεται νυνί: il δικάζεσθαι di Panteneto non è limitato alla questione della procedibilità dell'azione, si estende anche alle pretese sostanziali fatte valere nell'*enklema*: e queste pretese sostanziali sono, al di là di ogni dubbio, presentate da Demostene come attuali. Se, indubbiamente, il νυνί, che ulteriormente qualifica in questo senso il presente δικάζεται, può forse esser in qualche modo in contrapposizione con una qualificazione cronologica del presente processo nei confronti di quello intentato ad Evergo,[248] ciò non toglie il valore di tale precisazione circa l'attualità delle pretese in senso sostanziale di Panteneto. E ciò trova, d'altro canto, immediata corrispondenza nella formula con cui Demostene introduce la lettura dell'*enklema* dell'attore, che egli discuterà nei §§ 22-38: λέγε δ'αὐτὸ τὸ ἔγκλημα, ὅ μοι δικάζεται (Demostene,

245 Su ciò cfr. *supra*, in questo cap., p. 39 nt. 18.

246 In [Demostene], *or*. 33. 23, invece, il termine *enklema*, di cui si serve il logografo, non viene circostanziato in modo rilevante ai fini della discussione qui svolta.

247 Si ricordano qui infatti l'introduzione abusiva nell'*agros* di Panteneto e le violenze alle *epikleroi* ed alla madre dell'attore di cui è, più sinteticamente, parola nel § 33.

248 Si tenga presente, però, che la contrapposizione fra il precedente processo contro Evergo e l'attuale era già stata fatta nella prima parte del passo: ... τοὺς πρότερον δικαστὰς ... ὅτι καὶ νῦν. Ciò rende il secondo *nyn* assai più svincolato dalla prospettiva della contrapposizione con il giudizio già avvenuto.

or. 37. 22). Anche qui, a qualsiasi lettore non prevenuto non può sfuggire l'immediata connessione dell'*enklema*, di cui vien data lettura, con l'attuale *agon*, che trova espressione nel presente δικάζεται.[249]

D'altra parte questo risultato risulta confermato da un'analisi del § 3 della stessa orazione:

δεήσομαι δὲ καὶ μέτρια καὶ δίκαι' ὑμῶν ἁπάντων, ἀκοῦσαί τέ μου περὶ ὧν παρεγραψάμην εὐνοϊκῶς, καὶ προσέχειν ὅλῳ τῷ πράγματι τὸν νοῦν· πολλῶν γὰρ δικῶν ἐν τῇ πόλει γεγενημένων, οὐδένα πω δίκην οὔτ' ἀναιδεστέραν οὔτε συκοφαντικωτέραν οἴομαι φανήσεσθαι δεδικασμένον ἧς νῦν οὑτοσὶ λαχὼν εἰσελθεῖν τετόλμηκεν κτλ.

Non v'è bisogno di intrattenersi sul ragionamento del logografo, che risulta abbastanza chiaro, e chiude – con la πρόθεσις – il proemio dell'orazione. Indubbiamente il δίκην δικάζεσθαι di Panteneto non può esser che quello sostanziale, ed esso, già ad una lettura spassionata del testo, non sembra potersi ad altro riferire che all'attuale dibattimento. Ma quanto più importa ai nostri fini è che l'unico presupposto, l'unico antecedente temporale per l'attore di quell'εἰσελθεῖν, che non può esser se non quello del processo paragrafico, è soltanto quel δικάζεσθαι ed un unico δίκην λαγχάνειν, quello originario. Di altre attività difensive dell'attore che opponesse un suo atto introduttivo alla *paragrafe* del convenuto, e con il quale il primo affermasse esser procedibile quella *dike* che il secondo affermava non poter il magistrato εἰσάγειν εἰς τὸ δικαστήριον, non v'è traccia alcuna. Una riconferma abbastanza puntuale, dunque, di quanto sto mostrando potersi ricavare dalle fonti a questo proposito.[250]

Alla contrapposizione fra *enklema* e *paragrafe* come a quella unicamente rilevante per l'*agon* nei giudizi paragrafici conducono gli ultimi due passi che si possono addurre dalle fonti a proposito del profilo qui trattato. Il primo è [Demostene], *or*. 34. 16-17: nel corso di un'argomentazione che, per la fondatezza della presa di posizione dell'attore nell'attuale processo, si riporta alle vicende di un analogo processo fra le stesse parti e per il medesimo oggetto, svoltosi nell'anno precedente, e non giunto a conchiusione, il logografo contrappone esclusivamente l'*enklema* dell'attore alla *paragrafe* del convenuto Formione, come quegli atti su cui si sarebbe dovuto instaurare in quella sede l'*agon* giudiziario. Ed egualmente, in Demostene, *or*. 45. 5, in relazione al precedente processo contro Formione instaurato da Apollo-

---

[249] Non hanno peso, ai fini della discussione qui svolta, i riferimenti terminologici all'*enklema* dell'attore in Demostene, *or*. 37. 26 e 32, nonché quello del § 39, importante, però, sotto altro profilo (su ciò cfr. *infra*, in questo cap., p. 147 ss.). E', ad ogni modo, da osservare che, né qui né altrove, la menzione dell'*enklema* attore avviene mai in modo tale – non che da dimostrare – da far sorgere il minimo dubbio che, nella prospettazione del logografo, esso avesse la sua sfera d'incidenza al di fuori dell'ἀγὼν παραγραφικός.

[250] Cfr., per un'analoga prospettiva, Demostene, *or*. 37. 50, su cui *infra*, in questo cap., p. 145. E' da notare come il passo fosse sfuggito a Wolff 1966, 84 ss., nel suo tentativo di dare una base testuale all'unico δίκην λαγχάνειν che reggesse e la fase relativa alla procedibilità dell'azione e quella relativa alla decisione sul merito della causa.

doro, non si fa riferimento che al δίκην λαχεῖν di quest'ultimo ed alla *paragrafe* del primo come momenti rilevanti ad integrare il giudizio dal punto di vista dell'attività processuale delle parti.[251]

Le conchiusioni che si possono trarre dalla rassegna di testi fin qui compiuta discendono, a mio parere, con tutta naturalezza, da quanto son venuto fin qui esponendo. La constatazione negativa, fatta all'inizio di questo paragrafo, e che sottolineava l'assenza nella nostra documentazione di qualsiasi accenno a quelle strutture processuali, che sarebbero pur presupposte necessariamente dalla dottrina tradizionale o dall'ipotesi del Paoli, trova una positiva conferma. Nei discorsi paragrafici rilevano, positivamente, come atti di parte, che introducono il giudizio, l'*enklema* dell'attore e la *paragrafe* del convenuto. E, nei confronti dell'opinione che sostiene la bipartizione del processo in seguito all'opposizione della *paragrafe*, acquistano un valore del tutto particolare quei passi – e son numerosi – che attestano la diretta incidenza dell'*enklema* attore nel processo paragrafico, di cui Demostene, *or*. 38. 2, ed Isocrate, *or*. 18. 33, forniscono le prove più evidenti.[252]

Si potrebbe, è vero, obbiettare – a questo modo di leggere le fonti – che esse potrebbero sovente permettere una diversa lettura, in cui il significato che si è cercato qui di enucleare andrebbe eliminato, a costo di sforzi interpretativi più o meno visibili.[253]

---

[251] In esso la contrapposizione si svolge fra il δίκην ἠναγκάσθην αὐτῷ λαχεῖν, ἐπειδὴ τάχιστ' ἐξουσία ἐγένετο ed il καὶ πρῶτον μὲν παρεγράψατο τὴν δίκην μὴ εἰσαγώγιμον εἶναι, rispetto al quale *proton* l'ἔπειτα è rappresentato non da un momento di carattere processuale, rilevante ai sensi dell'introduzione del giudizio, bensì dal procacciarsi Formione dei falsi testimoni e dei falsi documenti riguardo i punti salienti di causa.

[252] In sé considerata, questa constatazione non sarebbe decisiva contro la dottrina dell'inscindibilità del processo, sostenuta dal Paoli, in quanto anch'essa presuppone il calarsi dell'*enklema* attore nell'ἀγὼν παραγραφικός. E', però, da notare, a questo proposito, come, in definitiva, anche questo elemento venga, valutato nel suo complesso, a provare per l'ipotesi di struttura qui sostenuta, e che si presenta, a mio parere, come l'unico mezzo per superare l'aporia fra i dati desumibili dalle fonti, una volta che si sia dimostrata inaccettabile l'ipotesi tradizionale, e la dottrina dell'inscindibilità del processo, nel modo in cui la configura il Paoli. A parte il valore, contro quest'ultima, dei passi in cui è soltanto la *paragrafe* ad essere profilata come contrapposta all'*enklema* dell'attore.

[253] Nei confronti dei passi, che mostrano soltanto l'*enklema* dell'attore e la *paragrafe* del convenuto quali atti introduttivi rilevanti nel processo paragrafico, si potrebbe far valere che degli altri eventuali atti, specificamente riguardanti la procedibilità dell'azione, *ex latere actoris*, od il merito della causa, *ex latere rei*, il logografo abbia taciuto per considerazioni più o meno analoghe a quelle di cui si diceva *supra*, in questo §, nt. 233. D'altra parte gli accenni all'*enklema* dell'attore, contenuti nei discorsi paragrafici, potrebbero essere intesi come riferentisi a tale atto non come a quello attualmente in dibattito, ma come a quello che verrà discusso nel giudizio sul merito della causa, che eventualmente potesse aver luogo dopo il termine del processo paragrafico e che si sarebbe potuto prospettare come pendente, in senso tecnico (cfr. l'ipotesi di Wolff 1966, 84 s., che però non

Nei confronti di questa possibile obbiezione va però osservato che le varianti esegetiche che senza dubbio si potrebbero astrattamente congetturare per questo o quel caso,[254] assumerebbero troppo spesso il carattere di veri e propri artifizi interpretativi di fronte all'univoco significato testuale dei passi nel contesto in cui essi sono situati. Ora, il ricorso a simili artifizi dovrebbe fondarsi su una situazione in cui, al di fuori delle attestazioni che qui si discutono, si potesse enucleare dalle fonti una serie di dati che – per la loro intrinseca portata – giustificassero l'adibizione di tali espedienti.

Nel caso nostro ciò non si verifica: per quanto concerne gli atti introduttivi del giudizio nella procedura paragrafica tutti gli elementi che si possono ricavare dalle fonti sono univoci nel senso anzidetto, e non si possono trarre, né dai discorsi paragrafici del *corpus Demosthenicum* né dall'*or.* 18 di Isocrate o dall'*or.* 23 di Lisia,[255] voci discordanti sul punto, rispetto al quadro così tracciato. Non v'ha, dunque, possibilità, a mio parere, di negar fede, nel senso che si è visto, agli elementi che si ricavano da questo particolare aspetto delle fonti sul processo paragrafico, e che parlano nettamente a favore di una struttura di quest'ultimo in cui *enklema* dell'attore e *paragrafe* del convenuto si presentassero come le soluzioni alternative fra cui doveva scegliere il tribunale eliastico.

15. *Attore e convenuto nel procedimento paragrafico.*

Un profilo che si riallaccia immediatamente a quello trattato nel paragrafo precedente è rappresentato dalla questione della denominazione delle parti in relazione alla procedura paragrafica. La questione, appena accennata in dottrina,[256] può esser presa

prende in considerazione i nostri passi, negletti dalla dottrina che si è particolarmente occupata della struttura del processo paragrafico, qualsiasi tendenza essa seguisse).

[254] E' da avvertire come simili «escamotages» non sono sempre possibili anche a un livello di astratta credibilità. Demostene, *or.* 38. 2, mi sembra resistere a qualsiasi tentativo di piegarlo ad un'interpretazione che lo concilii con la teoria per cui – nel giudizio paragrafico – l'unico effetto della sentenza fosse quello di decidere sulla procedibilità dell'azione, e che quindi il ricordo dell'*enklema* attore in esso contenuto deve spiegarsi in modo più o meno simile a quello prospettato alla fine della nota precedente, quando si tenga conto del valore della lettura dell'*enklema* all'inizio del dibattimento e del contesto in cui tale notizia si viene ad inquadrare. Questa notazione mi sembra avere, poi, una grande importanza per ciò che concerne la valutazione nel complesso dei dati enucleati in questo paragrafo: a parte, infatti, le considerazioni proposte nel testo, quando uno di questi dati si appalesi irriducibile ad un'esegesi che cerchi, più o meno artificiosamente, di eliminarne il significato a favore di una data ricostruzione storica, appare evidente che gli altri dati omogenei, in astratto passibili di tale riduzione, vengono invece confermati nel loro valore, in mancanza di attestazioni in senso contrario nelle fonti.

[255] O da accenni, altrove contenuti, alla *paragrafe*: ma si deve notare che questi sono pressoché inesistenti nella documentazione coeva al fenomeno studiato, a parte i pochi cenni, già ampiamente sfruttati, nell'*or.* 45 di Demostene.

[256] Il problema è stato, quasi sempre, negletto, e non sempre le posizioni assunte sono coerenti con la soluzione della questione principale, e cioè della struttura del processo para-

grafico. Tra i più antichi fautori della bipartizione del processo in seguito all'opposizione della *paragrafe*, si può notare una tendenza, più o meno sviluppata, di alcuni ad attribuire al convenuto παραγραψάμενος il ruolo di attore. Ciò è stato, a dir il vero, affermato a tutte lettere per primo da un autore che, si è visto (cfr. supra, cap. I, p. 11 nt. 29), propende a costruire il processo paragrafico nel senso che in esso si pervenisse alla decisione anche sulla questione di merito: Dareste 1875, I, XX, il quale arriva addirittura a sostenere che il παραγραψάμενος assumesse la posizione di «demandeur» non soltanto ai fini dell'eccezione «mais pour tout le litige». Decisa anche la presa di posizione di M. Fränkel, in A. Boeckh, *Die Staatshaushaltung der Athener*, II^3, Berlino 1886, 82 (nt. 573), il quale, seppur incidentalmente, afferma che nella *paragrafe* «der Beklagte ja der Kläger in dem Hauptprozess war» (in cui – fra l'altro – seppur implicitamente si può vedere un'adesione alla teoria tradizionale sulla bipartizione del processo in seguito all'opposizione dell'eccezione di procedibilità). Precedentemente più sfumata era stata la presa di posizione di Platner 1824, 138 s., che, seguendo senza troppi approfondimenti la terminologia delle fonti, parla di «Gegenklage» e «Gegenbeschuldigung», di una *paragrafe* che non è «blosse Vertheidigung», ma invece – e qui cita [Demostene], *or*. 34. 4 – una «Anklage gegen den Kläger». Successivamente è più preciso – nell'impostazione dei termini della questione – von Wilamowitz-Möllendorff 1893, 368, che, dopo aver affermato che il convenuto «klagt wider die klageschrift» (affermazione su cui si ferma, sostanzialmente condividendola, Wolff 1966, 7 nt. 2), sembra successivamente da tale circostanza trarre precise conseguenze in ordine al problema qui discusso, quando, dopo aver prospettato in astratto (e respinta in concreto), la possibilità che sulla procedibilità dell'azione sia chiamato a giudicare giudice diverso da quello adito, afferma esplicitamente che il convenuto παραγραψάμενος diventa «Kläger» («und ferner der ursprünglich angeklagte, der als *paragrapsamenos* kläger geworden war, das erste wort haben sollte»). A questa impostazione si avvicina quella di Gerst 1963, 82, che, in un contesto piuttosto conciso, parla della *paragrafe* come di una «wohl selbständige Klage», il che però, da quanto si può desumere dal detto contesto, sembra porsi in una visuale un poco diversa da quella di v. Wilamowitz-Möllendorff. E, ultimamente, Schönbauer 1964, 208, perviene ad identificare la *paragrafe* con una «Zurückweisungsklage», in cui il convenuto assume la posizione di διώκων. Dal canto suo Paoli 1933b, 99, arriva a parlare di un «processo fatto al processo», ma in un contesto tale che rende vagamente imprecisa la sua presa di posizione: «sia la figura di convenuto-attore assunta da chi eleva paragrafe, sia la necessità che il Tribunale si pronunzi anzitutto sulla questione paragrafica (o, come vuole la dottrina dominante, che combattiamo, in un processo preliminare, ovvero, come sosteniamo noi … in una prima fase dell'unico dibattito davanti ai giudici popolari), danno al giudizio paragrafico il carattere di un processo fatto al processo quale lo vorrebbe l'attore». Non ben delineata, ed in ultima analisi contraddittoria, rimane anche l'opinione di Hellebrand 1949, 1178: egli afferma in un primo momento che «damit hörte die Klage auf, der führende Prozessantrag zu sein: excipiendo reus fit actor»; poi afferma che l'*eisagein* si riferisce però anche all'*enklema*, soggiungendo come sia vera la definizione del Paoli del giudizio paragrafico come «processo fatto al processo», e proponendo di chiamare il convenuto παραγραψάμενος «um ihn nun nicht mehr als Verklagten zu bezeichnen». Più coerente, a questo riguardo, la veduta brevemente esposta da Biscardi 1961a, 880, per cui, nonostante l'inversione delle parti in ordine a chi debba per primo prendere la parola (in cui questo autore, di contro ad una tradizione costante nella letteratura, e che affonda le proprie radici già nella notazione di Demostene, *or*. 45. 6, vuole vedere una norma che lascia «all'attore il vantaggio di chiudere il dibattito»), «il convenuto, ancorché παραγραψάμενος, è pur sempre convenuto (φεύγων)», con un richiamo

in esame da due punti di vista: quello dell'enucleazione di un modo di indicare le parti nel corso del procedimento paragrafico diverso dalla terminologia correntemente adoperata per la normale *euthydikia,* che è strettamente connesso con il punto se tale diverso modo vada inteso – nella prospettazione degli operatori pratici del diritto attivi ad Atene nel IV sec. a.C. – come allusivo ad un differente atteggiarsi dei rapporti fra le parti nel procedimento paragrafico stesso rispetto alla posizione di attore e convenuto che essi avrebbero assunto nell'*euthydikia*; e quello se l'eventuale permanere della terminologia corrente anche in relazione al procedimento paragrafico possa fornire qualche spunto – per il suo atteggiarsi – alla soluzione del problema di struttura qui discusso.

L'analisi dei discorsi paragrafici mostra, a tale riguardo, un quadro piuttosto regolare. Anche in relazione al giudizio paragrafico l'attore, o l'attività da esso esplicata, viene costantemente indicato con la terminologia che è propria per esprimere tali momenti anche nell'*euthydikia*:[257] egli, in base al suo δίκην λαγχάνειν, διώκει, ἐγκαλεί, κατηγορεί, δικάζεται. All'infuori di quest'ultimo termine, che potrebbe senza dubbio assumere un significato neutro, gli altri, in sé considerati, non possono alludere all'attore se non come alla parte che persegue uno scopo di carattere sostanziale.

Anche per quanto riguarda il convenuto, seppure in misura molto minore, si riscontrano casi in cui la sua posizione, la sua attività, viene individuata attraverso la terminologia δίκην φεύγειν, che, carica di valore sostanziale, è propria dell'*euthydikia* per indicare il convenuto, *qui certat de condemnatione vitanda*: ma per esso è molto più ampiamente attestato un uso terminologico che si riferisce

alla struttura dell'odierno procedimento di opposizione a decreto ingiuntivo. E, del resto, l'opinione che i ruoli delle parti non si scambiassero – ma senza troppo precisare se dal punto di vista sostanziale o da quello terminologico – avevano già detto K. Seeliger, in *Philol. Anz.* 14, 1884, 385 nt. 1 (p. 386) (rec. ad I.E. Kirchner, *De litis instrumentis quae extant in Demosthenis in Lacritum et priore adversus Stephanum oratione*, diss. Halensis 1883), e Drerup 1898. 332. Dopo aver respinto le teorie più estremiste nell'uno e nell'altro senso (p. 7 nt. 2: fra cui quella di Keil 1902, 243, il quale però, quando qualifica il processo paragrafico come «eine besondere Form des Processes selbst», ha, come già notavo [cfr. *supra*, cap. I, p. 11 nt. 29], l'occhio rivolto esclusivamente al limitato argomento preso in considerazione, e cioè il tempo messo a disposizione delle parti per i rispettivi discorsi), Wolff 1966, 7 s., invece si accosta, entro certi limiti, alla frase del Paoli sul «processo fatto al processo». Quanto egli afferma («verfahrensrechtlich hatte die Erhebung eines solchen Einwands zur Folge, dass das Dikasterion mit ihm vorweg befasst wurde, und zwar wies der dafür anzusetzende Termin die Eingentümlichkeit aus, dass die Parteien in umgekehrten Reihenfolge, d.h. der Beklagte als erster, plädierten») mostra però che egli non dà un vero e proprio significato a tale frase, neppure, a ciò che sembra, per quanto concerne la terminologia adoperata ad indicare le parti nel processo paragrafico.

[257] E che verranno analizzati, nella loro portata, nel corso di questo paragrafo.

all'aver egli opposto l'eccezione, al παραγράψασθαι che costituisce la sua presa di posizione connotante nel giudizio paragrafico.[258]

Già da questa constatazione mi sembra si possano trarre degli spunti in ordine al problema che si sta qui discutendo. E' senza dubbio significativo che l'emersione di un modo d'indicare una delle parti in causa nel processo paragrafico diverso da quello corrente nell'*euthydikia* avvenga soltanto per il convenuto παραγραψάμενος, in quanto ciò è in diretta connessione con i risultati raggiunti nel paragrafo precedente, per cui – sempre nel processo paragrafico – si ha l'attestazione dell'esistenza soltanto di un *enklema* dell'attore[259] e di una *paragrafe* del convenuto, come atti rilevanti al fine dell'introduzione del giudizio. L'elemento di novità che, da quest'ultimo punto di vista, è il solo a riscontrarsi nel giudizio paragrafico trova corrispondenza nell'altro ed isolato elemento di novità il quale concerne la designazione delle parti, e della loro attività, in tale processo.

Qui si riallaccia, a mio modo di vedere, l'altro profilo di cui si è detto. Le espressioni che indicano l'attore od il convenuto, e rispettivamente la loro attività processuale, in relazione alla normale *euthydikia*, e che, come ho dianzi detto, vengono anche estese ad indicare tali parti nel procedimento paragrafico, sono adoperate, per l'appunto nei λόγοι παραγραφικοί, in modo tale da porre in relazione con l'attuale processo la loro normale carica semantica, che allude inequivocabilmente, per l'attore e per il convenuto, al loro agire in relazione ad un giudizio, per l'uno e per l'altro, definitivo anche dal punto di vista sostanziale. L'attore ἐγκαλεί, διώκει, κατηγορεί, e, se si vuole, δικάζεται nell'attuale processo, quello paragrafico, ed il convenuto φεύγει δίκην nello stesso.

Il valore, in sé considerato, di tali attestazioni varia di caso in caso: da quello che può esser inteso come il valore minimo di tali attestazioni, e cioè di quei passi in cui l'ἐγκαλεῖν etc. dell'attore e il δίκην φεύγειν del convenuto vanno, sotto l'aspetto grammaticale, considerati come presenti, attuali, e quindi inerenti al procedimento paragrafico, ad un valore massimo, in cui, dal contesto complessivo del passo, si possa ricavare che il logografo si prospettasse, coscientemente, l'inverarsi, nel processo paragrafico, di un *petitum* sostanziale dell'attore e di una conseguente posizione di soggezione del convenuto rispetto ad un'eventuale condanna sostanziale. Pur accennando alle prime, sarà su queste ultime testimonianze[260] che

---

[258] L'uso di una terminologia basata sul δίκην φεύγειν non è molto frequente per indicare il convenuto nell'ambito del giudizio paragrafico, proprio per l'emergere della terminologia basata sul *paragrafesthai*: per qualche esempio cfr. immediatamente *supra*, in questo §, p. 137 s.

[259] Cui corrisponde, del resto, l'ampio uso della terminologia ἐγκαλεῖν per indicare o l'attore o l'attività da questo esplicata (per un'analisi dei passi, cfr. immediatamente *infra*, in questo paragrafo).

[260] Che presentano, naturalmente, un diverso grado di rilevanza ai fini del problema qui dibattuto.

m'intratterrò brevemente nelle pagine che seguono, raggruppando i vari passi che, al proposito, si possono trovare per ogni singolo discorso.

Già nell'*or.* 18 di Isocrate, il primo discorso paragrafico che sia stato mai pronunciato, si riscontrano attestazioni di questo genere. A questo proposito è rilevante il § 1:

Εἰ μὲν καὶ ἄλλοι τινὲς ἦσαν ἠγωνισμένοι τοιαύτην παραγραφὴν, ἀπ' αὐτοῦ τοῦ πράγματος ἠρχόμην ἂν τοὺς λόγους ποιεῖσθαι· νῦν δ' ἀνάγκη περὶ τοῦ νόμου πρῶτον εἰπεῖν καθ' ὃν εἰσεληλύθαμεν, ἵν' ἐπιστάμενοι περὶ ὧν ἀμφισβητοῦμεν τὴν ψῆφον φέρητε, καὶ μηδεὶς ὑμῶν θαυμάσῃ διότι φεύγων τὴν δίκην πρότερος λέγω τοῦ διώκοντος.

Nei §§ 2-3 della stessa orazione segue, poi, la spiegazione delle particolarità processuali che così singolarmente preoccupano Isocrate e l'esposizione del contenuto della legge: ciò di cui qui non è importante parlare.[261] In questa sede interessa la valutazione del modo con cui il convenuto, che ha opposto la *paragrafe* basata sull'amnistia, prospetta la propria posizione nel processo in corso. Attore e convenuto sono designati, rispettivamente, come διώκων e τὴν δίκην φεύγων: ma quanto più importa è il contesto in cui questa terminologia è usata.[262] Isocrate, è noto, vuole qui giustificare l'ordine con cui le parti prendono la parola nel procedimento paragrafico, che è proprio l'inverso di quello normale, e la preoccupazione dell'oratore a tale proposito è apparsa, anche di recente, sincera.[263] Ora, una tale preoccupazione sarebbe stata praticamente priva di fondamento, se il processo paragrafico fosse stato, secondo l'opinione tradizionale, ristretto alla sola questione della procedibilità dell'azione, nel caso concreto dell'applicazione dell'amnistia.[264] Che il convenuto, il quale avesse impugnato l'azione contro di lui proposta in modo tale da provocare un processo a parte in cui si giudicasse dell'ammissibilità dell'azione stessa, dovesse parlare per primo – in quanto κατηγορεί τοῦ διώκοντος per adoperare la terminologia di [Demostene], *or.* 34. 4[265] – non avrebbe potuto suscitare nei giurati quelle perplessità che si prospettava indubbiamente Isocrate e che invece sono pienamente spiegabili, se effettivamente nel giudizio paragrafico si affrontassero *enklema* e *paragrafe*, con la conseguenza che, in definitiva, gli effetti finali del processo non differissero da quelli della normale *euthydikia*. E, d'altra parte, se la struttura del

---

261 Per esse cfr. *supra*, in questo cap., p. 105 ss.

262 Bisogna rilevare che, oggettivamente, l'uso del participio è quello che è meno significante sul piano del rapporto fra l'attività, di carattere sostanziale, designata da queste terminologie ed il processo nel corso del quale è pronunciato il discorso paragrafico.

263 Cfr. Wolff 1966, 87 s., 120. Né sarebbe stato certamente difficile per Isocrate congegnare un altro tipo di esordio.

264 Che non dava luogo, con tutta probabilità, per quanto concerne il modo di sentire diffuso nella prassi ateniese dell'epoca, ad un caso di δίκη οὐκ εἰσαγώγιμος.

265 Sul valore del passo ai fini della discussione sulla struttura del processo paragrafico cfr. *infra*, in questo cap., p. 152 ss.

processo paragrafico fosse stata quella prospettata dalla dottrina tradizionale,[266] l'oratore avrebbe trovato, probabilmente, una giustificazione più sostanziale che quella del ricorso puro e semplice alle parole della legge, dalle quali (e si è detto) non emerge chiaramente – almeno come le riporta Isocrate – la struttura del processo paragrafico, nel senso che in esso si discuta soltanto della procedibilità dell'azione, o, come nel caso che qui interessa, dell'applicabilità dell'amnistia.

Le conchiusioni, che ho cercato di trarre dall'analisi del § 1, trovano riscontro in altri luoghi dell'orazione isocratea, dove sono usate anche le rimanenti terminologie di cui qui è parola.[267] Così risulta particolarmente importante il δίκην ἰδίαν φεύγειν del § 33, che si è già discusso,[268] perché, al di là del nesso grammaticale, è stato già mostrato come tutto l'impianto del paragrafo è congegnato nel senso dell'immediata rilevanza dell'*enklema* attore nel procedimento paragrafico, rilevanza cui corrisponde un attuale δίκην φεύγειν del convenuto. D'altro canto, nel § 5, il διώκειν di Callimaco è qualificato come attuale, presente: Ἐκεῖνος δ' ἐχθρὸς ὢν Καλλιμάχῳ τῷ νῦν ἐμὲ διώκοντι τὴν δίκην, ἀπήντησεν ἀργύριον φέροντι. Indubbiamente, come si è già visto per altri passi,[269] il νῦν del nostro § 5 è in implicita correlazione con un periodo precedente al processo attuale considerato nel suo complesso: ma ciò non toglie che, come negli altri casi, la qualificazione temporale mantenga – anche dal punto di vista qui perseguito – il suo valore.

In altri passi dell'orazione isocratea rileva l'uso terminologico di κατηγορεῖν. Il κατηγορεῖν di Callimaco viene espressamente riferito, nei §§ 7 e 36, all'attuale processo, e tale riferimento, pur se formulato in termini meno specifici, è anche negli altri due luoghi in cui lo stesso verbo si ritrova, e cioè i §§ 30 e 40.[270] Dal mio punto di vista, però, bisogna ammettere che questi passi vengono ad assumere, in sé considerati, minor valore: il κατηγορεῖν dell'attore può essere[271] soltanto quanto egli esporrà nella propria orazione d'accusa, e ciò, lo si sa bene, può consistere anche in argomentazioni di contorno, le quali non hanno riferimento al problema della delimitazione dell'oggetto della cognizione dei giudici o della portata degli effetti delle decisioni che dovevano esser prese al termine del giudizio paragrafico.

[266] E ciò vale anche per l'inscindibilità del giudizio paragrafico nel senso di un unico processo, strutturato in due fasi successive, l'una sulla procedibilità dell'azione, l'altra sul c.d. merito della causa, com'è l'ipotesi del Paoli.

[267] Nell'*or.* 18 di Isocrate non si riscontra l'uso di ἐγκαλεῖν per designare l'attore, ciò che va sottolineato, perché questa terminologia è la più diffusa – fra quelli annunciati in *euthydikia* – nei discorsi paragrafici. Il termine, infatti, nei §§ 7 e 14, si riferisce a processi diversi da quello attuale.

[268] Cfr. *supra*, in questo cap., p. 127 ss.

[269] Cfr. *supra*, in questo cap., p. 132-133.

[270] Cfr., soprattutto, nel § 7, ἴσως καὶ νῦν τολμήσει κατηγορεῖν, dove il νῦν indubbiamente riferisce senza possibilità di dubbio il κατηγορεῖν dell'attore al processo in corso come a quello in cui tale κατηγορεῖν è perfettamente legittimato. Più generiche, invece, le allusioni degli altri paragrafi citati nel testo.

[271] A parte, come si è visto nella nota precedente, una portata più specifica del § 7.

Mentre nulla si può riscontrare, nell'un senso o nell'altro, nell'*or.* 23 di Lisia,[272] il quadro che si è raggiunto per l'*or.* 18 di Isocrate trova, in sostanza, riscontro anche nelle orazioni paragrafiche del *corpus Demosthenicum*. Dell'*or.* 38 si sono già visti, nel paragrafo precedente, i passi che rilevano a questo proposito:[273] il δίκην φεύγειν del § 2, il διώκειν dei §§ 14 e 16 sono qualificati, oltre che dalla struttura grammaticale, anche dal contesto come attuali, calati nel processo in corso, che è quello paragrafico. Di rilevante rimane soltanto l'uso di δικάζεσθαι nel § 17 ("Ινα τοίνυν εἰδῆτ', ὦ ἄνδρες δικασταί, ὅτι οὐ μόνον οὐκ ἀδικοῦνται νῦν, ἀλλὰ καὶ παρὰ πάντας ἡμῖν δικάζονται τοὺς νόμους, cui segue lo svolgimento dell'argomentazione relativa alla προθεσμία). Come ho già detto, il verbo δικάζεσθαι potrebbe, per il suo valore semantico, assumere un significato ambiguo, come quello che possa riferirsi sia alla persecuzione di un interesse sostanziale sia alla decisione di una questione procedurale e pregiudiziale: ma, nel caso in questione, il δικάζεσθαι degli attori che è qualificato come illegittimo non può esser che quello sostanziale,[274] ed è di questo δικάζεσθαι che si predica – letteralmente – l'attuarsi nel processo nel corso del quale è stata pronunciata l'*or.* 38 di Demostene.

Per quanto concerne poi l'*or.* 36, anche in essa si riscontra l'uso generico delle terminologie qui considerate:[275] in più è da considerare particolarmente l'uso, in taluni paragrafi, di ἐγκαλεῖν. Nel § 18 (οἶμαι δ' Ἀπολλόδωρον τουτονί, οὐδὲν ἔχοντα δίκαιον εἰπεῖν περὶ ὧν ἐγκαλεῖ, ἅπερ παρὰ τῷ διαιτητῇ λέγειν ἐτόλμα, ταῦτ' ἐρεῖν) è il contesto che qualifica particolarmente l'ἐγκαλεῖν, dato che si tratta degli argomenti, che Apollodoro ha fatto valere presso l'arbitro pubblico e che potrebbe far valere dinanzi al tribunale eliastico, riguardanti per l'appunto il fondamento sostanziale dell'azione. Ed il contesto è particolarmente significativo anche per il § 53, che già conosciamo,[276] in quanto qui l'ἐγκαλεῖν si situa in un'argomentazione tutta incentrata, terminologicamente e sostanzialmente, sulla prospettiva – come esito favorevole del processo per Formione – di una condanna al *timema* proposto dall'attore. Nel § 15 (καὶ οὐδ' ἐνταῦθα τούτων οὐδὲν ὧν νῦν ἐγκαλεῖ λέγων φανήσεται), invece, e nel § 54 (καίτοι πῶς ἔχει λόγον σέ ... πρότερον τῶν κοινῶν ... δίκην ἀξιοῦν λαμβάνειν, ἢ τῶν ἰδίων ὧν νῦν ἐγκαλεῖς ...) l'ἐγκαλεῖν di Apol-

---

[272] Il riferimento del § 3 ad un δίκην φεύγειν od ὀφλισκάνειν è chiaramente rivolto ad altri processi.

[273] Per i §§ 2, 14, 16 cfr. *supra*, in questo cap., p. 128 ss. Generico il riferimento al κατηγορεῖν del § 24, anche se questo termine, nel contesto, assume un significato molto vicino a quello di διώκειν, nel senso non soltanto di proporre delle accuse o le proprie ragioni, bensì di perseguire in giudizio il proprio diritto.

[274] Il δικάζεσθαι che avesse ad oggetto non la pretesa dell'attore ma l'accertamento della procedibilità dell'azione non potrebbe, infatti, dirsi essere παρὰ πάντας ... τοὺς νόμους, ciò che può invece predicarsi del δικάζεσθαι sostanziale in quanto vada ad urtare contro la legge relativa alla prescrizione.

[275] Cfr. il διώκεις del § 52, l'ἔνεστ'ἐγκαλεῖν del § 9, il συκοφαντεῖν ἐγκαλουντ'ἀφορμήν del § 12, l'ὧν οὗτος ἐγκαλεῖ del § 22.

[276] Cfr. *supra*, in questo cap., p. 49 ss.

lodoro è espressamente qualificato come attuale,[277] anche se in relazione ad un accadimento precedente, ciò che, se può diminuire, come si è già detto,[278] il valore dell'attestazione, non lo elimina di sicuro.

Lo stesso accade per il δικάζεται del § 35 (καίτοι τόθ', ὁπηνίκ' ἐμίσθωσεν ἐκείνοις, τῷδ' ἐγκαλεῖν παραχρῆμ' ἐχρῆν, εἴπερ ἀληθῆ ἦν ὑπὲρ ὧν τότ' ἀφεὶς νῦν τούτῳ δικάζεται). Qui l'uso di tale verbo, che si è già detto poter assumere un significato neutro, è chiaramente qualificato in senso sostanziale, e cioè di un δίκην e non di un παραγραφὴν δικάζεσθαι, e dal contrapposto con l'ἐγκαλεῖν, e dalla circostanza che si tenda a porre in luce implicitamente come tale δικάζεσθαι sia παρὰ τὸν νόμον, sottolineando il fatto dell'avvenuta transazione. D'altra parte un δικάζεσθαι attuale, particolarmente qualificato dal contesto, si riscontra nel § 16, dove, dopo aver detto della seconda ἄφεσις καὶ ἀπαλλαγή, l'oratore soggiunge πάλιν, ὡς ὁρᾶτε, δικάζεται, πάσας αἰτίας συμπλάσας καὶ ἐγκλήματ' ἐκ παντὸς τοῦ χρόνου τοῦ πρὸ τούτου. Ciò trova poi un immediato ed evidente riscontro nel § 17: Demostene ha fatto leggere le testimonianze relative alla seconda transazione, nell'arbitrato ἐπὶ ῥητοῖς precedente alla quale erano stati arbitri Deinia, il suocero, e Nicia, il marito della cognata di Apollodoro. A questo punto l'oratore così si rivolge ai giudici: ταῦτα τοίνυν λαβὼν καὶ ἀφεὶς ἁπάντων τῶν ἐγκλημάτων ... δίκην τοσούτων ταλάντων λαχὼν τολμᾷ δικάζεσθαι. Il δικάζεσθαι, che è qualificato temporalmente dal presente τολμᾷ, è poi rapportato all'azione sostanziale e caratterizzato dall'inciso δίκην ... λαχών ed ancora dal fatto che esso non ha ad oggetto la transazione, sibbene la viola.

Nell'*or.* 37, il § 3 presenta, ai fini della nostra ricerca, un notevole interesse, ma di esso si è già detto precedentemente.[279] Per quanto riguarda il § 39, la rilevanza della terminologia ivi adoperata dipende dall'accertamento se, anche in questo processo, Nicobulo avesse opposto la *paragrafe*:[280] se così fosse, ancora qui l'endiadi καὶ ψευδῆ γεγραφὼς εἰς τὸ ἔγκλημα καὶ περὶ ὧν ἀφῆκε δικαζόμενος mostra, con il valore sostanziale di δικαζόμενος garentito dalla specificazione περὶ κτλ., come il convenuto non avvertisse un momento mediante fra l'azione sostanziale dell'attore ed il processo paragrafico, quale potrebbe esser quella di una sua specifica presa di posizione relativa alla procedibilità dell'azione. E' la pretesa sostanziale dell'attore stesso che viene, al livello terminologico, considerata come versata nel giudizio attuale e questo vien retto da essa soltanto.[281]

Ed ancora un reperto terminologico di diverso valore: al § 50, nel contesto di un'argomentazione che non ha importanza per l'interpretazione al livello dell'attuale

277 D'altro canto il § 54 è situato nello stesso contesto del precedente § 53, in cui lo sbocco del processo contro Formione è chiaramente indicato nel senso di una condanna in senso materiale.

278 Cfr. *supra*, in questo §, p. 140 e nt. 269.

279 Cfr. *supra*, in questo cap., p. 133.

280 Cfr. *infra*, in questo cap., p. 148 ss.

281 Come ancora più chiaramente nel § 3, di cui si è detto *supra*, in questo cap., p. 133.

discussione, Nicobulo afferma: ἐγὼ δὲ τετταράκοντα μνᾶς δανείσας δυοῖν ταλάντοιν ταυτηνὶ φεύγω δίκην. Il δίκην φεύγειν è qui caratterizzato in modo particolare dalla specificazione ταυτηνί:[282] questa indica chiaramente che la *dike*, in ordine alla quale il φεύγειν si attua, è attuale, presente nel processo, non qualcosa di cui si discuta l'ammissibilità e che verrà dinanzi ai giudici eliastici per la discussione soltanto in un secondo momento.

Rimangono i §§ 2 (εἰ μὲν οὖν ἐπεπόνθει τι τούτων Πανταίνετος ὧν νῦν ἐγκαλεῖ, κατ' ἐκείνους ἂν τοὺς χρόνους εὐθὺς ἐφαίνετό μοι δικαζόμενος) e 23 (ταυτὶ πάντα, ἃ νῦν ἐγκέκληκεν ἐμοί, πρότερον τὸν Εὔεργον αἰτιασάμενος τὴν δίκην εἷλε), nei quali si riscontra di nuovo la contrapposizione fra un ἐγκαλεῖν espressamente qualificato come attuale ed un precedente momento della vicenda di cui è questione, sul cui valore – spero ai fini della discussione qui svolta – si è già dianzi detto. Del § 21 e del § 45 si è già trattato, gli altri accenni alle terminologie qui rilevanti sono soltanto generici.[283] Quasi nulla si può ricavare dalle altre orazioni, soprattutto dall'*or*. 35[284] e dall'*or*. 34,[285] nonché dall'*or*. 32. Rimane l'*or*. 33: a parte l'uso generico di ἐγκαλεῖν e di δικάζεσθαι,[286] nel § 26 si riscontra ancora una volta la contrapposizione fra un δικάζεσθαι, che non può esser che sostanziale, e che si attua νυνί, ed un accadimento precedente, contrapposizione del cui valore si è già detto: οὐκ ἔστιν τοίνυν ὅστις μαρτυρήσει παραγενέσθαι, ὅπου οὗτος ἢ πέρυσιν ἢ προπέρυσιν ἐδικάσατό μοι ἢ λόγον ὀντινοῦν ἐποιήσατο πρὸς ἐμὲ περὶ ὧν νυνί μοι δικάζεται.[287]

---

[282] Cfr. il τουτὶ τὸ ἔγκλημα di [Demostene], *or*. 32. 2.

[283] Cfr. il διώκειν ἐμέ del § 51; l'ὧν ἐγκαλεῖ del § 21; l'ἐγκέκληκεν del § 23; l'ἐγκαλεῖ dei §§ 28 e 33 (questi ultimi tre in connessione con la lettura e la discussione dell'*enklema* allore fatta nei §§ 22-23), del § 39 e del § 44: il κατηγορεῖ del § 51 (che dal contesto risulta aver più il significato di perseguire in giudizio che di accusare in senso generico): il *dikazetai* del § 1, che è quello sostanziale, perché di esso si predica avvenire παρὰ τὸν νόμον.

[284] Non può darsi molto risalto al φεύγων δίκην παραγραφὴν ἐτόλμησε παραγράφεσθαι del § 45, che è detto, anzitutto, in astratto, ed in cui φεύγων si può, se non si debba, rapportare al momento in cui la *paragrafe* è presentata e non al momento del giudizio paragrafico.

[285] Su [Demostene], *or*. 34. 1 e 4, cfr., rispettivamente, *infra*, in questo §, p. 144 s., e, *infra* in questo cap., p. 152 ss.

[286] Cfr. il τὰ ψευδῆ ἐγκέκληκεν del § 4 e del § 35, l'ἐμοὶ δ' ἐγκαλεῖ del § 38, il κἀμοὶ δικάζεται del § 22 e l'ἐμοὶ δικάζοιτο del § 30, che il contesto qualifica entrambi, al di là di ogni dubbio, in senso sostanziale. Per il § 2, cfr. *infra*, in questo cap., p. 147 ss.

[287] Ha forse minore importanza, invece, l'espressione δίκην λαγχάνειν, con la quale si indica l'atto mediante il quale l'attore esercita la sua azione contro il convenuto dinanzi agli organi giurisdizionali della polis. Per quanto concerne il punto di vista qui perseguito, va fatta un'ovvia precisazione: un δίκην λαγχάνειν precede qualsiasi processo paragrafico, in quanto è contro esso che si oppone l'eccezione di improcedibilità dell'azione. Non può certo fare meraviglia, dunque, che a quest'atto si riportino – ed anche con una certa frequenza – i discorsi paragrafici. Può essere, probabilmente, di maggior interesse la constatazione che il riferimento al λαγχάνειν, relativo all'azione contro la quale si è sollevata

Vorrei adesso, a conchiusione di questa rassegna, prendere in considerazione due passi che, seppur forse non estremamente significativi in sé, possono servire a conferma dei risultati raggiunti dal punto di vista del modo con cui i logografi attici si prospettavano il ruolo delle parti nel processo paragrafico. Il primo di essi è [Demostene], *or*. 34. 1, in cui, nell'esordio dell'orazione, Crisippo, volendo sottolineare come egli ed il socio – nonostante una lunga attività commerciale in Atene – non avessero mai dato luogo a processi, sia come attori che come convenuti, ciò che del resto spiegava l'inesperienza processuale a cui aveva poco prima alluso ('*topoi*', questi, entrambi correnti negli esordi delle orazioni giudiziarie), soggiunge: οὐδεμίαν πώποτε δίκην πρὸς ὑμᾶς εἰσήλθομεν, οὔτ' ἐγκαλοῦντες οὔτ' ἐγκαλούμενοι ὑφ' ἑτέρων.

---

la *paragrafe*, avvenga spesso con il perfetto (Demostene, *or*. [32]. 10; [33]. 4; [35]. 3; 36. 22; 38. 2): il λαγχάνειν viene sentito come qualcosa di attuale, che si inserisce nell'attuale processo paragrafico. E contro questa circostanza non può farsi valere che, in altri casi, viene usato l'aoristo (Demostene, *or*. 38. 6) od il participio aoristo (Demostene, *or*. 36. 3, 17; 37. 3, 51): indubbiamente l'uso dell'aoristo, sia nell'indicativo che nel participio (seppur per questo con minore evidenza), non è nel senso che il logografo prospettasse il perpetuarsi degli effetti dell'atto – e cioè del δίκην λαγχάνειν – al momento del giudizio paragrafico. Ciò non significa, però, che questi passi vadano intesi nel senso che tale atto debba considerarsi necessariamente nient'altro che un precedente cronologico, seppure indispensabile, del processo paragrafico. Anche nell'*euthydikia*, dove il λαγχάνειν dell'attore viene ad essere direttamente calato al di là di possibili dubbi, le nostre fonti mostrano come tale atto possa esser indicato con l'aoristo dell'indicativo: e basti ricordare, al proposito, Demostene, *or*. 39. 1; 54. 1. Si è che dipende da chi parla il porre l'accento su l'uno o l'altro profilo, e scegliere corrispondentemente l'aspetto verbale corrispondente. L'uso dell'aoristo, che indica l'azione in sé (e nell'indicativo l'azione in sé come avvenuta nel passato), non esclude che l'effetto dell'atto possa esser considerato, sotto un diverso profilo, come quello che ancora duri (ciò che viene espresso dall'uso di λαγχάνειν al perfetto), ma semplicemente non lo esprime. Diverso problema è quello del valore che si può attribuire, dal punto di vista della discussione storico-giuridica qui condotta, all'uso del perfetto di λαγχάνειν. Indubbiamente esso si accorda con il modo di vedere qui perseguito, per cui l'*enklema* dell'attore – rispetto al quale il δίκην λαγχάνειν avviene – si trovi versato nel processo paragrafico contrapposto alla *paragrafe* del convenuto. Bisogna, però, riconoscere che sono possibili anche altre interpretazioni: da quella di Wolff 1966, 84 ss., per cui – pur nella riaffermazione della bipartizione del processo – l'opposizione dell'eccezione d'improcedibilità non produce la decadenza del δίκην λαγχάνειν originario, ad un'altra – che forse potrebbe apparire piuttosto sforzata –, per cui l'uso del perfetto di λαγχάνειν sarebbe sufficientemente giustificato dalla circostanza che della ritualità di quell'atto si discute come oggetto proprio del giudizio paragrafico. Onde si giustifica quanto dicevo all'inizio di questa nota sul valore relativo delle argomentazioni che si possono trarre dall'uso di questa terminologia rispetto a quella degli svolgimenti relativi alle terminologie che indicano l'attività accusatoria dell'attore o il δίκην φεύγειν del convenuto come attuali nel processo paragrafico: anche se vada sottolineato, ad ulteriore conferma di quanto si dice nel testo, come, anche dalla rassegna dei passi concernenti il δίκην λαγχάνειν dell'attore, si evidenzi come i logografi attici non cogliessero una differenziazione, uno stacco fra quest'atto proprio dell'esercizio dell'azione in senso sostanziale ed il processo paragrafico stesso.

Indubbiamente non un passo decisivo: rimane, però, egualmente significativa la circostanza che il logografo, benché abbia composto l'orazione per un processo paragrafico, non sappia distinguere, rispetto alla posizione che le parti possono assumere nel processo stesso, se non quelle di ἐγκαλοῦντες o di ἐγκαλούμενοι. Si tratta di commercianti, e le azioni che essi avrebbero potuto proporre o subire sarebbero state, generalmente, delle δίκαι ἐμπορικαί, rispetto alle quali – per la struttura della legge che le regolava – la proposizione dell'eccezione d'improcedibilità doveva esser particolarmente frequente;[288] ma anche il giudizio paragrafico, su cui l'attenzione del logografo doveva esser immediatamente richiamata dal processo stesso per il quale stava scrivendo, non sembra prevedere altra posizione delle parti che quella di attore e quella di convenuto.[289] I risultati, che si sono raggiunti in questo paragrafo in ordine alla denominazione della parte del giudizio paragrafico, vengono così chiaramente confermati.

E' da prendere, infine, in esame [Demostene], *or*. 33. 2:

τοῖς δὲ περὶ τῶν μὴ γενομένων συμβολαίων εἰς κρίσιν καθισταμένοις ἐπὶ τὴν παραγραφὴν καταφεύγειν ἔδωκεν ὁ νόμος, ἵνα μηδεὶς συκοφαντῆται, ἀλλ' αὐτοῖς τοῖς τῇ ἀληθείᾳ ἀδικουμένοις τῶν ἐμπόρων καὶ τῶν ναυκλήρων αἱ δίκαι ὦσιν. καὶ πολλοὶ ἤδη τῶν φευγόντων ἐν ταῖς ἐμπορικαῖς παραγραψάμενοι κατὰ τὸν νόμον τουτονὶ καὶ εἰσελθόντες εἰς ὑμᾶς ἐξήλεγξαν τοὺς δικαζομένους ἀδίκως ἐγκαλοῦντας καὶ ἐπὶ τῇ προφάσει τοῦ ἐμπορεύεσθαι συκοφαντοῦντας.

Bisogna subito avvertire che il passo rileva non tanto per ciò che dice quanto per il modo in cui lo dice. Se non si trattasse di un'azione commerciale e dell'eccezione d'improcedibilità tipica per questo genere d'azioni, ossia quella basata sulla mancanza del συμβόλαιον Ἀθηνῆθεν ἢ Ἀθήναζε, il § 2 direbbe cosa contraria a tutto quanto sappiamo sulla struttura del processo paragrafico,[290] e cioè che la *paragrafe* servisse a smascherare l'infondatezza della pretesa attrice in quanto tale.[291] Ma, e lo si è già accennato, nel caso delle azioni commerciali e dell'eccezione a queste speci-

---

[288] Basti tener conto che, dei discorsi pronunciati in sede di processi commerciali conservati nel *corpus Demosthenicum* – e cioè le *or*. [32-35] e [56], tutte spurie –, quattro su cinque, con l'eccezione dunque della sola *or*. [56], sono stati composti per giudizi paragrafici.

[289] Si tenga conto che, nella prospettazione del logografo, non viene ad incidere neppure la circostanza che, per quanto concerne il convenuto che ha sollevato l'eccezione di improcedibilità, si era venuta a diffondere una terminologia basata sul verbo *paragrafesthai*. Ciò è del resto facilmente spiegabile in base all'effetto stilistico che egli perseguiva contrapponendo ἐγκαλοῦντας ad ἐγκαλούμενοι.

[290] Anche a seguire l'ipotesi del Paoli, per cui – con due separate votazioni – nel giudizio paragrafico si potessero decidere, l'una di seguito all'altra, la questione relativa alla procedibilità dell'azione e quella relativa al c.d. merito della causa, è evidente che la *paragrafe* serviva soltanto, vorrei dire *a fortiori*, alla statuizione sulla prima questione.

[291] Com'è reso sicuro dall'uso dei termini ἐγκαλοῦντας e συκοφαντοῦντας, che si riferiscono all'attività dell'attore dal punto di vista della pretesa sostanziale.

fica di cui si è detto,[292] infondatezza dell'azione ed improcedibilità della stessa dipendono, con larga coincidenza, dalle stesse cause.

Quello che però importa sottolineare è proprio l'impostazione – al livello terminologico, se non anche concettuale – che traspare dalle espressioni usate dal logografo: questi, ad esprimere l'oggetto dell'ἐξελέγχειν posto in essere dal convenuto, non adibisce quelle espressioni, del resto correnti, che possono far capo alla categoria della δίκη οὐκ εἰσαγώγιμος o del δικάζεσθαι παρὰ τὸν νόμον, bensì opta per quelle che, come ἐγκαλεῖν o συκοφαντεῖν, si rapportano – con maggiore o minore immediatezza – alla pretesa sostanziale dell'attore e la connotano – almeno tendenzialmente – come quella attualmente inverantesi nel giudizio paragrafico. Un ultimo indizio, quindi, nel senso dell'ipotesi qui difesa, e cioè dello strutturarsi del processo paragrafico come *agon* tra la *paragrafe* del convenuto e l'*enklema* dell'attore.

E' necessario procedere, a questo punto, ad una valutazione complessiva dei dati che si sono sin qui enucleati. Indubbiamente, se si volesse, si potrebbe dare a quasi tutti i passi che si sono visti un'intepretazione che possa in qualche modo, ed a prezzo di un'artificiosità più o meno evidente, accordarsi con l'opinione tradizionale del giudizio paragrafico, che vede in esso soltanto un processo relativo alla procedibilità dell'azione. Si potrebbe pensare ad una sorta di irrigidimento delle espressioni che indicano attore e convenuto, di modo che a queste residui soltanto il significato processuale, per l'appunto di «attore» e «convenuto», senza che per esse venisse più sentito il valore sostanziale dei termini che le compongono e che indubbiamente si riferiscono all'atteggiamento di attore e convenuto di fronte alla pretesa sostanziale dedotta nel processo.[293] Si potrebbe, forse con maggior fondamento, pensare che l'uso di queste terminologie, come quelle che si riferiscono ad un giudizio – di natura sostanziale – in atto al momento in cui i singoli discorsi paragrafici vengono pronunciati, debbano esser intese nel senso di riferirsi alla causa sul merito dell'azione, che, interrotta dall'opposizione della *paragrafe*, potesse in qualsiasi modo ritenersi pendente.[294] E, per quanto concerne la circostanza che nella prassi giudiziaria attica

[292] E che viene espressamente prevista nel νόμος ἐμπορικός.

[293] A questo modo di vedere si potrebbe, però, obbiettare che esso può valere principalmente per quelle espressioni che indicano «attore» o «convenuto» mediante l'uso soprattutto del participio presente delle formazioni verbali usate a designare l'attività delle parti nel processo (e quindi, principalmente, ἐγκαλῶν, διώκων e δίκην φεύγων). E una diversa obbiezione potrebbe sottolineare il profilo che, proprio per il coincidere, sino all'introduzione della *paragrafe*, del valore semantico di tali espressioni, in sé considerate, con la realtà giuridica da esse espressa (ad es. il διώκων era sempre l'attore in senso sostanziale, la persona di cui si può esattamente predicare che, nel processo, διώκει), un tale procedimento di irrigidimento del valore convenzionale dei termini in questione è piuttosto da escludersi.

[294] Si tenga presente, a questo proposito, l'ipotesi di Wolff 1966, 84 ss., già ricordata *supra*, in questo §, nt. 287, per cui l'opposizione della *paragrafe* non fa venir meno l'efficacia del δίκην λαγχάνειν contro cui essa si dirige e, conseguentemente, l'azione, in senso sostanziale, esercitata dall'attore può considerarsi ancora come pendente. Va, però, ram-

l'introduzione di questo nuovo tipo di procedimento non abbia portato alla creazione di una diversa terminologia per indicare le parti nello stesso al di fuori degli equivoci che sarebbero potuti sorgere per le implicazioni semantiche della terminologia precedente, potrebbe – e non senza fondamento – farsi valere l'assenza di un'elaborazione tecnico-giuridica coeva, pronta a cogliere le variazioni del dato normativo ed a tradurle in un assetto terminologico e sistematico.[295]

Queste ovvie considerazioni *ex adversa parte* non riescono però a toglier il valore della constatazione che si è fatta, e che del resto non è l'unico argomento su cui si fonda l'interpretazione del processo paragrafico da me presentata, ma è soltanto un ulteriore profilo che viene ad aggiungersi a quelli, numerosi, precedentemente svolti ed a confermarli ulteriormente.[296] A questo proposito è da notare che, in primo luogo, per taluni passi l'interpretazione in accordo con la dottrina tradizionale sulla bipartizione del processo in seguito all'opposizione della *paragrafe* risulta estremamente difficile se non impossibile.[297] In secondo luogo ciò che non può non avere il suo peso è l'estrema compattezza della documentazione che si può esibire a questo riguardo. Nelle fonti a nostra disposizione non è possibile cogliere mai, nell'uso di questa terminologia, propria, per così dire, dell'*euthydikia* riferita a processi paragrafici, un distacco temporale fra l'attuale processo e quello futuro, in cui effettivamente si dovrebbe riscontrare – secondo l'opinione tradizionale – un ἐγκαλεῖν, un δίκην φεύγειν, un δικάζεσθαι in senso sostanziale, ancorché ciò nel contesto della frase sarebbe stato pienamente possibile: e questo non può non aver un peso rilevante, se non decisivo, nella valutazione di questo particolare aspetto dei λόγοι παραγραφικοί.

16. *Altre attestazioni concernenti la terminologia dei processi paragrafici.*

Per chiudere questa rassegna, principalmente rivolta ad analizzare – dal punto di vista del problema della struttura del processo paragrafico – le varie terminologie a

---

mentato che, a parte ogni questione sulla fondatezza di tale ipotesi, essa non elimina completamente l'alterità fra l'azione in senso sostanziale ed il giudizio paragrafico, alterità che invece – a stare ai risultati della precedente analisi – non è avvertita per quanto concerne l'uso in riferimento al processo paragrafico delle terminologie che riguardano l'aspetto sostanziale dell'attività e della posizione dell'attore e del convenuto.

[295] Contro questa obiezione potrebbe, però, sotto un certo punto di vista, farsi valere la circostanza dell'enucleazione di una terminologia rapportata al convenuto, e che fa centro sull'attività tipica di costui nel processo paragrafico, e cioè l'opposizione della *paragrafe*.

[296] Mentre potrebbe, senza dubbio, apparire una smentita dell'ipotesi, che qui si difende, l'elaborazione di una nuova terminologia per indicare attività e posizione dell'attore nel corso del giudizio paragrafico (ma non del convenuto – per cui è attestato l'uso delle varie forme del verbo *paragrafesthai* – dato che per esso il processo s'instaura per l'appunto sulla base della *paragrafe*: onde hanno ancor maggior rilievo i casi, pur se non molto numerosi, benché taluno estremamente significativo, in cui residua per il convenuto stesso l'uso della terminologia δίκην φεύγειν).

[297] Si veda, ad es., il contesto in cui s'inserisce l'uso delle nostre terminologie in Isocrate, *or.* 18. 1, e in Demostene, *or.* 38. 2, per fare soltanto due esempi di particolare evidenza.

tal fine rilevanti che s'incontrano nelle fonti attiche, è necessario prendere in considerazione una serie di testimonianze, fra di loro non completamente omogenee, che possono o potrebbero esser considerate rilevanti a sostegno delle varie opinioni che si sono finora discusse.

A questo proposito va esaminata, anzitutto, una terminologia che indica la comparizione delle parti, o, impersonalmente, il fatto che l'azione è portata dinanzi al tribunale eliastico. Sotto quest'aspetto si riferisce, all'attore od al convenuto, un εἰσελθεῖν od εἰσιέναι dinanzi ai giudici,[298] od un εἰσιέναι od εἰσελθεῖν τὴν δίκην;[299] e della *dike* si predica, assolutamente, un εἰσιέναι (naturalmente dinanzi al tribunale eliastico).[300] Ora, è interessante vedere come queste terminologie sono adoperate in relazione al processo paragrafico.

Quelle che rilevano sono, naturalmente, le due ultime.[301] E per entrambe si può trovare nelle fonti l'attestazione che esse, nei processi nel corso dei quali era stata sollevata un'eccezione d'improcedibilità, vengono riferite al dibattimento nel corso del quale si giudica della *paragrafe*. Ciò risulta chiaramente da [Demostene], *or*. 35. 41:

Λάκριτος δ' οὑτοσί, ὦ ἄνδρες δικασταί, οὐ τῷ δικαίῳ πιστεύων εἰσελήλυθε ταύτην τὴν δίκην, ἀλλ' ἀκριβῶς εἰδὼς τὰ πεπραγμέν' αὐτοῖς περὶ τὸ δάνεισμα τοῦτο, καὶ ἡγούμενος δεινὸς εἶναι καὶ ῥᾳδίως λόγους ποριεῖσθαι περὶ ἀδίκων πραγμάτων, οἴεται παράξειν ὑμᾶς ὅποι ἂν βούληται. ταῦτα γὰρ ἐπαγγέλλεται δεινὸς εἶναι, καὶ ἀργύριον αἰτεῖ καὶ μαθητὰς συλλέγει περὶ αὐτῶν τούτων ἐπαγγελλόμενος παιδεύειν.

Da Demostene, *or*. 37. 39:

οὐδὲν τοίνυν δίκαιον ἔχων οὐδὲ καθ' ἓν λέγειν ὑπὲρ ὧν ἐγκαλεῖ, ἀλλὰ καὶ ψευδῆ γεγραφὼς εἰς τὸ ἔγκλημα καὶ περὶ ὧν ἀφῆκε δικαζόμενος, τοῦ ἐξελθόντος μηνός, ὦ ἄνδρες Ἀθηναῖοι, ἐπειδὴ ἔμελλον εἰσιέναι τὴν δίκην, ἤδη τῶν δικαστηρίων ἐπικεκληρωμένων, προσελθὼν καὶ περιστήσας τοὺς μεθ' ἑαυτοῦ, τὸ ἐργαστήριον τῶν συνεστώτων, πρᾶγμα ποιεῖ πάνδεινον·[302]

E ancora da [Demostene], *or*. 34. 18:

Μελλούσης δὲ τῆς δίκης εἰσιέναι εἰς τὸ δικαστήριον ἐδέοντο ἡμῶν ἐπιτρέψαι τινί· καὶ ἡμεῖς ἐπετρέψαμεν Θεοδότῳ ἰσοτελεῖ κατὰ συνθήκας. καὶ ὁ Λάμπις μετὰ ταῦτα νομίσας αὐτῷ ἀσφαλὲς ἤδη εἶναι [πρὸς διαιτητῇ] μαρτυρεῖν

---

[298] Cfr., al di fuori del processo paragrafico, ad es. Lisia, *or*. 3. 2; Demostene, *or*. 19. 2; 20. 145; 21. 81; [40]. 1; [47]. 3: per il processo paragrafico v. Isocrate, *or*. 18. 12; Demostene, *or*. [33]. 2; 37. 1, 3.

[299] Cfr., al di fuori del procedimento paragrafico, Isocrate, *or*. 18. 24; Iseo, *or*. 8. 44; Demostene, *or*. 28. 17; [34]. 1; [35]. 49; [47]. 49.

[300] Sempre al di fuori della *paragrafe*, cfr. Demostene, *or*. 21. 78; Iseo, *or*. 5. 17, 31.

[301] Dato che, per quanto concerne la prima, è evidente che un εἰσελθεῖν si può correttamente predicare delle parti che venissero dinanzi al tribunale eliastico soltanto per far decidere la questione sulla procedibilità dell'azione.

[302] Per i particolari cfr. immediatamente appresso, in questo §.

ὅ τι βούλοιτο, μερισάμενος τὸ ἐμὸν χρυσίον μετὰ Φορμίωνος τουτουί, ἐμαρτύρει τἀναντία οἷς πρότερον εἰρήκει.

I passi offrono senza dubbio qualche difficoltà dal punto di vista dell'esatta ricostruzione degli avvenimenti svoltisi o della portata letterale dell'attestazione da valutare sotto il profilo storico-giuridico. Quello che, da tale punto di vista, offre meno problemi è [Demostene], *or*. 34. 18. Come si vedrà meglio altrove, ci si riferisce ad un processo svoltosi fra le stesse parti l'anno precedente, ed in cui Formione ebbe a sollevare egualmente l'eccezione d'improcedibilità contro la δίκη ἐμπορική intentata da Crisippo, pur se fondandola su ragioni diverse da quelle dell'eccezione discussa nell'*or*. [34], come si ricava senza possibilità di dubbio dai §§ 16-17 immediatamente precedenti. Il μελλούσης ... τῆς δίκης εισιέναι non può quindi riferirsi che al processo, che si doveva svolgere nell'anno precedente, e che s'imperniava, almeno *ex latere rei*, sulla *paragrafe* opposta da Formione.[303]

Non molte difficoltà offre anche [Demostene], *or*. 35. 41: anche se, letteralmente, il collegamento di εἰσελήλυθε ταύτην τὴν δίκην con l'attuale processo paragrafico è meno immediato, il contegno cinico e fraudolento di Lacrito non può non esser posto in relazione con il dibattimento in cui l'orazione pseudodemostenica è stata pronunciata,[304] e non certo all'eventuale difesa sul c.d. merito della causa, che Lacrito avrebbe potuto, in astratto,[305] proporre dopo aver perso la lite sulla procedibilità dell'azione. L'espressione che qui interessa, dunque, si riferisce, anche in questo caso, ad un giudizio paragrafico.

Le maggiori difficoltà sorgono per Demostene, *or*. 37. 39: il passo si riferisce, questo è certo, all'imminenza di un'udienza diversa da quella in cui è stata pronunciata l'*or*. 37. Mentre la causa sta per essere chiamata, Panteneto fa a Nicobulo una *proklesis*, invitandolo a risolvere la questione mediante la βάσανος di uno schiavo dello stesso Nicobulo (§§ 40-41). Questo tentativo di risolvere stragiudizialmente la lite va a monte in seguito ad una divergenza sul modo con cui la tortura doveva esser

---

303 Qualsiasi opinione si segua sulla struttura del giudizio paragrafico, la questione sollevata dalla *paragrafe* del convenuto viene trattata nella prima o nell'unica udienza del procedimento. Nel caso in questione non risulta in alcun modo che la *paragrafe* di Formione fosse stata respinta prima della fase del processo cui si riferisce l'inciso in parola, anzi risulta positivamente il contrario.

304 Si confronti del resto l'analogo rimprovero del § 2 (ἀλλ' ἀντὶ τοῦ ἀποδοῦναι σοφίσματα εὑρίσκουσιν καὶ παραγραφὰς καὶ προφάσεις, καὶ εἰσὶν πονηρότατοι ἀνθρώπων καὶ ἀδικώτατοι): l'improbità di Lacrito e dei suoi accoliti, la loro abilità sofistica sta anche nel trovare le *paragrafai* da opporre alle legittime pretese dei creditori, invece che di pagare: sul § 2, da altro punto di vista, cfr. *supra*, in questo cap., p. 119 nt. 215.

305 E su questo punto bisogna tener conto della particolare natura della eccezione opposta da Lacrito, la quale nega l'esistenza del *symbolaion* fra il παραγραψάμενος e l'attore (anche se unicamente sotto il profilo della legittimazione passiva del convenuto).

somministrata allo schiavo,[306] e, come dice espressamente il § 41, Panteneto rinnova la *proklesis* per instaurare un nuovo processo.[307] Non sembra quindi dubbio che l'ἔμελλον εἰσιέναι τὴν δίκην si riferisca ad un'azione diversa da quella in occasione della *paragrafe*, opponendosi alla quale Nicobulo s'è fatto scrivere da Demostene il discorso che ci è pervenuto:[308] onde si pone il problema se, anche in occasione di quel precedente processo, il convenuto si fosse difeso opponendo la *paragrafe*. Anche se non sia detto espressamente, ciò appare – già in linea astratta – del tutto verisimile, tenendo conto della circostanza che i due processi si susseguono da vicino, e che potrebbe esser apparso non consigliabile mutare la tattica difensiva dall'uno all'altro. Questa interpretazione trova, poi, una conferma abbastanza precisa, seppur sempre indiretta, nella circostanza che nel § 39, in relazione a questa fase pregressa della vicenda, si sottolinea espressamente che Panteneto agiva pur avendo dato quietanza liberatoria in ordine alle pretese profilate in giudizio (καὶ περὶ ὧν ἀφῆκε δικαζόμενος).

Questi passi sono di notevole interesse in ordine ai problemi qui discussi e relativi alla struttura del processo paragrafico. Appare, infatti, chiaramente come, in relazione al dibattimento in cui si discute della *paragrafe*, i logografi attici, fra cui lo stesso Demostene, usano le terminologie εἰσελθεῖν od εἰσιέναι τὴν δίκην, riferite alle parti del processo[309] ed εἰσιέναι τὴν δίκην riferita alla *dike* stessa. E' impossibile dare a *dike* in questi contesti altro senso che quello che le è comunemente proprio di «azione in senso sostanziale». Voler dare al termine in questione un significato generico di «processo», che si sarebbe potuto estendere sino a ricomprendere quel processo in cui non si fosse trattato di una *dike*, intesa quale azione in senso

[306] In quanto Panteneto pretendeva di agire come βασανιστής dello schiavo, mentre Nicobulo sosteneva che ciò era contrario all'accordo precedente.

[307] La narrazione che Demostene fornisce dei fatti non è priva di qualche contraddizione apparente. Il ricordo della nuova πρόσκλεσις, nel § 41 – καὶ μετὰ ταῦτα προσκαλεῖται μέν με τὴν δίκην πάλιν, ἐπειδὴ θᾶττον ἀνείλετο τὰς παρακαταβολάς (οὕτως εὐθὺς ἦν δῆλος οὐδ' οἷς αὐτὸς ὡρίσατ' ἐμμένων δικαίοις) – avviene prima che si dica, nel § 42, del fallimento del tentativo di risoluzione della lite a mezzo della βάσανος: ma si tratta, indubbiamente, soltanto di un'anticipazione retorica, mentre, nella realtà dei fatti come era prospettata – s'intende – da Nicobulo, prima doveva essere accaduto il fallimento di tale tentativo, in quanto le parti non concordavano sui termini dell'accordo, e poi, immediatamente, il rinnovo dell'azione.

[308] Il punto non è preso in considerazione neppure da Wolff 1966, 50 s., il quale pure indugia alquanto sull'episodio in relazione all'accertamento del torto o della ragione delle parti: egli parla, molto genericamente, del fatto come quello che era accaduto «nach Prozessbeginn», ma, tenuto conto della circostanza che egli non prende specificamente in considerazione il punto dell'unità o della duplicità dei processi, sarebbe illegittimo affidarsi a tal modo di dire per sostenere che l'illustre grecista pensasse ad un unico δίκην λαγχάνειν da parte di Panteneto.

[309] Nei casi che qui interessano, e cioè Demostene, *or.* [35]. 41; 37. 39, tale terminologia è riferita al convenuto, ma non vedo motivo per trovare in questa particolarità uno spunto in senso contrario all'argomentazione svolta nel testo.

sostanziale, non può che apparire un tentativo non troppo fondato per negare l'evidenza dei fatti, soprattutto quando si tenga conto che gli oratori attici disponevano qui di altri termini, come *paragrafe*, o, se si vuole, *agon*, per indicare un tale dibattimento, senza dover andare a scegliere l'espressione *dike*, cui quella carica semantica era connaturata.[310] Si può quindi trovar conferma, nei passi in questione, del dato che emerge da tante altre risultanze delle fonti, e cioè che la *dike* dell'attore in senso sostanziale, e cioè la sua richiesta di condanna del convenuto al *timema* fissato nell'*enklema*, veniva direttamente in discussione nel giudizio paragrafico.

In connessione con [Demostene], *or*. 34. 18, può esser discusso un altro passo della stessa orazione che sembrerebbe deporre a favore dell'ipotesi che sto qui svolgendo. Si tratta di [Demostene], *or*. 34. 44:

καὶ ὅτε μὲν Θεοδότῳ τὴν δίαιταν ἐπετρέψαμεν, ὡμολόγησαν εἶναι καθ' αὑτῶν ἐμοὶ τὴν δίκην εἰσαγώγιμον· νυνὶ δὲ τοὐναντίον λέγουσιν ὧν πρότερον αὐτοὶ συγκεχωρήκασιν, ὡς δέον παρὰ μὲν τῷ Θεοδότῳ τῷ ἰσοτελεῖ ὑποσχεῖν αὐτοὺς δίκην ἄνευ παραγραφῆς, ἐπειδὴ δὲ εἰς τὸ Ἀθηναίων δικαστήριον εἰσερχόμεθα, μηκέτ' εἰσαγώγιμον τὴν δίκην εἶναι.

Crisippo si riferisce ancora all'arbitrato di cui è parola nel § 18 dianzi discusso. Fondandosi sulla pronta accettazione dell'arbitrato da parte di Formione nell'anno precedente, il logografo vuole svolgere un'argomentazione – di dubbia rilevanza, ad una stregua astratta di valutazione[311] – per dimostrare come la *paragrafe* opposta

---

[310] Ciò non andava, forse, neppur tanto sottolineato, se non fosse stato che Wolff 1966, 85 nt. 115, avesse creduto di attribuire a *dike* – nel contesto di [Demostene], *or*. 34. 18, ma non prendendo in considerazione gli altri tre passi – il significato generico di processo: «mit *dike* meinte der Redner an dieser Stelle offenbar "Prozess" im allgemeinen Sinne». Non posso qui discutere la possibilità che, in astratto, *dike* assumesse, ed in quali limiti, tale significato. In concreto essa mi sembra del tutto esclusa dalle considerazioni fatte nel testo, e, soprattutto, dal confronto con altri passi, anche questi evidentemente sfuggiti al Wolff, da cui si ricava – a tutta evidenza – che, nelle locuzioni di cui qui si tratta, *dike* non assume il significato, astratto, di processo, ma quello concreto di azione, o, al massimo, se così si voglia, di azione dedotta in un determinato processo. I passi sono: Iseo, *or*. 5. 17 (Ἐπισκηψαμένων δ' ἡμῶν, ἡ μὲν λῆξις τοῦ κλήρου διεγράφη, ἡ δὲ τῶν ψευδομαρτυρίων δίκη εἰσῄει.), dove la qualifica ψευδομαρτυρίων impedisce d'assegnare a *dike* altro significato che quello di azione; e Demostene, *or*. 18. 105 (καί μοι λέγε πρῶτον μὲν τὸ ψήφισμα καθ' ὃ εἰσῆλθον τὴν γραφήν, εἶτα τοὺς καταλόγους κτλ.), dove l'uso del termine *grafe* impedisce il ricorso alla scappatoia di intendere il complemento di εἰσελθεῖν nel senso di «Prozess im allgemeinen Sinne». E, d'altro canto, se le terminologie in questione, anteriori – se ne può esser certi – all'introduzione del processo paragrafico, avevano questo specifico significato, non può certo pensarsi che il logografo dell'*or*. [34] e dell'*or*. [35], e soprattutto lo stesso Demostene – in *or*. 37. 39; 45. 49 se ne potessero servire dando per implicito un senso generico al termine *dike*.

[311] Si tenga presente soltanto la circostanza che, dinanzi ad un arbitro privato, non si poteva far uso della *paragrafe*, perché non sussisteva – come per i tribunali eliastici – la differenza fra la procedura paragrafica e l'*euthydikia*. Nonostante quello che implica il ragionamento di Crisippo, quindi, non è certamente detto che, dinanzi a Teodoto, Formione

quest'anno da Formione sia da respingere. Quello che qui rileva è la terminologia usata per indicare l'accettazione da parte di Crisippo del giudizio dell'arbitro: ὑποσχεῖν ... δίκην ἄνευ παραγραφῆς.

La portata del passo, in sé considerato, non è completamente chiarita dal valore letterale delle espressioni usate: si potrebbe esser tentati di tradurlo nel senso di «accettare l'azione senza (opporre) l'eccezione», e cioè senza far ricorso al procedimento paragrafico.[312] Ma, indubbiamente, il senso dello stesso, ad un'intepretazione non prevenuta e spontanea, appare di più essere quello di «accettare l'azione senza (contrapporvi) l'eccezione». Ciò significa che, sia nel caso che si opponga la *paragrafe*, sia nel caso contrario, v'ha sempre un ὑποσχεῖν ... δίκην; quello che varia è la possibilità che a questa *dike* si opponga la *paragrafe* o la normale difesa in *euthydikia*.[313]

Vanno, infine, prese in considerazione talune attestazioni delle fonti, che, in un modo o nell'altro, potrebbero pensarsi contrarie ai risultati che ho creduto di poter raggiungere in questo e nei precedenti paragrafi. Fra queste va portata l'attenzione, anzitutto su [Demostene], *or*. 34. 4:

οἱ μὲν οὖν νόμοι, καθ' οὓς ὑμεῖς δικασταὶ κάθησθε, οὐχ οὕτως λέγουσιν, ἀλλ' ὑπὲρ μὲν τῶν μὴ γενομένων ὅλως συμβολαίων Ἀθήνησι μηδ' εἰς τὸ Ἀθηναίων ἐμπόριον παραγράφεσθαι δεδώκασιν, ἐὰν δέ τις γενέσθαι μὲν ὁμολογῇ, ἀμφισβητῇ δὲ ὡς πάντα πεποίηκεν τὰ συγκείμενα, ἀπολογεῖσθαι κελεύουσιν εὐθυδικίαν εἰσιόντα, οὐ κατηγορεῖν τοῦ διώκοντος.

E' l'unico caso in cui nelle fonti si accenni ad un'inversione, nel contesto del processo paragrafico, della terminologia che indica l'attività – o la posizione – delle parti nell'*euthydikia*:[314] è desso sufficiente a smentire i risultati cui si è pervenuti

---

avesse rinunciato a far valere quei fatti che erano stati posti a fondamento dell'eccezione d'improcedibilità nella prima o nella seconda *paragrafe*.

[312] Le traduzioni di Dareste 1875, I, 306 («ils disent que devant Théodote, un isotèle, ils étaient tenus de défendre à l'action sans pouvoir opposer d'exceptions» e di Gernet 1954, 166 («comme si, devant l'isotèle Théodotos, ils étaient tenus d'accepter le procès sans recourir à une exception»), potrebbero far pensare che questi autori tendessero ad interpretare in tal modo il testo.

[313] Si tenga presente che, da un punto di vista letterale, l'ἄνευ παραγραφῆς richiama, come suo contrapposto, un ὑποσχεῖν ... δίκην μετὰ παραγραφῆς, la quale forse non potrebbe meglio indicare la circostanza che, in seguito all'opposizione dell'eccezione, *dike*, e cioè l'*enklema* dell'attore, e *paragrafe* venivano congiuntamente dinanzi al tribunale eliastico.

[314] Nella letteratura più antica il κατηγορεῖν τοῦ διώκοντος, contenuto nel nostro passo non aveva troppo attirato l'attenzione degli studiosi: cfr., ad es., come esso non venga rilevato, pur in contesti più o meno vicini alla trattazione del processo paragrafico, da Lipsius 1912, II 2, 631 nt. 16; III, 857 nt. 39. Ed anche Platner 1824, 138 s., che lo ricorda espressamente a tale proposito, non sembra trarne argomento per la struttura del processo paragrafico. Esso è, d'altra parte, ignorato anche dalla letteratura più moderna, particolarmente impegnata sul punto della struttura della nostra procedura, come si può vedere dalla circostanza che non viene citato né da Paoli 1933b, 99, né da Wolff 1966, 7 s., pro-

soprattutto nel paragrafo precedente, a far affermare che il convenuto assume – nel giudizio paragrafico – la figura di attore, di κατηγορῶν? Ciò mi sembra da escludere decisamente: basterebbe, a tale riguardo, la constatazione che si tratta qui dell'unica testimonianza in tal senso, mentre quelle in senso contrario, analizzate nel precedente paragrafo da un particolare punto di vista, sono relativamente e in assoluto molto numerose.[315] D'altra parte questa osservazione viene confermata dal contesto in cui l'attestazione terminologica s'inserisce, e che mostra come il logografo volesse porre in cattiva luce Formione, al quale, oltre a non usare il normale *modus agendi*, viene imputato di procedere in via accusatoria nei confronti dell'attore.

V'è un ultimo punto da chiarire: si può ipotizzare che Crisippo si basasse, per tale affermazione, su elementi di struttura tali da contraddire l'ipotesi che si sta qui difendendo? Non credo. Per un'affermazione del genere di quella discussa, e situata nel contesto di cui si è detto, bastavano già da giustificazione la circostanza che, con la *paragrafe*, il convenuto contestava – almeno da un punto di vista formale – la legittimità della procedura seguita dall'attore, e quella che egli, in base alla normativa risalente alla legge di Archino, veniva a parlare per primo, e cioè nella posizione che era propria – nell'*euthydikia* – dell'attore (e dell'accusatore). E non è senza rilievo che, fra le varie espressioni che possono indicare l'attività giudiziaria dell'attore (o dell'accusatore), il logografo scegliesse per l'appunto quella che aveva la carica semantica più generica, a differenza, ad es., di ἐγκαλεῖν o di διώκειν (per rimanere nell'ambito delle azioni private). Il κατηγορεῖν non corrisponde necessariamente, come le altre due terminologie ricordate, ad una pretesa formalizzata nell'*enklema* e nel *timema* dell'attore: esso può significare soltanto accusare, anche in modo del tutto generico, svincolato da una precisa richiesta di carattere processuale e sostanziale che a quell'accusare si rapporti. Non è dunque su [Demostene], *or.* 34. 4, che ci si possa seriamente basare per caratterizzare il giudizio paragrafico come «un processo fatto al processo»[316], dando a questa definizione il senso che unicamente le conviene, e cioè quello di un giudizio preliminare sull'ammissibilità dell'azione.

Demostene, *or.* 37. 33, nonostante, forse, una diversa prima apparenza, non permette poi, neanch'esso, di trarre una sicura conchiusione in merito alla questione qui discussa. L'atto del convenuto, che oppone l'eccezione d'improcedibilità, è qui designato, invece che con il verbo *paragrafesthai*, con l'espressione παραγραφὰς ἀντιλαγχάνειν (οἱ δὲ νόμοι καὶ τούτων διδόασι τὰς παραγραφὰς ἀντιλαγχάνειν, περὶ ὧν οὐκ εἰσὶν εἰσαγωγεῖς). Si potrebbe pensare di trarre qualche lume dal ter-

---

prio in contesti in cui si tratta della natura del processo paragrafico in relazione alla c.d. causa principale e della posizione delle parti in esso.

[315] Onde non è possibile sfuggire alla considerazione che, dando un valore preminente alla terminologia di [Demostene], *or.* 34. 4, ci si porrebbe in aperta contraddizione con quanto documentato da tutte queste altre fonti.

[316] Così Paoli 1933b, 99, che riscuote entro certi limiti l'adesione di Wolff 1966, 7: ma la caratterizzazione appare poco coerente con la teoria dell'inscindibilità.

mine ἀντιλαγχάνειν, riferito a *paragrafas*, per puntualizzare la struttura del processo paragrafico.

Va subito avvertito che il termine, di uso assai limitato nella documentazione attica, viene – per la maggior parte dei casi – riferito all'atto della parte che, soccombente per contumacia dinanzi all'arbitro pubblico od al tribunale eliastico, impugna la decisione contumaciale:[317] ed oggetto del verbo è, in questo caso, non il mezzo d'impugnazione bensì la decisione impugnata (τὴν ἔρημην ἀντιλαγχάνειν, τὴν μὴ οὖσαν ἀντιλαγχάνειν). In [Demostene], *or*. 40. 3, poi, isolatamente, il nostro verbo viene adoperato per indicare l'attività del convenuto, il quale procede, a sua volta, a citare, per altre pretese ed in un giudizio indipendente,[318] l'attore: e in questo caso il verbo regge un generico τινά, che indica l'oggetto delle richieste del convenuto che si fa attore.[319] E, d'altronde, nella tradizione dei lessicografi e dei grammatici più tardi sono soltanto questi due significati che residuano, con una netta prevalenza del primo.[320]

---

[317] Per questo significato cfr. Demostene, *or*. 21. 86 (τὴν μὲν δίαιταν ἀντιλαχὼν οὐκ ὤμοσεν), 90 (ἀλλὰ τὴν μὴ οὖσαν ἀντιλαχεῖν ἐξῆν αὐτῷ δήπου); [32]. 27 (εἰ δὲ μή, τὴν ἔρημον ἀντιλάχῃ); 39. 38 (ἀντιλαγχάνει μοι τὴν μὴ οὖσαν ... ἀντιλαγχάνοντα τὴν μὴ οὖσαν ... λαβέ μοι τὴν ἀντίληξιν).

[318] Non posso qui intrattenermi sull'impossibilità di una domanda riconvenzionale in senso stretto nelle strutture del processo attico.

[319] Mantiteo, infatti, pur contestando il riconoscimento della legittimità del suo avversario Beoto-Mantiteo, afferma di aver soddisfatto, nei suoi confronti, tutte le pretese che quest'ultimo poteva fondatamente avanzare sulla base dell'eredità paterna, a meno di quelle che lo stesso aveva pretestuosamente prodotto quando lo stesso Mantiteo s'era fatto innanzi a chiedere la dote materna (πλὴν εἴ τινα νῦν ἕνεκα τῆς δίκης ταύτης ἀντειλήχασίν μοι συκοφαντοῦντες).

[320] A parte il generico ricordo dell'esistenza del verbo in Polluce, *onom*. 8. 54, il λαγχάνειν, per così dire, riconvenzionale, è dato o presupposto come significato del nostro termine in Gregorio di Corinto, *In Hermogenis de gen. dic.*, 20 (Walz, VII, 2, 1120, l. 25: ἀντιλαχεῖν δὲ τὸ ἀντικληθῆναι, ed in *Lexicon Séguier* IV, s.v. ἀντιλαχεῖν (Bekker, I, 184, l. 29): ἀντιλαχεῖν ἀντικαλέσαι ἐστίν. L'impugnazione della *diaita* contumaciale è data come definizione del nostro termine in Esichio, *lex.*, s.v. ἀντιλαχεῖν (Latte, I, 186, nr. 5426): τὸ δίκην ἐπὶ διαιτητοῦ λαχόντα ἐρήμην ὀφλεῖν, καὶ πάλιν περὶ τὰ αὐτὰ δικάζεσθαι, ed in *Lexicon Rhetoricum Cantabrigiense*, s.v. ἀντιλαχεῖν καὶ ἀντίληξις (Houtsma, p. 11 [= Erbse, p. 71], ll. 1-5): ἀντιλαχεῖν μέν ἐστι τὸ εἰς ἀκέραιον πάλιν καθιστάναι τὰς δίκας· ἀντελάγχανον δὲ τοῖς διώκουσι οἱ ἐρήμην ἐπὶ διαιτητῶν ἁλόντες ὡς τὴν μὴ οὖσαν δίκην καταδικασθέντες. In quest'ultimo testo può forse cogliersi l'influenza dell'uso del nostro termine rispetto all'impugnazione della sentenza contumaciale pronunciata dinanzi al tribunale eliastico, se è possibile fidarsi dello spunto offerto in tal senso dall'inizio generalizzante. Ad ogni modo il restringersi, nell'esemplificazione, al caso della *diaita* mostra che era questo l'esempio più corrente al proposito. D'altra parte è ovvio che soltanto a quest'ultimo caso si riferiscano quei testi in cui ricorre – ma non è definito – il termine ἀντιλαχεῖν, i quali trattano specificamente dell'impugnazione della sentenza contumaciale dell'arbitro pubblico: *Lexicon Rhetoricum Cantabrigiense*, s.v. μὴ οὖσα δίκη (Houtsma, p. 21 [= Erbse, p. 81], ll. 4-19); Fozio, *lex. s.h.v.* (Naber, p. 422); *Lexicon Séguier* V, s.v. μὴ οὖσα (Bekker, I, 278, ll. 29-33),

Non mi sembra che, a questo riguardo, possa aver un ruolo importante l'uso del verbo composto ἀντιλαγχάνειν al posto del verbo semplice: come negli altri casi in cui è adoperato un verbo così composto, il preverbo indica qui il dirigersi dell'azione in senso ostile verso un determinato atto (ed è questo il significato prevalente di esso, a mio avviso, nelle espressioni τὴν ἐρήμην τὴν μὴ οὖσαν ἀντιλαγχάνειν), oppure che l'azione stessa si dirige in risposta ad un'azione precedente (ed è questo il senso prevalente in [Demostene], *or.* 40. 3).[321] Si tratta, indubbiamente, in entrambi i casi di un λαγχάνειν, qualificato nel modo che si è detto dal preverbo ἀντί, che avviene al di fuori di un altro processo che è già terminato, nel caso dell'opposizione contumaciale,[322] o che si svolge indipendentemente dal nuovo nel caso, per chiamarlo così, del λαγχάνειν riconvenzionale. Ma questa caratteristica non è necessariamente richiamata dal valore espressivo del verbo composto, bensì dipende dalla struttura delle situazioni su cui il λαγχάνειν così qualificato va ad incidere, e che d'altra parte giustifica l'uso del verbo composto stesso al posto di quello semplice. Ciò non esclude, però, che vi possano esser situazioni in cui un λαγχάνειν possa esser qualificato come ἀντιλαγχάνειν, in relazione ai significati fondamentali del preverbo di cui si è detto, e che non dia luogo a questa più o meno attuale duplicità di processi.[323]

Il problema va dunque risolto in base al dato di fatto che si coglie nel nostro § 33, e per cui il λαγχάνειν viene riferito alla *paragrafe*. Il δίκην λαγχάνειν è atto dell'attore, esso non viene mai riferito al convenuto.[324] Non ci si può quindi sottrarre, a prima vista, all'impressione che il παραγραφὰς ἀντιλαγχάνειν di Demostene, *or.* 37. 33, possa esser portato a riprova che il convenuto prendesse, nel giudizio paragrafico, l'iniziativa, e che in esso si portasse come attore: ciò da cui si potrebbe ricavare l'ulteriore illazione che il processo paragrafico servisse soltanto a decidere

nonché Polluce, *onom.*, 8. 60, dove, al § 61, segue la trattazione dell'impugnazione – sempre designata con ἀντιλαχεῖν – della sentenza contumaciale pronunciata dal tribunale eliastico.

[321] Sui valori che può assumere il preverbo ἀντί cfr. Schwyzer – Debrunner 1960, 442.

[322] Onde deriva la necessità di rinnovare il λαγχάνειν.

[323] Non sembra, infatti, stante il carattere relativamente raro dell'uso del nostro termine, che si possa affermare che esso abbia subito, nella terminologia corrente nella prassi giudiziaria del IV sec. a.C., una specializzazione nel senso che, al di là della sua portata semantica e della struttura del caso per cui veniva adoperato, esso potesse esser adoperato soltanto in relazione a casi in cui il nuovo λαγχάνειν venisse a dar luogo ad un processo indipendente e separato da quello cui si riferiva o si era riferito il λαγχάνειν originario.

[324] Ciò che corrisponde, del resto, al valore espressivo, ancora attuale in certi limiti, di λαγχάνειν nella nostra connessione (e cioè ottenere – per sorteggio – la fissazione dell'udienza di trattazione della causa: cfr. su di esso, per tutti, Lipsius 1915, III, 816 ss., i cui risultati sono recentemente seguiti, ad es., da Wolff 1965, 2519), in quanto è sicuramente l'attore la parte su cui grava l'onere dell'iniziativa durante il corso del processo.

sulla procedibilità dell'azione, e che, in ordine a questo punto, attore fosse il convenuto nel processo per così dire principale e convenuto l'attore.[325]

Non mi sembra, però, che questa conchiusione possa imporsi come inevitabile. V'è, anzitutto, da rilevare che il λαγχάνειν riferito all'attività del convenuto, il quale propone una *paragrafe*, non è soltanto un *hapax legomenon* nelle fonti attiche coeve, ha altresì lasciato traccia nelle fonti retoriche e grammaticali più tarde.[326] Ciò non significa, però, che questa particolarità possa esser accantonata sulla base soltanto di siffatta osservazione. Ad un dipresso come per il κατηγορεῖν τοῦ διώκωντος di [Demostene], *or*. 34. 4, che si è dianzi visto, bisogna cercare di stabilire i motivi per cui Demostene, nel § 33, ha usato la terminologia qui in esame. A me sembra che essi possano, anche in questo caso, cogliersi nella struttura che il procedimento paragrafico aveva sin dalla legge di Archino: col presentare la *paragrafe* il convenuto toglieva, in un certo qual modo, l'iniziativa del processo all'attore, ne determinava, in modo diverso da quello che era fissato nell'*enklema*, il *thema decidendum*, e soprattutto assumeva, nel dibattimento eliastico, la posizione dell'attore in relazione all'ordine in cui le parti prendevano la parola. Tutto ciò è – a mio avviso – sufficiente per spiegare perché, nel παραγράφεσθαι, Demostene potesse vedere, a differenza che nella produzione di una semplice *antigrafe*, un λαγχάνειν, senza andar a riprendere ipotesi di struttura che sono invece contraddette dalle altre risultanze delle fonti in genere e, in particolare, proprio sul punto dell'identificazione della posizione sostanziale delle parti nel giudizio paragrafico.[327]

L'ultimo punto che resta da trattare, in questa connessione, è quello relativo alla contrapposizione terminologica tra *paragrafe* ed *euthydikia* che si riscontra in [Demostene], *or*. 34. 4, precedentemente discusso,[328] ed in Demostene, *or*. 45. 6: προλαβὼν δέ μου ὥστε πρότερος λέγειν διὰ τὸ παραγραφὴν εἶναι καὶ μὴ εὐθυδικίᾳ εἰσιέναι. Dal punto di vista della portata espressiva del termine *euthydikia* si potrebbe pensare, per quest'ultimo caso, ad un giudizio immediato, in contrapposto al procedimento che si veniva instaurando mediante l'opposizione della *paragrafe*, ed in cui la decisione sul merito della causa poteva avvenire soltanto

[325] Il testo, a quanto mi consta, non è finora stato utilizzato dalla dottrina da questo punto di vista.

[326] Ciò che conferma, pur nella frammentarietà della nostra documentazione, il carattere assolutamente isolato dell'attestazione di Demostene, *or*. 37. 33: si tenga, ad es., conto che, pur emergendo, sempre nella nostra documentazione, soltanto in [Demostene], *or*. 40. 3, il valore di ἀντιλαγχάνειν come di quello di un λαγχάνειν riconvenzionale, esso egualmente riaffiora, anche se in modo del tutto marginale, nella tradizione retorica e grammaticale (su ciò cfr. *supra*, in questo §, nt. 320).

[327] E ciò può spiegare il carattere isolato dell'attestazione di Demostene, *or*. 37. 33, sul quale ho già insistito, sotto il profilo che l'uso terminologico documentato in tale passo viene, in sostanza, a cogliere un aspetto della struttura del *paragrafesthai* secondario, seppur sufficiente – a mio parere – per giustificare l'estensione della terminologia λαγχάνειν all'attività del convenuto che oppone l'eccezione d'improcedibilità.

[328] Cfr. *supra*, in questo §, p. 152 ss., dove il passo è altresì riportato.

dopo che l'eccezione d'improcedibilità dell'azione fosse stata respinta.[329] Questo ragionamento potrebbe apparire, in astratto, fondato: ma se si va a situare storicamente il sorgere della contrapposizione fra *euthydikia* e *paragrafe* si vede facilmente come la sua conclusione venga a sfumare.

A parte i passi già citati del *corpus Demosthenicum*, la voce *euthydikia* ritorna – nella documentazione attica – in alcuni passi di Iseo, in cui è questione di contrapposizione fra *euthydikia* e *diamartyria* come modi con i quali il figlio legittimo, che in linea di diritto non ha necessità di procedere alla λῆξις κλήρου ed all'*epidikasia*,[330] può fronteggiare la λῆξις κλήρου presentata da un aspirante all'eredità che non sia discendente diretto del *de cuius*.[331] E tutti questi testi sono, cronologicamente, ante-

[329] D'altra parte è da notare che, col termine *euthydikia*, riferito, come contrapposto, sia alla *paragrafe* sia alla *diamartyria*, s'indicava, nella terminologia attica del IV sec. a.C., soltanto il procedimento normale in contrasto ai due diversi modi di far valere l'eccezione d'improcedibilità dell'azione (e d'inaggiudicabilità del *kleros*): esso non viene riferito né alla *diadikasia*, che rimane necessaria dopo l'esperimento dell'azione di falsa testimonianza volta a toglier efficacia alla *diamartyria* (e che, per assenza di *lexeis* contrastanti, può trasformarsi in una semplice *epidikasia*), né a quel processo sul merito della causa che residua necessario dopo il rigetto della *paragrafe*, secondo l'opinione tradizionale della bipartizione, processo a cui – si è detto (cfr. *supra*, in questo cap., p. 37 ss.) – non esiste la benché minima allusione nelle nostre fonti. Questo valore del termine *euthydikia* è stato, del resto, già riconosciuto dalla dottrina: cfr., ad es., già tra i più antichi, Heffter 1822, 289; Platner 1824, 138; Schömann, in Meier – Schömann 1883-1887, 855; e, ancora, Lipsius 1915, III, 856; Paoli 1933b, 99 s.; Wolff 1966, ad es. 12. Non sono mancati, però, recentemente fraintendimenti, per cui ad *euthydikia* si è dato il valore di processo sul merito che seguisse al processo paragrafico, valore che, come dicevo, esso non ha – né può avere secondo la mia ipotesi – nelle fonti: cfr. Cohen 1973, 99, 145; Thomas 1968, 224.

[330] In quanto può procedere direttamente all'*embateusis* nei beni ereditari.

[331] Nei passi d'Iseo che verranno subito appresso discussi, *euthydikia* e *diamartyria* sono, per l'appunto, presentate come le alternative con cui il discendente legittimo può difendere la sua posizione ereditaria. Così in Iseo, *or.* 6. 3, dove il *synegoros* di Cherestrato oppone ad Androcle che, dopo la λῆξις κλήρου da parte di Cherestrato stesso, invece di ricorrere al mezzo, presentato come straordinario, della *diamartyria*, ἐξὸν ἀμφισβητῆσαι Ἀθηναίων τῷ βουλομένῳ καὶ εὐθυδικίᾳ εἰσελθόντι εἰς ὑμᾶς, εἰ φαίνοιτο δικαιότερα λέγων, ἔχειν τὸν κλῆρον; nel § 43 della stessa orazione l'uso della *diamartyria* viene rimproverato alla controparte da un diverso punto di vista: καὶ εἰς τοῦτο ἀναιδείας ἥκουσιν ὥστ' εὐθυδικίᾳ μὲν οὐκ ἐτόλμησαν εἰσελθεῖν, ἀλλὰ διεμαρτύρουν ὡς ὑπὲρ γνησίων ἅμα μὲν τὰ ψευδῆ, ἅμα δὲ τἀναντία οἷς αὐτοὶ ἔπραξαν; ancora nel § 52, sempre contestando all'avversario la possibilità di servirsi del mezzo processuale adoperato od il corretto uso dello stesso, dopo aver affermato che, se Filottemone – il dante causa (o almeno presentato come tale) – avesse testato non avendone la legittimazione, ciò andava versato nella *diamartyria*, e non la circostanza che esistessero figli legittimi, prosegue Iseo: εἰ δ' ἔξεστι μὲν διαθέσθαι, ἀμφισβητεῖ δὲ ὡς οὐ δόντος οὐδὲ διαθεμένου, μὴ διαμαρτυρίᾳ κωλύειν, ἀλλ' εὐθυδικίᾳ εἰσιέναι; e, infine, nella stessa orazione, al § 59, Iseo sostiene che, non procedendosi in via di *diamartyria* contro coloro che Androcle sostiene esser i figli di Filottemone, egli avrebbe ben potuto seguire la via processuale ordinaria: Καὶ τούτῳ μὲν οὐδεὶς διαμαρτυρεῖ μὴ ἐπίδικον εἶναι τὸν

riori ai due passi del *corpus Demosthenicum*, in cui l'*euthydikia* viene contrapposta alla *paragrafe*.[332]

Mi sembra che da questa constatazione emerga abbastanza chiaramente l'interpretazione più plausibile dell'origine della contrapposizione fra *euthydikia* e *paragrafe*. Alle origini questa era una contrapposizione che correva fra *diamartyria* ed *euthydikia*: e quest'ultimo termine era stato esattamente scelto a connotare il normale modo di procedere in contrapposto alla *diamartyria*, perché, in seguito all'opposizione di quest'ultima, la δίκη ψευδομαρτυρίων necessaria per rimuoverne gli effetti portava soltanto all'accertamento dell'aggiudicabilità del κλῆρος o della procedibilità dell'azione. Quando – in un periodo che può esser determinato soltanto con un riferimento generico ai primi decenni del IV sec. a.C. – la *paragrafe* si venne sostituendo alla *diamartyria* come *modus procedendi* per far valere la circostanza dell'esser οὐκ εἰσαγώγιμος la *dike*,[333] la contrapposizione si venne spostando fra l'*euthydikia*, che continuò – e ciò non può apparire se non naturale – ad esser chiamata in tal modo, e la *paragrafe*, anche se il procedimento, che si veniva ad aprire in base a quest'ultima, non presentava, rispetto all'*euthydikia* stessa, le eguali caratteristiche differenziali che connotavano, invece, quest'ultima nei confronti della *diamartyria*. L'argomento, che si volesse trarre dalla contrapposizione terminologica qui esaminata a favore dell'opinione tradizionale sulla bipartizione del processo in seguito all'opposizione della *paragrafe*, verrebbe dunque a sfumare.

κλῆρον, ἀλλ' εὐθυδικίᾳ εἰσιέναι <ἐξῆν>, οὗτος δ' ἅπαντας ἀποστερεῖ τῆς ἀμφισβητήσεως. In Iseo, *or*. 7. 3, invece il discorso si rovescia: Trasillo, che avrebbe potuto esercitare la *diamartyria* come figlio adottato *inter vivos*, qual egli si pretende, di Apollodoro (il *de cuius*), afferma di non averlo fatto perché al corrente che i giudici non prediligevano questo tipo di difesa (Ἐγὼ δ' εἰ μὲν ἑώρων ὑμᾶς μᾶλλον ἀποδεχομένους τὰς διαμαρτυρίας ἢ τὰς εὐθυδικίας, κἂν μάρτυρας προὐβαλόμην κτλ.).

[332] L'*or*. 6 di Iseo deve essere datata nel 365/4 o nel 364/3 (cfr. P. Roussel, *Isée, Discours*, Paris 1960, 107), mentre l'*or*. 7 è forse posteriore al 357/6 a.C., ma non si sa in ogni caso di quanto (cfr. Roussel 1960, 127). I processi contro Stefano e contro Formione, cui si riferiscono le *or*. 45 e [34] del *corpus Demosthenicum*, sono invece entrambi posteriori, il secondo di parecchio, al 350 a.C. (su ciò cfr. *supra*, cap. I, p. 5 nt. 20).

[333] D'altra parte non mi sembra che vi possa esser difficoltà ad accettare il passaggio della contrapposizione terminologica in questione dalla *diamartyria* alla *paragrafe*, ché anzi sembrerebbe strano si fosse dovuto attendere l'introduzione di quest'ultimo procedimento perché essa venisse in essere, per poi venir trasferita al gioco fra la *diamartyria* e la λῆξις κλήρου del discendente legittimo, in cui essa, fra l'altro, è attestata con priorità cronologica rispetto alla procedura paragrafica.

BIBLIOGRAFIA

Bake 1844: J. Bake, *Scholica hypomnemata*, III, Lugduni Batavorum 1844.

Baumstark 1826: A. Baumstark, *Prolegomenorum in oratione Demosthenis adversus Phormionem caput prius, sive de litigantium personis ac statu civili commentatio*, diss. Heidelbergensis 1826.

Beauchet 1897: L. Beauchet, *Histoire du droit privé de la république athénienne*, III, Paris 1897.

Benseler 1841: G.E. Benseler, *De hiatu in scriptoribus graecis*, I, *De hiatu in oratoribus atticis et historicis graecis*, Freibergae 1841.

Benseler – Blass 1910: G.E. Benseler – F. Blass, *Isocrates, Orationes*, II^2, Lipsiae 1910.

Beyer 1968: H.V. Beyer, *Über den Sachverhalt der demosthenischen Rede für Phormion*, Diss. Freie Univ. Berlin 1968.

Biscardi 1938: A. Biscardi, s.v. *Giudizi paragrafici*, in *NDI* VI, Torino 1938, 274-276.

Biscardi 1940: A. Biscardi, *Recensione critica a Lämmli, Das attische Prozessverfahren in seiner Wirkung auf die Gerichtsreden, Diss. Basel, Paderborn 1938*, in *Riv. filol. istr. class.* 68, 1940, 131-135.

Biscardi 1961a: A. Biscardi, s.v. *Giudizi paragrafici*, in *NovDI* VII, Torino 1961, 878-880.

Biscardi 1961b: A. Biscardi, *Profilo di diritto greco antico. Lezioni raccolte da L. Lepri*, Siena 1961 [= *Diritto greco antico*, Milano 1982].

Biscardi 1964: A. Biscardi, *In memoriam Ugo Enrico Paoli (1884-1963)*, in *Iura* 15, 1964, 190-202.

Biscardi 1968: A. Biscardi, *Recensione critica a H.J. Wolff, Die attische Paragraphe. Ein Beitrag zum Problem der Auflockerung archaischer Prozessformen, Weimar 1966*, in *Iura* 19, 1968, 126-132.

Blass 1885: F. Blass, *Die attische Beredsamkeit*, I^2, Leipzig 1885.

Blass 1892: F. Blass, *Die attische Beredsamkeit*, II^2, Leipzig 1892.

Blass 1893: F. Blass, *Die attische Beredsamkeit*, III 1^2, *Demosthenes*, Leipzig 1893.

Boeckh 1886: A. Boeckh, *Die Staatshaushaltung der Athener*, II^3, Berlin 1886.

Bogaert 1968: R. Bogaert, *Banques et banquiers dans les cités grecques*, Leyde 1968.

Bonner – Smith 1938: R.J. Bonner – G. Smith, *The Administration of Justice from Homer to Aristotle*, II, Chicago [1938].

Calamandrei 1933: P. Calamandrei, *Introduzione*, in Paoli 1933, IX-XXVII.

Calhoun 1918: G.M. Calhoun, *Διαμαρτυρία, παραγραφή and the Law of Archinus*, in *Class. Philol.* 13, 1918, 169-185.

Calhoun 1919a: G.M. Calhoun, *Παραγραφή and Arbitration*, in *Class. Philol.* 14, 1919, 20-28.

Calhoun 1919b: G.M. Calhoun, *Athenian Magistrates and Special Pleas*, in *Class. Philol.* 14, 1919, 338-350.

Carawan 2001: E. Carawan, *What the Laws Have Prejudged: Paragrafe and Early Issue-Theory*, in C.W. Wooten (ed.), The Orator in Action and Theory in Greece and Rome, Leyden 2001, 17-51.

Carawan 2011: E. Carawan, *Paragraphê and the Merits*, in *GRBS* 51, 2011, 254-295.

Carawan 2013: E. Carawan, *The Athenian Amnesty and Reconstructing the Law*, Oxford 2013.

Carnelutti 1933: F. Carnelutti, *Segnalazione di U.E. Paoli 1933*, in *Riv. dir. proc. civ.* 10, 1933, 343-344.

Cavenaile 1968: R. Cavenaile, *Recens. a H.J. Wolff, Die attische Paragraphe. Ein Beitrag zum Problem der Auflockerung archaischer Prozessformen, Weimar 1966*, in *Rev. belg. philol. hist.* 46, 1968, 983.

Clinton 1830: H.F. Clinton, *De Demosthene*, in *Fasti hellenici* (trad. C. G. Krüger), II, Leipzig 1830, 348-364.

Cloché 1915: P. Cloché, *La restauration démocratique à Athènes en 403 avant J.-C.*, Paris 1915.

Cobetto Ghiggia 2003: P. Cobetto Ghiggia, *Fonti tarde sull'euthydikia*, in *Symposion 1999*, Köln – Weimar – Wien 2003, 413-432.

Cohen 1973: E.E. Cohen, *Ancient Athenian Maritime Courts*, Princeton 1973.

Cosman 1939: A.C. Cosman, *Demosthenes' rede tegen Zenothemis (Oratie XXXII), met inleiding en commentaar*, diss. Amsterdam 1939.

Cucheval 1863: V. Cucheval, *Etude sur les tribunaux athéniens et les plaidoyers civils de Demosthène*, Paris 1863.

D'Amelio 1933: M. d'Amelio, *Recens. a U.E. Paoli, Studi sul processo attico, Padova 1933*, in *Rend. Lincei, Cl. sc. mor.* VI S., 9, 1933, 335-339.

Dareste 1875: R. Dareste, *Les plaidoyers civils de Demosthène, traduits en français, avec arguments et notes*, I-II, Paris 1875.

De Sanctis 1912: G. De Sanctis, *Ἀτθίς. Storia della repubblica ateniese dalle origini all'età di Pericle*², Torino 1912.

Dorjahn 1946: A.P. Dorjahn, *Political Forgiveness in Old Athens*, Evanston 1946.

Drerup 1898: E. Drerup, *Über die bei den attischen Rednern eingelegten Urkunden*, in *Jahrbb. f. class. Philol.*, Suppl. XXIV, 1898, 221-366.

Duncker 1877: R. Duncker, *Inter privatarum causarum orationes Demosthenicas quae pro genuinis habendae sint quaeque pro falsis breviter exponitur*, Gymnas. Progr. Greiffenberg i. P. 1877.

Finley 1951: M.I. Finley, *Studies in Land and Credit in Ancient Athens, 500-200 B.C. The 'Horos'-Inscriptions*, New Brunswick – New Jersey [1951].

Gavigan 1940: J.J. Gavigan, *Review of A.C. Cosman, Demosthenes' rede tegen Zenothemis (Oratie XXXII), met inleiding en commentaar, diss. Amsterdam 1939*, in *Class. Weekly* 34, 1940, 55-56.

Gernet 1927: L. Gernet, *La diamartyrie procédure archaïque du droit athénien*, in *RH*, IVᵉ S., 6, 1927, 5-37 (= Gernet 1964, 83-102).

Gernet 1939: L. Gernet, *L'institution des arbitres publics à Athènes*, in *Rev. étud. grecques* 52, 1939, 389-414 (= Gernet 1964, 103-119).

Gernet 1954: L. Gernet, *Démosthène, Plaidoyers civils*, I. *Discours XXVII, XXXVIII*, Paris 1954.

Gernet 1964: L. Gernet, *Droit et société dans la Grèce ancienne*², Paris 1964.

Gerst 1963: K. Gerst, *Die allgemeine Anklagebefugnis in der attischen Demokratie*, Diss. Erlangen 1963.

Gide – Caillemer 1873: P. Gide – E. Caillemer, s.v. *Antigraphè*, in *DS* I 1, Paris 1873, 290-291.

Gide – Caillemer 1892: P. Gide – E. Caillemer, s.v. *Dikè*, in *DS* II 1, Paris 1892, 201-206.

Gilbert 1893: G. Gilbert, *Handbuch der griechischen Staatsalterthümer*, I. *Der Staat der Lakedaimonier und der Athener*², Leizpig 1893 (1ª ed. 1881).

Glotz, s.v. *Paragraphè*: G. Glotz, s.v. *Paragraphè*, in *DS* IV 1, Paris s.a., 323-325.

Glotz 1953: G. Glotz, *La cité grecque*, nouv. éd. par P. Cloché, Paris 1953.

Goligher – Maguiness 1962: W.A. Goligher – W.S. Maguiness, *Index to the Speeches of Isaeus*, Cambridge [1962].

Harrison 1968: A.R.W. Harrison, *The Law of Athens. Family and Property*, Oxford 1968.

Heffter 1822: A.W. Heffter, *Die athenäische Gerichtsverfassung. Ein Beytrag zur Geschichte des Rechts, insbesondere zur Entwickelung der Idee der Geschwornengerichte in alter Zeit*, Cöln 1822.

Hellebrand 1934: W. Hellebrand, *Recens. a U.E. Paoli, Studi sul processo attico, Padova 1933*, in *Krit. Vierteljahr.* 63, 1934, 359.

Hellebrand 1939: W. Hellebrand, *Recens. a F. Lämmli, Das attische Prozessverfahren in seiner Wirkung auf die Gerichtsreden, Diss. Basel, Paderborn 1938*, in *Gnomon* 15, 1939, 258-261.

Hellebrand 1949: W. Hellebrand, s.v. Παραγραφή, in *RE* XVIII 3, 1949, 1169-1181.

Herrmann 1842: I. Herrmann, *Einleitende Bemerkungen zu Demosthenes' paragraphischen Reden*, Gymnas. Progr. Erfurt 1842.

Herrmann – Thumser 1892: K.F. Herrmann – V. Thumser, *Lehrbuch der griechischen Staatsalterthümer*, II^6, Freiburg i. Br. 1892.

Hignett 1952: C. Hignett, *A History of the Athenian Constitution to the End of the Fifth Century B.C.*, Oxford 1952.

Hoeck 1878: A. Hoeck, *De Demosthenis adversus Pantaenetum oratione*, diss. Kiliensis, Berolini 1878.

Hommel 1924: H. Hommel, *Recens. G.M. Calhoun, Διαμαρτυρία, παραγραφή and the Law of Archinus, in Class. Philol. 13, 1918; Id.*, *Παραγραφή and Arbitration, in Class. Philol. 14, 1919*, in *Philolog. Wochenschr.* 44, 1924, 540-546.

Hommel 1927: H. Hommel, *Recens. a G.M. Calhoun, Athenian Magistrates and Special Pleas, in Class. Philol. 14, 1919*, in *Berl. Philol. Wochenschr.* 47, 1927, 340.

Hopper 1967: R.J. Hopper, *Recens. H. Meyer-Laurin, Gesetz und Billigkeit im attischen Prozess, Weimar 1965*, in *Journ. Hell. Studies* 87, 1967, 178-179.

Hudtwalcker 1812: M.H. Hudtwalcker, *Ueber die öffentlichen und Privat-Schiedsrichter (Diaeteten) in Athen, und den Prozess vor denselben*, Jena 1812.

Huettner 1885: G. Huettner, *Demosthenis oratio pro Phormione adnotatione critica instructa et commentario parata*, diss. Erlangensis 1885.

Hug 1871: A. Hug, *Commentatio de pseudodemosthenica oratione adversus Zenothemin*, Acad. Progr. Thurici 1871.

Jones 1956: J.W. Jones, *The Law and Legal Theory of the Greeks*, Oxford 1956.

Katzouros 1989: P.P. Katzouros, *Origine et effets de la paragrafe attique*, in Symposion 1985, Köln – Wien 1989, 119-152.

Keil 1902: B. Keil, *Anonymus Argentinensis*, Strassburg 1902.

Kelly 1967: J.M. Kelly, *Recens. a H.J. Wolff, Die attische Paragraphe. Ein Beitrag zum Problem der Auflockerung archaischer Prozessformen, Weimar 1966*, in *ZSS* 84, 1967, 400-404.

Kirchner 1883: I.E. Kirchner, *De litis instrumentis quae extant in Demosthenis in Lacritum et priore adversus Stephanum oratione*, diss. Halensis 1883.

Kleindienst 1913: G. Kleindienst, *De causa orationis in Nausimachum et Xenopithem Demosthenicae (XXXVIII)*, Diss. Leipzig 1913.

Kränzlein 1963: A. Kränzlein, *Eigentum und Besitz im griechischen Recht des fünften und vierten Jahrhunderts v. Chr.*, Berlin 1963.

Krüger 1876: G. Krüger, *De oratione exceptoria quam ferunt contra Pantaenetum scripsisse Demosthenem*, diss. Halensis, Berolini 1876.

Lämmli 1938: F. Lämmli, *Das attische Prozessverfahren in seiner Wirkung auf die Gerichtsreden*, Diss. Basel, Paderborn 1938.

Leisi 1907: E. Leisi, *Der Zeuge im attischen Recht*, Diss. Zürich, Frauenfeld 1907.

Levi 1933: A. Levi, *Recens. a U.E. Paoli, Studi sul processo attico, Padova 1933*, in *Riv. Int. Filos. Dir.* 13, 1933, 775-777.

Liddell – Scott 1948: H.G. Liddell – R. Scott, *A Greek-English Dictionary*^{9}, a new edition by H. Stuart Jones and R. McKenzie, Oxford repr. [1948].

Lipsius 1883-1887: v. Meier – Schömann 1883-1887.

Lipsius 1905-1915: J.H. Lipsius, *Das Attische Recht und Rechtsverfahren mit Benutzung des Attischen Prozesses von M.H.E. Meier und G.F. Schömann dargestellt*, I-III, Leizpig 1905-1915.

Lortzing 1863: F. Lortzing, *De orationibus quas Demosthenes pro Apollodoro scripsisse fertur*, diss. Berolinensis 1863.

Maffi 2012: A. Maffi, *Gli studi di Talamanca sui diritti greci e il progetto di edizione dei suoi manoscritti inediti*, in L. Capogrossi Colognesi – G. Finazzi (eds.), *Ricordo di Mario Talamanca: atti della giornata di studi, Roma, 21 maggio 2010*, Napoli 2012, 217-221.

Mathieu – Bremond 1972: G. Mathieu – E. Bremond, *Isocrate, Discours*, I, Paris 1972.

Matthiass 1892: B. Matthiass, *Das griechische Schiedsgericht*, in *Juristische Festgaben für Rudolf von Jhering, zum fünfzigjährigen Doktorjubiläum ihres früheren Mitgliedes gewidmet von der Rostocker Juristenfakultät am 6. August 1892*, Stuttgart 1892, 1-58.

Meier – Schömann 1824: M.H.E. Meier – G.F. Schömann, *Der attische Prozess. Vier Bücher*, Halle 1824.

Meier – Schömann 1883-1887: M.H.E. Meier – G.F. Schömann, *Der attische Prozess. Vier Bücher*^{2}, neu bearb. von J.H. Lipsius, Berlin 1883-1887.

van Meurs 1684: I. Meursii, *Themis Attica sive de legibus Atticis libri II*, Trajecti ad Rhenum 1684.

Meyer-Laurin 1965: H. Meyer-Laurin, *Gesetz und Billigkeit im attischen Prozess*, Weimar 1965.

Miles 1951: J. Miles, *Some Observations on Demosthenes' Speech Against Pantaenetus*, in *Hermathena* 78, 1951, 50-66.

Murray 1946: A.T. Murray, *Demosthenes*, IV, *Private Orations XXVII-XL*, London – Cambridge (Mass.) 1946.

Otto 1889: E. Otto, *De Demosthenis quae fertur adversus Phormionem oratione*, diss. Heidelbergensis, Aquae Mattiaeis 1889.

Paoli 1925: U.E. Paoli, *Giudizi paragrafici nel diritto processuale attico*, in *Riv. dir. proc. civ.* 2, 1925, II, 218-239.

Paoli 1932: U.E. Paoli, *Il processo di Agorato*, in *Riv. filol. istr. class.* 60, 1932, 289-308.

Paoli 1933: U.E. Paoli, *Studi sul processo attico*, Padova 1933.

Paoli 1933a: U.E. Paoli, *Legge e giurisdizione in diritto attico*, in Paoli 1933, 21-74.

Paoli 1933b: U.E. Paoli, *L'inscindibilità del processo nel diritto attico*, in Paoli 1933, III, cap. VI-VII, 143-173 (= *Διαμαρτυρία e δίκη ψευδομαρτυρίων nel diritto successorio attico*, in *Studi F. Cammeo*, II, Padova 1933, 257-278).

Paoli 1933c: U.E. Paoli, *Sul periodo di attività dei tribunali commerciali in Atene*, in Paoli 1933, IV, 175-186 [originariamente *Zur Gerichtszeit der dikai emporikai im attischen Recht*, in *ZSS* 49, 1929, 473-477].

Paoli 1935: U.E. Paoli, *Sull'inscindibilità del processo nel diritto attico*, in *Riv. dir. proc. civ.* 12, 1935, 253-269 [= 1933b].

Paoli 1938-39: U.E. Paoli, *Recens. a F. Lämmli, Das attische Prozessverfahren in seiner Wirkung auf die Gerichtsreden, Diss. Basel, Paderborn 1938*, in *Boll. filol. class.* 45, 1938-39, 271.

Paoli 1960: U.E. Paoli, s.v. *Diamartyria*, in *NovDI* V, Torino 1960, 578-579.

Perrot 1875: G. Perrot, *Le commerce de l'argent et le crédit à Athènes au quatrième siècle avant notre ère*, in *Mémoires d'archéologie, d'éphigraphie et d'histoire*, Paris 1875, 337-443.

Petit 1741: S. Petiti *leges Atticae et commentarius cum animadversionibus* Jac. Palmerii a Grentemesnil, A.M. Salvinii, C.A. Dukerii, et P. Wesselingii, in *Jurisprudentia Romana et Attica continens varios Commentatores, qui jus Romanum et Atticum, item classicos aliosque auctores veteres emendarunt, explicarunt, illustrarunt, cum praefatione Petri Wesselingii*, III, Lugduni Batavorum 1741.

Philippi 1867: A. Philippi, *Das Fragment der demosthenischen Rede gegen Zenothemis*, in *Jahrbb. f. class. Philol.* 13, 1867, 577-593.

Platner 1824: E. Platner, *Der Prozess und die Klagen bei den Attikern*, I, *Prozess*, Darmstadt 1824.

Platner 1825: E. Platner, *Der Prozess und die Klagen bei den Attikern*, II, *Klagen*, Darmstadt 1825.

Reinach 1892: Th. Reinach, s.v. *Erèmos dikè*, in *DS*, II 1, Paris 1892, 809-810.

Roussel 1960: P. Roussel, *Isée, Discours*, Paris 1960.

Sautel 1968: G. Sautel, *Recens. a H.J. Wolff, Die attische Paragraphe. Ein Beitrag zum Problem der Auflockerung archaischer Prozessformen, Weimar 1966*, in *TR* 36, 1968, 179-181.

Scafuro: 1997: A. Scafuro, *The Forensic Stage*, Cambridge 1997.

Schaefer 1858: A. Schaefer, *Demosthenes und seine Zeit*, III 2^1, Leipzig 1858.

Schönbauer 1964: E. Schönbauer, *Παραγραφή, διαμαρτυρία, exceptio, praescriptio. Zur antiken Einrede der Unzulässigkeit des Streitverfahrens*, in *Anz. Österr. Akad. Wiss.* 10, 1964, 202-231.

Schömann 1838: G.F. Schömann, *Antiquitates iuris publici graecorum,* Gryphiswaldiae 1838.

Schömann 1883-1887: v. Meier – Schömann 1883-1887.

Schulze 1878: E.R. Schulze, *Prolegomenon in Demosthenis quae fertur orationem adversus Apaturium capita duo*, diss. Lipsiensis 1878.

Schwyzer – Debrunner 1960: E. Schwyzer – A. Debrunner, *Griechische Grammatik*, II^3, *Syntax und syntaktische Kritik*, München 1960.

Seeliger 1884: K. Seeliger, *Recens. ad I.E. Kirchner, De litis instrumentis quae extant in Demosthenis in Lacritum et priore adversus Stephanum oratione, diss. Halensis 1883*, in *Philol. Anz.* 14, 1884, 385-392.

Seidl 1962: E. Seidl, *Ptolemäische Rechtsgeschichte*, Glückstadt – Hamburg – New York 1962.

Sigg 1873: J. Sigg, *Der Verfasser neun angeblich von Demosthenes für Apollodor geschriebenen Reden*, in *Jahrbb. f. class. Philol.*, Suppl. VI, Leipzig 1873, 395-434.

Steinwenter 1914: A. Steinwenter, *Studien zum römischen Versäumnisverfahren*, München 1914.

Steinwenter 1925: A. Steinwenter, *Die Streitbeendigung durch Urteil, Schiedsspruch und Vergleich nach griechischem Recht*, München 1925.

Steinwenter 1934: A. Steinwenter, *Recens. a U.E. Paoli, Studi sul processo attico, Padova 1933*, in *ZSS* 54, 1934, 382-387.

Stoffels 1945: P. Stoffels, *Billijkheid in het oud-griekse Recht*, Diss. Amsterdam 1945.

Talamanca 1971: M. Talamanca, *L'oggetto dell'azione di Apollodoro contro Formione*, in *Scritti A. Raselli*, II, Milano 1971, 1509 1566.

Talamanca 1975: M. Talamanca, *Giudizio paragrafico ed ammissibilità dell'azione nel sistema processuale attico*, in *Symposion 1971*, Köln – Wien 1975, 125-129.

Talamanca 2005: M. Talamanca, *Intervento* in P. Zamorani, A. Manfredini, P. Ferretti (a cura di) *Fondamenti del diritto europeo (Convegno tenutosi a Ferrara, 27 febbraio 2004)*, Torino 2005, 35-46.

Talamanca 2006: M. Talamanca, *Intervento sulla relazione di Douglas MacDowell*, in *Symposion 2003*, Wien 2006, 133-139.

Talamanca 2007: M. Talamanca, *Risposta a G. Thür*, in *Symposion 2005*, Wien 2007, 151-158.

Thalheim 1888: Th. Thalheim, *Der Prozess Demons gegen Zenothemis. (Demosthenes) XXXII*, in *Hermes* 23, 1888, 202-210.

Thalheim 1903: Th. Thalheim, s.v. *Διαμαρτυρία*, in *RE* V 1, Stuttgart 1903, coll. 324-325.

Thomas 1968: J.A.C. Thomas, *Recens. a H.J. Wolff, Die attische Paragraphe. Ein Beitrag zum Problem der Auflockerung archaischer Prozessformen, Weimar 1966*, in *Journ. Hell. Studies* 88, 1968, 223-224.

Thür 2002: G. Thür, *The Forensic Stage. Rezension zu A.C. Scafuro,* The Forensic Stage, in *ZRG RA* 119, 2002, 403-410.

Vinogradoff 1922a: P. Vinogradoff, *The Legal Background of Demosthenes' Speech in Zenothemis v. Demon*, in *TR* 3, 1922, 163-174.

Vinogradoff 1922b: P. Vinogradoff, *Outlines of Historical Jurisprudence*, II, *The Jurisprudence of the Greek City*, Oxford 1922.

Volkmann 1885: R. Volkmann, *Die Rhetorik der Griechen und Römer in systematischer Übersicht dargestellt*[2], Leipzig rist. 1885 (1[a] ed. Berlin 1872).

Von Wilamowitz-Möllendorff 1893: U. von Wilamowitz-Möllendorff, *Aristoteles und Athen*, II, Berlin 1893.

Wolf 1956: E. Wolf, *Griechisches Rechtsdenken*, III 2, *Die Umformung des Rechtsgedankens durch Historik und Rhetorik*, Frankfurt a. M. 1956.

Wolff 1961: H.J. Wolff, *Der Ursprung des gerichtlichen Rechtsstreits bei den Griechen*, in *Beiträge zur Rechtsgeschichte Altgriechenlands und des hellenistisch-römischen Ägyptens*, Weimar 1961, 1-89 (originariamente *The Origin of Judicial Litigation among the Greeks*, in *Traditio* 4, 1946, 31-87).

Wolff 1963: H.J. Wolff, *Verjährung von Ansprüchen nach attischem Recht*, in *Eranion G.S. Maridakis*, I, Athens 1963, 87-109.

Wolff 1964: H.J. Wolff, *Rechtsexperten in der griechischen Antike*, in *Juristische Studiengesellschaft Karlsruhe, Festschrift zum 45. Deutschen Juristentag*, Karlsruhe 1964, 1-22 (= *Opuscula dispersa*, Amsterdam 1974, 81-102).

Wolff 1965: H.J. Wolff, s.v. *Recht*, I. *Griechisches Recht*, in *Lexicon der alten Welt*, Zürich – Stuttgart 1965, 68-84.

Wolff 1966: H.J. Wolff, *Die attische Paragraphe. Ein Beitrag zum Problem der Auflockerung archaischer Prozessformen*, Weimar 1966.

Wolff 1968: H.J. Wolff, *Demosthenes als Advokat*, Berlin 1968.

Wolff 1970: H.J. Wolff, *Das Justizwesen der Ptolemäer*, München 1970.

Wyse 1931: W. Wyse, *Law*, in L. Whibley, *A Companion to Greek Studies*[4], Cambridge 1931, 464-490.

Ziebarth 1936: E. Ziebarth, *Eine Handelsrede aus der Zeit des Demosthenes. Die Rede XXXIV gegen Phormion*, Heidelberg 1936.

INDICE DELLE FONTI